初心

解放日报耄耋报人访谈选

 ·上观新闻 编

上海三联书店

光华深处

李 芸

报纸是公开出版报告事情的纸。报告的人，称为报人。

纸为"体"，会变。报是"用"，不变。在变与不变之间，不断守正创新的是人。

因为人，报得以载道，脉得以凝结，魂得以灵动，业得以守创，史得以赓续，往事得以鲜活，精神得以传承，初心得以始终。

一代代报人，是一段段报史的亲历铸造者、记忆宝藏库、生动讲述员，赠玫瑰予后人。

今年是上海《解放日报》创刊70周年，我们欣喜地看到：一大批曾经在报社工作奋斗过的老领导、老前辈，老当益壮，殚见洽闻。尤其是，他们工作的时间跨度，从新中国成立之初，到激情燃烧的改革开放岁月，再到意气风发的新世纪、新时代，不可多得地完整覆盖了报社在上海创刊至今的整个70年。今年高寿百岁的王维老总，1949年就已经30岁，当时就担任过多家报社领导，是经验丰富的新闻老兵了。还有和我们党同龄的原夜班编辑金尚俭，1949年也已28岁。这批老同志精力充沛、投入事业的人生时段，正契合解放日报在上海的70年。这实在是我们得天独厚的一笔宝贵财富、一座丰厚富矿。

在上海《解放日报》创刊70周年之际，我们清晰地感受到：近十年来，一个突出的特点，是互联网大潮、新媒体时代的新挑战，深度融合整体转型的新使命，新时代新方位的新作为。对一家报社来说，70年，说长不长，说短不短。对一百多年来的中国近代新闻事业和我们党自诞生以来的新闻事业来说，眼下，也正面临前所未有的时代新变。在这样一个历史节点，纪念一张报纸的创刊，回眸这张报纸的来路，格外别具意味，而又意味深长。

每一代人有每一代人的攻坚克难。五十多位耄耋报人的讲述中，充溢着智慧，洋溢着勇气，满溢着深情，从中感悟到解放日报70年来改革创新奋楫争先的坚定追求。新闻工作常常能记录历史，而这一次，我们面对的是我们自己的历史。在聆听中，屡屡收获自豪与鞭策；在记录中，深深感到温暖与力量。

报社员工的年龄结构，也在这近十年来，发生了较大的变化。一大批朝气蓬勃的年轻人加入解放团队，今天的解放日报，全员平均年龄不断下降。不少人接触之后，感到意外，刷新印象：党报人如此青春勃发，生机盎然。这是事业发展在新形势下的新需要，也对我们如何发扬党报优良传统、强化新闻职业道德建设提出了更新、更高、更迫切的要求。

作为有幸适逢其时的这一代解放人，报社党委班子心意一致：务必以高度的历史责任感，倍加珍惜、深掘用足报社所拥有的这座丰厚富矿，传承解放文化，留下珍贵的精神财富。

2017年9月，报社正式启动这项工作，由党政办、总编办、团委等部门，与资深报人组成的顾问组通力协作，近四十名一线青年记者编辑广泛参与，报社领导分别带队上门开展访谈。接受访谈讲述的老同志们，克服种种不便，热情热心热忱，尽其所能提供支持。上门访谈的年轻人们，做足案头工作，并咨询专门配备的顾问老师，深入了解背景历史，又在撰写中用心细心精心。春去秋来，春华秋实，其间付出，自不待言。有的访谈为保证内容准确性，登门当面确认，高达9次之多。正是大家认真严谨、高度负责、全力以赴，《初心——解放日报耄耋报人访谈选》一书才得以完成。

访谈中，还征集到不少珍贵的报史实物。解放老报人对事业的倾情付出、卓越贡献，让年轻记者编辑倍受鼓舞。这是一次难得的"手把手"老带新的业务实训，更是一次解放精神的传承光大。其中意义，未必立现，却深而远。

感谢我们的前辈，让解放日报的历史，如此光华夺目。我们要按照习近平总书记推动媒体融合向纵深发展、建设新型主流媒体的要求，凝心聚力，砥砺前行。相信未来光华依然可期，光华必将在前。

站在光华深处的，是人。

感谢每一位为本书付出辛劳的解放人！

是为序。

（作者为解放日报社党委书记、社长）

目　　录

1

父亲范长江创办《解放日报》的五个月

范长江（1909 年—1970 年）

范长江，原名范希天。籍贯四川内江。1927年去武汉加入20军的学兵营，并参加"八一"南昌起义。

1935年7月以《大公报》旅行记者名义深入西北地区采访，首次公开报道红军长征，揭露西北地方的弊政，反映西北人民啼饥号寒的景象，所写旅行通讯在《大公报》连载，并汇编为《中国的西北角》出版，轰动各地。西安事变发生后，只身赴西安采访。接着访问延安，与毛泽东通宵长谈，思想发生重大转变，所写《陕北之行》第一次向人们介绍中国共产党抗日民族统一战线的主张。

1937年，与恽逸群等创办中国青年新闻记者协会，并出版《新闻记者》月刊。1939年，经周恩来介绍加入中国共产党。1941年，与邹韬奋等在香港创办华商报。1942年转入苏北解放区，历任新华通讯社华中分社、总分社和新华日报(华中版)社长，华中新闻专科学校校长。

1946年5月，赴南京任中共代表团发言人。

1949年5月上海解放后来沪，任解放日报社社长兼总编辑。之后，历任人民日报社社长、北京新闻学校校长、新闻总署副署长、国务院第二办公室副主任、国家科委副主任及中国科协副主席、党组书记等职。

我爸爸是 1949 年 5 月，随着新闻大队南下的。他担任解放日报社第一任的社长和总编辑，是 5 月 26 日由恽逸群宣布的。

我爸爸和恽逸群，一个是社长、总编辑，一个是副社长、副总编辑，两人在成立"青记"（中国青年新闻记者协会）的时候就是战友，到了 1949 年又在一起合作，他们是很好的朋友。

创刊那一天忙到凌晨 5 点多

进城以后的第一天，他们的工作非常紧张繁忙，24 小时没有休息。据当时在场的老同志丁柯回忆，那天他们整整干了一个通宵。丁柯当时是我爸爸的 4 个秘书之一。当时 4 个秘书两人一组，24 小时日夜轮班，协助我爸爸选稿、改稿、组版等。我爸爸审看、签发第一张清样，直至报纸印刷出来之后，已是 5 月 28 日凌晨 5 点多钟。刚休息了一会，就接到了陈毅老总秘书打来的电话，说"我们已经看到《解放日报》了，同志们辛苦了。"

2009 年的时候，原新华社华东分社的第一副社长庄重，写了一篇文章叫《我尊之为师的范长江》，回忆到解放日报的一段历史。我也才了解到当时爸爸工作辛苦的程度。庄重回忆说，当时，解放日报社每天晚上要开"飞行集会"，召集主要的社领导、编辑部主任，恽逸群、魏克明、陈虞荪、刘时平、张映吾、金仲华、刘思慕、陆诒、李纯青等都参加。我爸爸要把华东局和上海军管会的一些指示和精神和大家谈一谈，还要安排一下第二天的版面以及其他重要的事情。一般来说，10点钟的会要开1个小时，到11点结束。

庄重还回忆了一个细节，我印象特别深刻：有一天散会后，我爸爸找来一个工友，说"我没吃晚饭，街上有卖小吃的，你给我要一碗阳春面"，然后给工友一点钱下楼去买。吃完面以后，我爸爸跟刘时平说，他要解解乏。然后就找来一张不太宽的长条凳子，把一些报纸垫到长条凳上，脑袋枕着呼呼就睡着了。

当时，一般的编辑每天晚上11点就下班了，但我爸爸每天都要工作到第二天清晨5点，因为他说，总编辑就要过目并且把关所有的稿件。他平时吃饭睡觉也都没什么规律。

我爸爸回忆，解放日报创办的那段时间，他没有什么固定的住所，很长一段时间就住在夏衍家（南京西路梅龙镇酒店边上的重华新村）。夏衍的回忆录我看过，他说，长江有时候到我这儿来谈谈。夏衍和我爸爸都是军管会文管会的，我爸爸会和他交流一些情况，谈工作，后半夜在他那儿眯一眯。

3岁时才第一次见到爸爸

我爸爸和我第一次见面是1949年6月3日。我现在还有那天爸爸和我还有舅舅的合影。

我是1946年6月5日出生的。出生之前，爸爸就在周恩来的领导下到南京跟国民党和谈，担任中共代表团的新闻处处长。国民党发动全面内战后，我爸爸随中共代表团撤回延安，我妈妈（沈谱，沈钧儒之女）带着我辗转到了上海。后来，地下党安排我妈妈去了香港，我当时也就八九个月大，就留在了上海，住在愚园路我舅舅（沈谦，沈钧儒之子）家。

见到我以后，我爸爸觉得有点遗憾，因为没带什么给小孩的糖果和玩具，但他灵机一动，就把他身上配的小手枪的子弹全卸了，给了我一把空枪玩。表姐比我年长很多，这件事情她记得很清楚。她说，你爸爸当时给你玩的第一个玩具是一把真枪。警卫员说，我爸爸当时还带了几块大洋给我舅舅，感谢他们抚养我。

我后来找到一封信，是我舅妈写的。舅妈在信上说，我爸爸在上海工作的这5个月期间，一共到愚园路去看过我3次。我舅妈说，第一次见到爸爸，我还有点生疏，第二次、第三次来就不放他走了，因为知道是爸爸来了。3岁孩子也能对话了，爸爸问我一些事情我就很高兴。

1949年10月份，我爸爸任新闻总署副署长（后又任人民日报社社长），就调回了北京。1949年11月12日，我舅舅全家也都去了北京，我也随舅舅回到自己家中。

对工作严格起来不讲情面

我爸爸对解放日报的工作非常负责，也很严格。有人回忆，说他严格起来不讲情面。后来当了解放日报副总编辑的陈迟说，他的稿子就曾经被我爸爸连退过三次。陈迟第一次写完以后，我爸在他的稿子背后写了一个大大的"退"字。陈迟一看，觉得肯定是他了解的情况还不够，又进行第二次采访，增加了一些内容，结果我爸又写了第二个"退"字。陈迟就想，那还得去采访，然后再写。我爸就跟他说，你这个稿子现在材料已经很全了，但显得有点长，再删改一些。就这样最后才登出来。

我爸爸还很强调干部要到群众中去，到基层中去。我举两个例子。

有一次是我爸爸到编辑部一看，坐了一屋子人，当时是白天。我爸爸就说，你们都要下去，到工人中去、到学生中去、到火热的生活中去，不要在这儿坐着。结果这一屋子人就各自找地儿出去了。这个情节好多人都回忆过。

另一件事是在我爸爸离开解放日报社前2个月，跟丁柯说，你应该到下面去走一走。然后丁柯就自己找了无锡和常州去了2个月，采访了当地土改的很多情况。他后来回忆说，深入生活到下面走一走，回来觉得收获很大。

对干部的生活，我爸爸也非常关心，我也举几个例子。

解放日报原政治组有位记者叫宋军，战争期间腿受过伤。有一次我爸爸就把他叫去说，知道你腿不好，已经给你安排车了，明天就有司机去接你。

原总编辑魏克明回忆过一个故事：当时大家的收入都不高，没什么钱，有一次一位同志冒雨去看我爸爸，他没穿雨鞋，只穿了布鞋，都淋湿了。我爸爸说："我还有稿费，代你买一双吧。"后来，我爸爸就给他买了一双胶鞋。

还有一件事，是我爸爸值夜班的时候，有次看到食堂给大家吃的东西不太好，经常只有一些稀饭。很少发脾气的他就发脾气了，他说食堂要想想办法，这样的伙食太差了，大家工作那么辛苦，吃的东西营养不能跟不上。

我爸爸对记者编辑的生活很关心。但他自己很简朴，平时穿得也很朴素。有人说，长江同志和警卫员一起进解放日报大楼的时候，根本分不清谁是首长谁是警卫员，因为两个人穿得一样朴素。

为解放日报的作风打基础

还有一些老同志回忆说，解放日报的一些制度规章，都在我父亲所在的创办初期就打下了基础，树立了很好的作风。

比如说，有时稿子比较重要，领导催得急，或者说安排的版面有变化，排字的时候很赶时间，一些编辑就站在排字车间那儿不走，盯着工人说，等你们排好了，我们放心了才走。但那时候用的是铅字版，都是要把字一个个挑出来的，工作量很大，随意让工人换来换去是很累的。我爸爸听说以后，就在开编辑会的时候说，你们要尊重老工人，不能想怎么改就怎么改，你们要听听老师傅的话。他们有经验，不能随便指挥，排字方面你没他懂，"铅版又不是橡皮泥"。

对一些解放区来的老同志，他也经常嘱咐说，要尊重上海的同志。他说，你们从解放区来，不管资格有多老、党龄有多长，到了上海，连去哪条街都不知道，要多问问人家。

另外，他还要求大家看问题全面一些。比如说，当时有首歌唱的是"解放区的天是明朗的天"，后来有人听到有人把歌词改了，说是"解放区的天是黄梅天"。别人跟他反映以后，他想了想说，唱这个歌的也不一定是坏人，可能对咱们的工作有什么意见。你听他说说嘛，说不定有一定的道理，能促进咱们改进工作。

我爸爸跟解放日报的同志们朝夕相处5个月。后来调走的时候给他开了一个党支部欢送会，征求大家意见。有的人说他有架子，要求严，经常给人退稿，有的人见了就有点躲着他、害怕他。我爸爸听说以后，也觉得很难过，据说临走之前自己还喝了点酒。临走那一天，他挨屋去跟所有的人道别，包括排字车间里的工人。他跟每一个人诚恳地告别，跟大家握手，很有感情。当时有人不理解他，当然后来都理解了。

我爸爸自己对解放日报这段时间是很留恋的。后来到了北京工作，解放日报的老同志来，他都会抽时间聊一聊、叙叙旧。

解放日报原广告部负责人白广荣，曾经在上世纪50年代到北京看过我爸爸。白广荣回忆，我爸爸那时候在国务院第二办公室，知道他来非常高兴，就请他到中南海见面，一起谈了很长时间，回忆了解放日报的一些人和事。最后分别的时候，白广荣说，"咱们下次再见，不要再等8年了"。我爸说，"一定一定。"

受 访 者：范苏苏（范长江儿子）
采 访 人：沈轶伦　吴越
采访时间：2017 年 11 月 3 日
采访地点：上海城市酒店
摄影、摄像：蒋迪雯　黄晓洲

记忆中的父亲恽逸群

恽逸群 (1905 年—1978 年)

恽逸群，原名钥勋，字长安，笔名翊勋。江苏阳湖（民国初年并入武进）人。1926年7月参加中国共产党。1928年2月起，历任中共武进、宜兴、萧山县委书记和浙江特委秘书长。

1935年，参与发起成立上海文化界救国会。"西安事变"后，在《立报》连续发表评论，第一个指出"西安事变"有和平解决的可能，中国决不会成为"西班牙第二"。1937年与范长江等发起成立中国青年新闻记者协会。1943年，与申报馆马荫良、孙恩霖等秘密策划，凑成一份《申报》自创刊以来的全套合订本，为国家保存了一份珍贵的文献资料。

1945年11月进入华中解放区，历任华中新闻专科学校校长、山东大众日报副社长、济南新民主报社长、华东局代理宣传部长等职。上海解放后，历任解放日报副社长兼副总编辑、社长兼总编辑，兼任劳动报社长，华东新闻学院院长，华东新闻出版局局长，复旦大学新闻系主任。

1952年受到错误处理，被开除党籍。1955年又因潘汉年、杨帆案件受牵连，被捕入狱，1965年12月获释。1978年12月10日逝世于南京。1980年4月平反昭雪，1982年11月由中共中央纪律检查委员会批准恢复其党籍。著有《新闻学讲话》《蒋党真相》《吴佩孚评传》《三十年见闻杂记》等。

上海刚解放的时候我在无锡。一天，一个穿军装干部服的人到我们家里来告诉我们，父亲在上海工作了，要把我们接去，就这样我们搬家到了上海。

最早的记忆从抗战开始

再早一点关于父亲的消息，就是他被日本人抓起来了。我后来问过父亲，他是怎么被放出来的。他说当时有个叛徒，被抓起来之后咬出一堆人，他就在里面。但日本人明白，叛徒说的话有真有假，也不完全信。在监狱里，他也受了刑，不过什么都没说。日本人看证据不足，就把他放了。

我 1938 年出生，是父亲的养子。在我过继之前，我养父有个儿子，得了猩红热，除了看中医之外，没条件治疗，后来就没了，这事让我养父后悔了很久。我养母娘家那边是三个女儿，当时觉得没个男孩子不行。我生父是我养父的同族兄弟，我生母身体一直不好，怕照顾不好我，就这么我到了养父家，一起过继的还有我姐姐。

我对父亲最早的记忆也是从抗战开始的。那时候日本人轰炸频繁，我们动不动就要跑防空洞。后来在从香港还是广东宝安到上海的逃难路上，有一次夜里我想喝水，我父亲就拿着蜡烛给杯子加热。

不到晚上 12 点父亲不回家

到了上海之后，我们一家住在懿园（注：位于今建国西路），那是一栋三层小楼。我家住二楼，范长江住三楼，一楼住着胡仲持。楼上楼下也经常走动，还一起吃过饭。不过那时候条件不好，吃饭也是吃大灶。有次家里来了个亲戚，我们和范长江一个桌子吃饭，那个亲戚净挑好的吃，还被范长江瞪了眼。后来才知道，这人是我们家的亲戚。

我们穿的衣服也是跟父亲一样的军装式样，到了学校同学都叫我"小共产党"。我父亲上下班有小车接送，但不是他专用的，我记得范长江也坐这部车。有一次我还搭了一次他们的小车，虚荣了一下。

我父亲从没带我去逛过上海的大马路，倒是带我去过解放日报社，也就是当初的申报馆。那里还真热闹。我记得当时传达室看门的老人，是申报留用的。我听他回忆过，我父亲下班回家，他要来开门。我父亲总是跟他说，你披上衣服再出来，不要着急。这让他很感动——国民党的人不会这么对他的。

到上海工作之后，我父亲就很忙碌，每天不到晚上 12 点不会回家，所以对家里照顾就很少。我跟他见面和说话的时间也很少，他也顾不上指导我的学习，但是每次考试他都要交代嘱咐一下。记得他非常严格。我到上海时刚念初一，有次考试成绩不好，他问起成绩，我就说记错了考试顺序。他说你要真正学好了就不在乎谁先考谁后考了。

我还记得一个细节，我家有间屋，算是他的书房，摆着他写毛笔字的砚台。小时候我半夜醒来，总看到家里墙上有一个影子在动，我母亲就说那是我父亲，他工作的时候喜欢抖腿，那个影子就是他。还有一次家里烧了莲子汤，我就放在父亲桌上，等第二天看到汤还在，没人吃，已经馊了，一看他屋里人还没回来呢。我还记得，我父亲爱好相声和京剧，但在忙着写文章的间隙，他放松休息的办法就只是一个人玩扑克牌。

我母亲到上海之后，就被诊断出得了子宫癌。后来我母亲去中山医院治疗，那时也没动手术，就用镭放到子宫里面，病是治好了但落下了很大的后遗症，肠胃系统不好，经常闹肚子。为了这件事情，我姐姐也埋怨过我父亲对家里照顾太少。

在昆明和父亲相聚的 23 天

1952 年，我父亲被错误地停职检查，还被开除了党籍。这事的原因很复杂，有人说是经济上的原因，也有人说是因为《解放日报》漏登了斯大林的一封贺电。我父亲被停职之后，曾想去编字典，用报纸的边角料，让我和姐姐给他做前期工作，把字典上的每个字都在纸片左上角写下来，留着给他写具体内容。但这项工作刚开始做没多久，他就调到北京去了。

1955 年，因为受潘汉年案件的牵连，父亲被捕入狱。我还记得父亲被带走那天是 5 月 10 日，正好是我的生日。起初我母亲还向她的上级单位文化部打听，他们也说不出什么来，过了一段时间再打听还是什么也说不出来，就干脆不打听了。我们也不知道父亲被关在哪里、情况如何。后来，我母亲也被迫退职，跟着姐姐姐夫去了昆明。

大概在 1964 年前后，我在工作单位中国医学科学院突然收到一张明信片，是我父亲寄来的。我那时还纳闷，为什么写明信片，那不是什么都让大家都看到了吗？其实我父亲正是这个想法，他那时正在监狱中，如果给我写信，什么都封在信封里，别人难免会起疑，毕竟我父亲是"有问题"的人。

在那张明信片上，他只是说身边没钱，需要我给他寄一些东西。对于自己的"问题"，他什么也没提。我就按他的地址回了封信给他，让他说清楚到底犯了什么错误。当时我还想着要"划清界限"。他很快就回信了，说那件事信里说不清。

后来，我母亲在云南得病，以为是子宫癌复发，我就赶过去了。我父亲也去了，他当时正在"假释"中，出门得到派出所去开路条。我姐夫住在云南省委的机关大院，说我父亲住在这里不合适，就到附近一家旅馆把他安顿下来了，每天我父亲就在旅馆等我妈来相聚。这样前后有 23 天。我记得那时见到的父亲，状态挺好，还挺健谈，完全不像一个正经受苦难的人。

原以为这样每天见一面已经很谨慎了，结果还是出了事。我爸来的时候我姐夫就把窗帘拉上，后来就被人举报，问我姐夫为什么恽逸群到你家里来都要拉上窗帘，你们到底密谈了什么？我父亲就没法留在昆明了。最后得到消息说，他被安排到苏北阜宁一所中学去了。

在昆明见面的时候我父亲讲过，他之所以被牵连到潘汉年事件里，只是因为当初他在潘汉年的领导下，完成过组织交给他的任务。我比父亲早离开昆明，他当时还送给我一支派克钢笔，说这样好的钢笔他已经用不上了。临走时，他送我上了大街，现在想起这一幕，真是让人难过。

我父亲在那十年里身体一直不好，平反后也落下了病根，但他总还想多写点东西。现在想来，那时应该把他想说的多保留一点下来。我记得他在给友人的信里说过，"每见利害涉及国家人民之事，终必白之于当道而后安。虽因此而树怨尤，祸福得失，未遑计也。"我想，这也是他的真实写照。

（本文部分文字参考了恽君惕发表的文章《坚持真理 坚贞不屈》）

受 访 者：恽君惕（恽逸群养子）
采 访 人：宰飞 余晨扬 向凯
采访时间：2017 年 11 月 3 日
采访地点：北京羊坊店路恽君惕家中

为解放日报值守总机

傅采鸿(1918年6月—2019年4月)

傅采鸿

、

傅采鸿，中共党员，籍贯浙江富阳。31 岁
前在富阳农村老家务农。

1949 年来到上海，同年经人介绍进入新闻
日报社，曾从事清洁工、报纸运输工等工作。
解放日报与新闻日报合并后，进解放日报电话
间工作。

1979 年退休。

我叫傅采鸿，1918年6月18日出生，现在虚岁101岁。

我是浙江杭州富阳人。在富阳农村一直生活到三十岁，在那里结婚、生子。我父亲在我很小的时候就已经去世，我从小就辍学放牛维持生计，我们家的生活条件也特别差。

结婚后，我们夫妻俩都没有工作，家里的农田也不够养活几个孩子。后来，听到同村一个在上海打工的亲戚说，上海有很多工作机会。我和妻子就决定去上海"讨生活"。

刚到上海时，我们夫妻俩举目无亲、露宿街头，还曾睡在弄堂里。后来，我妻子经人介绍，到了一家人家做保姆。而我则一直没有正式工作，靠拉黄包车维持生计。

我妻子做保姆时，她的勤恳受到了东家的肯定。东家就和我爱人说，"如果你老公没有工作，我们可以帮助介绍。"

他们给我两个选择，一个是去一所学校做校工。另一个就是去新闻日报做清洁工。据说，东家的邻居有个儿子刚好在报馆工作。那时，新闻日报还没被并入解放日报。我选择了第二个，也就开始与报纸结缘。我记得，工作的地方就在汉口路274号。斜对面的汉口路309号就是申报馆，附近还有很多家报社。

刚进入新闻日报社的时候，由于没有积蓄，也没有住的地方，我还曾睡在办公桌底下。过了半年时间，我工作认真负责的态度获得了肯定，获批转正成为一名正式员工。我和妻子都很开心，那天我还和妻子两人，每人买了个戒指。

后来，报社人事科科长找到我，调我去了总务科。当时我的工作包括检查食堂的卫生工作等。另外，我还短暂做过一段时间的运输工，主要任务是把印刷好的报纸送到四川北路邮局以及火车站。

再后来，总务科科长找到我，又把我调到保密处。干保密工作的人，得靠得住。他认为我老实、本分，值得信任。因此，就让我去保密处的电话间工作，我在电话间一直做到退休。本来应该60岁退休，我还多留了一年，一直到61岁才离开。

在电话间工作一辈子，我很开心。那个时候，电话间在汉口路报馆的2楼，总务科办公室的对面，旁边还有厂长室、裁缝间、医务室等。

在电话间工作时，加我一起只有3名工作人员。当时我们3个人实行"做一休二"制，早班连夜班连续工作24个小时，从第一天早上8点，一直工作到第二天早上8点，这24个小时吃住在报社，工作一天后再休息两天。

3个工作人员中，只有我一个男的，当然要挑重担。所以，每次轮到值班时，我都会提前1个小时到报社，早上8点上班，我7点就到了。下班时，我也会晚点下班。

电话一般都是白天多，晚上或者夜里的电话比较少。值夜班时绝对不能睡觉，以免错过重要的电话而耽误事情，我只能通过看连环画和小说来防止自己打瞌睡。打了瞌睡，没接到电话，饭碗就要丢了。

值班时，总机电话都由我负责接听、转接。总机的岗位很重要，也涉及机密，有时候市长、市委书记等都会打来电话下指示。我从没有借着接电话的机会偷听过通话的内容。

当时的电话间约有10平方米大小，2个台子，2个电话总机，每个电话总机都有一两百个孔，分别对应每一个分机。有电话接进来，我接听后再根据对方要找的人，把电话线插到对方要找的人对应的插孔处。这样的机器直到我退休时也依然在使用。

那个时候不像现在这么方便，同一时间只能接进一个电话。当时接电话的流程是，电话铃声响，我拿起话筒说"喂"，对方问"××来了吗？"，我回答"来了，我帮你转到××"，接着把电话线插入接孔后，我再把话筒放下。等到指示灯灭了后，就代表他们的通话已经完成，我再把电话线从那个接孔处拔出。有时会碰到记者编辑不在自己办公室的情况，我就会让打进电话的人等一等，然后去传达室问问这个记者编辑在不在报社。如果在，我就去办公室找这个记者编辑。

我之前只读过小学，连当时报社总机的电话号码也是记了好久才记住的。后来，我完全靠死记硬背记下了报社同事以及各位领导的名字。再后来，我完全可以识声辨人，对方往往刚刚开口"喂"，我就已经知道是谁打进的电话。接电话久了，对报社记者编辑的活动规律也能心里有数，某一位不在自己办公室的记者编辑，我大概能猜到他会在哪里，然后找到他，让他接电话。

另外，由于工作性质的缘故，我也对报社的人事变动很熟悉，比如哪位同事换了部门，我也第一时间知道，以免转接错电话。

解放日报退休的人里，现在数我的年龄最大。我认识解放日报原副总编辑陆炳麟，他从上世纪 50 年代初就开始做夜班，非常敬业和专业，让人敬佩。我也认识解放日报原总编辑王维。王维很敏捷，每一次打电话，他一听就能听出我的声音。他也特别和蔼，没有任何架子，在电梯间看到我，也会和我打招呼。

虽然我现在已经是一位百岁老人，但是还经常出去锻炼，前几个月去家附近的鲁迅公园锻炼时，刚好见到了一位曾在解放日报工作的晚辈，这也是一种特别的缘分。以前报馆里工作的很多人都住在广灵一村，我们现在还常能碰见。

采 访 人：彭薇 曹飞
采访时间：2018 年 10 月 12 日
采访地点：上海市广灵四路广灵一村傅采鸿家中
摄影、摄像：沈阳

办报纸是世界上最好的职业

王维(1919年——　)

王维，原名王茂柏，籍贯浙江临海。1938 年 2 月投身抗日斗争。1939 年受中共地下组织领导在杭嘉湖地区从事抗日救亡工作。

1944 年起任新华社苏北支（分）社支社社长、分社代社长，新华日报（华中版）副总编辑、江淮日报社长兼总编辑、皖北日报社长兼总编辑、政务院治淮委员会政治部副主任。

1952 年秋起历任中共中央华东局宣传部报刊处副处长、新中国第一部宪法起草委员会办公室编辑组副组长、第一届全国人民代表大会秘书处编辑组组长。1954 年 12 月起任上海解放日报副总编辑、第二总编辑。三年困难时期，在报上开展回忆对比教育，提倡新道德、新风尚，受到毛泽东赞扬。

1965 年 11 月任中共上海市委宣传部副部长。"文化大革命"期间受迫害。粉碎"四人帮"后，任上海市出版局党委副书记兼副局长。

1978 年 2 月重返解放日报，先后任党委书记、总编辑，顾问。曾任上海市记协主席，中国记协主席团成员，中国韬奋基金会副会长，上海市政协常委，上海市人大常委会委员，上海市新四军暨华中抗日根据地历史研究会副会长、名誉会长。1953 年起受聘复旦大学新闻系兼职教授。1987 年评定为高级编辑。1992 年获国务院特殊津贴。著有《把心扑在新闻上》等。

我 1919 年出生于浙江临海，明年就是虚岁 100 岁了。我办了一辈子报纸，很开心。

办报纸是世界上最好的职业，其他职业是改变世界，办报纸能改变人的思想。

我办报这么多年，有近 30 年的时间是在上海解放日报工作。1954 年冬，我到解放日报任副总编辑，1962 年改任第二总编辑。后来短暂调离，包括"文革"期间"靠边站"。1978 年初又调回解放日报任党委书记兼总编辑。我这一辈子，要算和解放日报关系最深，得到它的教益大，为它出力的时间长，因它吃的批评也多。

联系群众是解放日报最重要的传统

1954 年 12 月初，我从市委组织部部长王一平同志手里拿了分配到解放日报的介绍信，先到报社人事科报到，后去看总编辑张春桥。他说原来分工做夜班的副总编辑凌建华同志马上要调人民日报工作，你先把夜班工作接下来。这样我就开始了在解放日报的工作。

你们问我，解放日报最重要的传统是什么？我认为最重要的传统是联系群众，这个最重要。

1978年我奉命重返解放日报后，联系群众工作部。那时，我每天要看群众来信，看多少封没有规定。看了以后，再写上我的意见。这样子就知道实际情况了。

当时，群工部收到许多来信，反映不少公物在运输途中掉了下来，运货的人员没发现，或发现了也不寻找，拾到的人打电话告诉失货单位，他们还不肯来领。经过研究，我们以《公物招领》为题，在头版头条刊出"本报启事"，开列拾到的16件公物的品名、数量和拾到的地点，请失货单位前往领取。紧接着由本报记者跟踪采访，一一报道货物是怎样遗失的，为什么失而不寻，通知了还不去理会，现在的态度如何等等，引起很大的反响。

接着我们又以《公物招领说明了什么》为题展开讨论，然后以《公物招领引出的问题》揭露某些国有单位"开门揖盗"，失窃严重，以及货物运输中的野蛮装卸、货损严重等等触目惊心的现象。在讨论中，还发表了数十篇群众来信来稿，同时登了两篇题为《岂能如此缺乏工作责任心》《不能"糊涂当家"》的本报评论员文章及几篇短评和编者按。这次报道，进行了一次爱护公物、加强管理、堵塞漏洞的宣传教育，收到较好的效果。

新闻一定要用事实说话

很多人问我，新闻的文章应该怎么写？我说新闻的文章，一定要用事实说话。

1980 年 10 月 3 日,《十个第一和五个倒数第一说明了什么? ——关于上海发展方向的探讨》在《解放日报》头版头条刊出。这篇文章的作者沈峻坡,当时是上海社科院部门经济研究所的负责人,他经过调查研究,鲜明地提出上述有关上海能否继续发展的问题。栾保俊、徐学明、夏华乙等同志建议把沈峻坡的论文拿来发表并开展讨论,我完全同意,他们还拟了一个"编者按"。我看了大样,对按语、标题和版面安排,都赞成。我认为这个问题提得好。在报纸上讨论,可作为"真理标准"和"生产目的"讨论的继续。

　　文章一发表,引起强烈反响,读者纷纷来信、来电、来稿表示支持。报社还邀请了当时管工交、基建战线部分局的领导干部来座谈,到会同志都认为党报说了上海的实情。他们希望这次讨论能引起有关领导部门的重视,给上海以适当的照顾。

　　在一片叫好声中,我们自己考虑问题就不够全面了。发表来稿的时候,讲上海是"国家的长子"应该多作贡献讲得少了,讲上海的困难讲得多了,也没有强调中央的领导和各兄弟省区市对上海的支援,有些片面性。其中有一篇短文的标题还出了纰漏——《"五个倒数第一"是"大平调"的恶果》。

　　这下可坏了。市委负责同志向我转达了国务院领导同志的批评,我答应"转",多发表一些中央对上海的关怀和上海应对国家多作贡献的文章。他也没有再说什么。我以为这样大概没事了。不料市委宣传部随后就召开了新闻出版系统负责干部会议,新来的宣传部长当众批评。我一时接受不了,说我们发表这些报道,不过想引起党中央和国务院的重视,给上海多留一点钱,改善基础设施和人民生活，如果为此而撤我的职，我也情愿。我这样顶牛，他话也讲不下去了，只好叫我好好考虑考虑。

直到大约半年以后，党中央发了个有关报刊宣传的 1981 年七号文件（注：此处应指 1981 年 1 月 29 日发布的《中共中央关于当前报刊新闻广播宣传方针的决定》），提出"最主要的任务就是要坚决维护和发展安定团结的政治局面，保证国民经济进一步调整的顺利进行"。我和报社同志学习了这个文件，我在宣传系统交流会上发言时才作了检讨。再过了一段时间，上海市社会科学论文评奖，"十个第一和五个倒数第一"这篇文章，被评为一等奖，报纸也发了消息。

有的同志对我说，文章评为一等奖，但《解放日报》的宣传并没有平反。我说，沈峻坡的文章是好的。我们把它拿来登报也没错，但如何登法，就想得不够周到。如果改在"新论"这样的理论版发表，再发表一些文章加以支持，话讲得全面一些，效果可能会好一些。再说，作为市委机关报，在报纸上进行这样重大问题的讨论，事先未向市委请示汇报，从组织性方面来说，也是有缺陷的。

"恶语伤人恨难消"和"心平好过海"

我母亲以前讲过一句话，叫"恶语伤人恨难消"，意思是说用恶语伤了人心，别人就会一直不忘、耿耿于怀。我的父亲也经常说一句话："心平好过海"，这是句渔民谚语，是说在急浪之中行船航海，要坚定信心，不慌不忙，沉着应对，才能把稳舵、辨航向。这两句话我一直记到现在。

"文革"十年，我被批斗、隔离、监督劳动了近七年，斗得最多的时候，一昼夜在各个部门游斗五场。还拉到厂里、县里斗。往事历历在目，说自己一点都不伤心，也不是真的。但总的方面，我不会责怪报社的同志，他们受"左"的思想影响深，也有我自己的责任。

"文革"后，新的市委决定派我回解放日报主持工作。我原本并不大情愿回解放日报的。一是对出版工作产生了感情，二是怕回报社工作难做。

后来听说，市里列了几个总编辑候选人，解放日报的群众就选我，说我回来好，不会报复人。他们都认为我做人比较厚道，批评人家或是给别人提意见，都是很平和的。

当时，魏克明同志很热心，他叫孩子送信来说，经过"文革"，更体会到报纸的重要。他还表示，愿意做我的顾问，帮助我工作。那段时间，报社有的同志也到我家来，这些都使我感动。于是我决定回解放日报工作。

退休以后，有些老同志来找我，讲报社的事情。我会告诉他们，你们要牢牢记住一个字——"休"，我已经离休了，这些事情就让现在的领导去管，我们老同志要牢牢记住一个"休"字。

在解放日报这么多年，给我留下印象的同事太多了，其中印象最深的应该算是夏其言同志。他是管经营业务的副总。我给市委写报告说，让我集中力量办报，经营的事情就让夏其言管。那时候还有同志笑话我，说我"不抓经营权"。

和老伴"办报成夫妻"

1999 年，上海市在庆祝解放五十周年的活动中，举办了一个"玫瑰婚典"金婚纪念，邀请 50 对曾为上海的解放和建设事业作出过贡献的金婚伉俪，欢聚于黄浦江畔的一只大游轮上。我和老伴杨琪华有幸参加，登报纸、上电视，也成了新闻人物。两家报纸发了专访，一家的标题就是"办报成夫妻"。

说我们是办报成夫妻，比较贴切。我们是在办报中增加了解，增进感情，互帮互爱，最后结为夫妻的。可以这么说，办报是我们爱情的"催化剂"。

我们两人投奔新四军的时间都在 1941 年。随后，在一起被派去参加开辟宝应县根据地的时候，我们才成为战友。在临北工作队（注：1941 年，新四军开辟江（都）、高（邮）、宝（应）地区，由当时的六师十八旅抽调干部组成战地服务团去做新区开辟工作，"临北工作队"即隶属这个战地服务团），我们同在一个组。为了提高工作效率，扩大影响，我提出"我们办一张手抄报"。说是办报，办的什么报呢？说了会叫现在的人发笑，就是用一张像《解放日报》那样大的白报纸，视内容把它划分为若干方块，抄上改写过的抗战消息，有时我们也写一点小言论。报纸取名《大家看》，一星期左右出一期，每期抄六份，贴在小集镇的街上或大路上。

现在，子女在福寿园给我和老伴做了个墓碑，当初设计的时候，我要求一定要写上"办报成夫妻"几个字，而且墓碑一定要做成报纸的样子。

解放日报马上就要 70 岁了，我要养好身体，去参加解放日报 70 岁的活动。

我希望报社的年轻人能够为报纸做点事情，希望《解放日报》越办越好，让读者喜欢看。

（由于王维同志身体原因，本篇口述实录部分内容参考了他撰写的《把心扑在新闻上——王维新闻作品选》《风雨人生》等著作）

采 访 人：陈颂清（解放日报社总编辑）
　　　　　陈抒怡　舒抒
采访时间：2017 年 9 月 20 日
采访地点：上海市五原路王维家中
摄　　影：陈抒怡　舒抒
摄　　像：黄晓洲

《解放日报》创刊那一夜

肖木（1921 年 2 月— ）

肖木，籍贯浙江三门，中共党员。1939年4月参加革命工作。1949年5月随解放军南下上海接管申报，参加上海解放日报工作。曾担任过解放日报编辑部通联、检查组组长，总编办公室秘书，党总支副书记，资料研究组组长，报社党委委员、党委办公室副主任；解放日报劳动报青年报联合支部书记。

　　1978年4月任党办副主任期间兼任上海市记协副秘书长。

　　1985年12月离休后，在上海市记协任专职常务副秘书长，期间为上海市新四军研究会撰文。

1949 年 3 月时，我还在山东大众日报工作。当时报社接到通知，我、我的夫人、还有三个记者，总共五个人要调去参加接管上海工作。为什么选择我们呢？我想是因为我们都对上海的情况比较熟悉。我夫人是上海人，我在上海读过书，还有另外几个人也在上海工作过。报社通知我们，到济南去向恽逸群报到，他是队长。我接到的任务是"打前站"。

恽逸群我是比较熟悉的，1946 年他到淮阴的时候，我们就一起工作了。

当天下午我们到了济南，晚上连夜就要出发。先到徐州坐火车走陇海线，下车后步行，过宿迁到淮安。宿迁有一个同志专门管南下工作的，组织上让我们到他那里去联系一下，比如到上海后，我们在什么地方住宿、工作怎么安排。

到了淮安，队伍就不断壮大了。我们沿着运河走到扬州渡口过江，几乎每天都要走上六七十里地，因为士气高昂，几乎不觉得累。到了江边，虽然部队主力已渡江，但接到命令说要警惕，我们半夜 12 点上船，要求在江上不能喧哗，也不能有明火。从镇江上岸，稍事休整后我们又上火车，赶到中共中央华东局领导机关当时的集中地——丹阳。

我们当时还是部队编制，新闻大队之下分两个中队，有中队长和指导员。一中队主要是编辑部，任务是出版党报；二中队的任务，是接管上海各类敌伪新闻机构。

我们到丹阳后，住在一个叫荆村桥的村子里。中央那时候把《解放日报》给了上海，还派了范长江、魏克明参加了我们的部队。《解放日报》编辑部的组织机构和人员分工名单也是在那里宣布的。当时报社成立编辑部、采访部和社会服务部。我们对申报也做了详细调查研究和分析，连《解放日报》的发刊词《庆祝大上海的解放》都是在那里写好的。

在丹阳，我们进行了入城教育。陈毅同志还专门为大家做了报告，阐明党的政策，说明接管上海的伟大意义，宣布严格的纪律。我记得报告里有一句，告诉我们不要到抽水马桶里去淘米。另外，当时上海的地下党搞了份资料，详细列明了上海各单位的负责人和地址的信息。这份资料当时对我们的帮助很大。

解放上海的战役是 5 月初开始的。5 月 26 日上午，终于通知我们起身去上海了。我们先坐火车到了南翔，那里有上海派来的车子，来接我们进城。我记得到上海的时候，已经半夜了，天还下着大雨。我们的车子就停在徐家汇的交通大学。我们进学校的时候，都穿着军装，对面一栋四层楼房各个窗户都有人，他们看我们的眼神有点兴奋、有些新奇。对于我而言，觉得在交大睡地板都是好的——地面这么光亮干净，这么好的地方！

27 日一早，雨停了，天气挺好；一醒来就能听到歌声和口号声，空气都是热情的，听说苏州河以北地区，也都解放了。我们坐车到了汉口路 309 号，进了申报馆。

接管申报的时候，非常热闹，恽逸群宣布了接管的命令。老申报里有很多地下党，编辑部有，工厂里也有。工厂里大概有五六个党员，他们把机器都保护好了。当时中国只有申报从美国进口了两部机器，是全国印报速度最快的。听说在我们接管前，报馆见"形势不好"，几次想把它们搬走或卖掉，都被几位地下党员和进步青年拦下来了。之后，他们就日夜守在那里，等着我们来。报头"解放日报"四个大字，是新闻大队途经苏州时，就安排人预先制作的，27 日下午送进报馆。所以 27 号接管之后，第二天我们就出报了。

我记得 27 日那个晚上，我们所有人都激动得不想睡，范长江和我们一起跑到印刷车间，等着第一张《解放日报》诞生。

《解放日报》刚创刊的时候，连申报留用的工作人员，全报社总共 200 多人。当时解放日报、劳动报、青年报的工作人员全部住在汉口路 309 号。青年报大概十几个人，劳动报的人稍微多一点。当时为什么住在一起呢？因为市委的会解放日报要参加的，另外两个报纸参加不了。我们每次开完会回来跟他们传达信息和指示，这样他们就都知道了。

创刊那夜的那股干劲，至少持续了好几个月。我记得那时报社到了天黑时，灯火和人声才热闹起来，编辑部和排版房里，有穿军装的随军记者、军代表，也有穿西装、着长衫的，各方面的消息都涌进来了……凌晨时分，不少人还在工作，连晚饭都忘了吃。一群人没日没夜地编报纸，吃饭在食堂，累了就在报馆里躺一会。我虽然不是跑采访和做编辑的，也都是晚上食堂里吃完夜宵回去。

（本文部分参考 2014 年 5 月 28 日《解放日报》刊登的《这一天，报童手上有了"新报纸"》一文和 2018 年 5 月 25 日《解放日报》刊登的《69 年前，申报馆迎来"解放"》一文）

采 访 人：马笑虹（解放日报社副总编辑）

龚丹韵

采访时间：2017 年 10 月 10 日

采访地点：上海市沪青平公路肖木家中

摄影、摄像：蒋迪雯　黄晓洲

创刊那半个月都没出过办公室

丁柯（1921 年 4 月—　　）

丁柯，籍贯上海。1937年毕业于中华职教社职业学校。

1938年11月在皖南参加新四军，1942年任新四军一师四分区的江海报随军记者。

1944年3月任新四军浙东纵队《战斗报》主编。

1947年1月任华东野战军一纵队政治部前锋报总编辑、新华支社社长。

1948年任中共济南市委新民主报资料室主任。1949年5月南下上海，先后任解放日报新闻编辑室主任、编委。

1957年11月任中共上海市委办公厅党刊编辑室主任，主编上海《支部生活》《党的工作》。

1964年任中共上海市委办公厅副主任兼党刊编辑室主任。1979年任解放日报编委、总编办公室主任。1982年8月起任《民主与法制》总编辑。1990年任上海老新闻工作者协会副会长。

　　新闻界对我们这些老人有几种称呼，有一种说法是"老报人"。我们有过在解放日报工作经历的，更愿意被叫做"老解放"，在党报工作，是一个光荣。

创办《解放日报》的人群是党报的精华

　　上海《解放日报》很特殊，因为它的报名是党中央决定的。早在 1941 年延安的党中央机关报就叫"解放日报"，上海解放时中央决定，继承党中央机关报的名号作为中共华东局和上海市委的机关报。这一部分人们的回忆很少。所以在我们这一代人看来，《解放日报》是很神圣的。

　　进入城市之后，一些著名的旧报人是看不起《解放日报》的，怀疑"土包子能办好一张城市大报"？我们在解放区长期接受党报思想的教育，而他们不一定能够分清，所以我们进来后，留用的几个人都是基层工作人员中拥护党的。

　　当时解放日报的领导班子成员有范长江、恽逸群、魏克明、张映吾，这些人已经是党报的精华了。解放日报中层干部也是很有名的。比如参与翻译《红星照耀中国》的胡仲持，他是我们国际组的组长，会三国文字。文艺组组长林淡秋，是上世纪四五十年代的文艺作家，毛主席都说过他的名字很有诗意。采访部主任刘时平，解放前在北平出过一个美国兵强奸大学生的新闻，引起全国人民的愤怒，报道就是刘时平写的。采访部副主任是乐静，原来山东潍坊报社的总编辑。这几个同志可以说都是中国新闻史上的人物了。

一进上海就把《解放日报》编好了

我是部队里出来的，那时是在华东野战军的一纵，叶飞的部队（注：1949年2月，遵照中央军委的统一命令，华东野战军正式改编为中国人民解放军第三野战军）下面纵队机关报的头儿。济南战役以后准备要打淮海战役，但是我身体不好，济南解放之后组织上希望我到济南这个大城市休息一下。我到济南市委碰到了宣传部长夏征农同志，他是我在皖南新四军教导总队的老师，他看到我的介绍信，说到了城市就是最好的休息，就把我安排到济南刚创刊的机关报《新民主报》。恽逸群是新民主报的总编辑。

为了将来南下接管大城市做好准备，当时恽逸群给我两个任务，一个是研究将来南下接管城市报纸的资料，二是对留用人员进行培训。

其实，当时南下新闻大队早在半年前就开始做准备了，大城市、小城市的报纸都要有人去接管，一共有400多人的队伍，都是储备干部，接下来到哪里都不知道。一路下来才决定，我们一百多人是要到上海去接管申报。

我们进上海的时候很多人就在看着，你们解放区的人报纸怎么编呢，四个版的稿子哪里来？结果我们一进来就马上把报纸编好了。虽然比别的报纸出得晚。

解放初期，汉口路一带都是报童在等待报纸印出来后去卖，有一个小流氓头头给报童分报纸，凌晨四五点钟就有人在等了。我们第一期《解放日报》到了九十点钟才出来。不过能够出来，人家就没想到。

当时上海有两大怪，一是《解放日报》出得晚；二是速度快，头一天接管第二天就出版了，很多人认为我们没有两三天是出不了报纸的。当时陈毅老总叫他的秘书朱青同志打电话到报社来，我还没有睡，所以听到了秘书带来的陈老总的表扬，《解放日报》这张报纸此后几十年越来越精彩。

创刊那半个月都没出过门

当时解放日报的社长和总编辑是范长江，但一开始他不是每天都来的，因为他还在文管会任职。恽逸群是副社长、副总编辑，但是进入上海之后社交活动很多，都是晚上才进来看大样。魏克明也是副总编辑，他从头到尾都在抓编辑工作。编辑部主任张映吾，他原来是延安解放日报的编辑部主任，再下来就是我，叫新闻编辑室主任。我们五个人就是层层批阅稿件、组稿、出版。

我这里的工作是初步的，采访的稿子第一关是到每个组的组长那里，定好了再送到我这里。我认为不适合的稿子就"枪毙"，然后把我认为可用的交给张映吾，他看了以后再淘汰一些或者就给魏克明。魏克明看完了再回到我这里，交给排字房，排成版面，最后送到总编辑那儿。其他所有人采写的稿子，第一关是到每个组的组长那里，定好了再送到我这里。我们开始几个月的工作流程就是这样。

解放初期，按规定我们大多数人是不能出门的，这是军事纪律。进城之前，我们分配好各自的组了，直接到老申报编辑的桌子上开始工作。这样最开始将近半个月没出过门，大家吃饭睡觉都在办公室，睡觉都在309号大楼的三四层。

《解放日报》当时的社论大都是恽逸群写的，恽老是一个才子，知识丰富，多才多艺。他晚上八九点钟进来审稿、写社论。那时所有稿子都差不多弄好了就差一个社论，我负责拼版，所以我要跑到他那里催。他坐在那里抽烟，一边喝茶一边用毛笔写，当时用的不是很大的纸，一张可以写有一两百字，写完一张就按办公桌上的电铃，叫走廊里的工人进来，从4楼办公室拿到2楼的排字房，排好一张，工人就送到我这里，我看完之后就送还给恽老。这时候他第二张就已经写出来了，一般要写个六七张。

解放日报初期这一段，所有熟悉的人基本都不在了。尽管也出过这样那样的问题，但1957年以前是解放日报的一段辉煌时期，应该很好地总结。

投奔革命走了大半个中国

我是1938年离开上海的，当时我还在读书，只有17岁。

离家时，专门去拍了张穿长衫的照片，偷偷摸摸留给母亲。从此以后十多年，他们就不知道我的生死了，没办法通信。

我们学校是中华职业学校，我当时只是学土木工程专业的中学生。当时我们这些人叫救亡青年，是进步青年、先进分子，虽然不是共产党员，但已经和党组织有来往了。我家住的是贫民区，有地下党活动，周围都是工人，受到启发比较多。启发我参加抗日的是做地下工作的党员姜士雄，他后来被日寇杀害，现在安葬在龙华烈士陵园。

我离开上海本来想去延安的，去抗大。离开上海时，我们一共9个人，我是其中年纪最小的，他们都是二十几岁，老大哥一样。我们去延安，要从香港走。直到现在我都不愿意去香港，因为当时香港给我的印象太坏了。那时香港是英国的殖民地，我们乘的轮船上死了一个人，英国殖民当局就认为可能有传染病，就命令船停在维多利亚港，不准我们中国人下船。后来肯让我们下船了，就用绳子系在我们身上，像货物一样从大船上经过海面吊到小船上，再用小驳船接，这是根本不把人当人啊。

随后，我们从香港到了武汉。那时候就认识了董必武。他当时在武汉八路军办事处。他对我们9个人说，你们不一定都要去延安，去长沙吧，等机会去新四军。

到了长沙的八路军办事处，就又碰到了刘良模，他不是共产党员，但很进步，是中国音乐史上推广革命救亡歌咏运动（注：应为抗日救亡歌咏运动，是抗日战争爆发前后的群众性爱国歌唱活动）的第一人。聂耳创作的《义勇军进行曲》《毕业歌》等，就是他推广到群众中去的。我 16 岁在上海的时候就加入了他组织的歌咏队。八路军办事处把我们介绍到他那里工作。

后来碰到"长沙大火"。刘良模用华侨捐献的两辆汽车把我们转运到广西桂林,再到浙江金华。我们一路上坐汽车,有时也乘一段火车,就这样辗转到金华,到新四军中教唱歌,然后我就留在了新四军。

想想也是蛮传奇的,我一个 17 岁的少年,从上海到香港,香港到广州,广州到武汉,然后到衡阳、长沙,再到桂林、金华,最后到安徽参加新四军,大半个中国都跑下来了。

采 访 人:沈轶伦 吴越
采访时间:2018 年 1 月 10 日
采访地点:上海市泰安路丁柯家中
摄影、摄像:海沙尔

难忘的解放日报夜班岁月

金尚俭（1921 年 4 月—　）

金尚俭，籍贯江苏吴县，中共党员。

1939 年 8 月加入中国共产党。主任编辑。

1941 年参加新闻工作后编过我地下党出版的《简报》《生活知识》《劳工通讯》等报刊。

1949 年 7 月劳动报任编辑。

1958 年 11 月调入解放日报社，先后担任国际新闻组组长、夜班编辑部副主任、夜班编辑部党支部书记等职。曾参加过《辞海》国际条目的编写工作。

我生于 1921 年 4 月 26 日，15 岁的时候到上海。那时我刚从乡下的小学毕业，毕业证书还没拿到，就去投考商务印书馆。本以为考不上的，结果还真通过了考试。

从商务印书馆到解放日报

当时的商务印书馆不仅仅是家文化机构，它出版的很多书籍，宣传的都是救国救民的道理，影响很大。1932 年 1 月 29 日，日本人出动飞机，炸毁了商务印书馆总厂。后来商务印书馆共产党支部的工作逐渐在其他地方恢复起来，我也参加了共产党。后来，组织上看我会写一点东西，就让我参与出了一本《简报》，那一年是 1941 年，日本人轰炸珍珠港。再之后，我们开始编工人报纸、地下刊物。1949 年解放后，一切都公开了，就不再做地下工作，我被调到了总工会，在劳动报做夜班编辑，负责第二版。当时我28 岁。

1955 年 1 月，我去大场下乡劳动。本来是要一年的，但到了 11 月，因为人手需要，市委把我调到了解放日报，做国际版的编辑。

版面每天都要联系《人民日报》

我记得报到的那天，他们正好开会，包括杨西光、王维、丁树奇等人都在。后来他们给我介绍了一下情况。当中还有人打趣，问我"你怎么脸这么黑"？我说我是刚从农村调过来的。

刚到解放日报工作的时候，就觉得《劳动报》和《解放日报》太不一样了，国际版也是之前没有做过的，而且每天都要出版，有的稿子还要上头版。碰到了不懂的地方，我主要向王维请教。

那时候我们对苏联是"一边倒"，后来中苏关系破裂，所以关于苏联的新闻很多，但又很敏感。我们每天都需要和《人民日报》联系后才能确定版面。因为版面常常要调整，原先我们是跟校对坐在一起办公的，但是后来很多敏感话题不宜公开谈论，我们国际版的人员都被调走了，和其他部门都隔开来。一共调了4个党员，其中就有我和丁锡满。

后来国际版和头版的同事合并起来成立了夜班编辑部，陆炳麟担任一把手，我是二把手。算起来，我是解放日报夜班编辑部的第一任副主任，在这个岗位上一直做到退休。

那时候的夜班跟现在不一样。我们一般是下午四五点钟到报社，要开一个编前会，完成日班和夜班的交接工作。然后大家一起吃晚饭，到楼上听广播，了解今晚可能会发生什么事情，大概到8点开始工作。那时一二三版的编辑都是分开的，大家分头弄稿子、看稿子。

我印象很深的一点是，当时的政治气氛很浓，不能出一点差错。之前就出过一件很大的事情。那年庆贺日本投降，毛泽东和斯大林互相打电报表示祝贺。那天电讯稿来得比较迟，编辑们都回家了。总机接到电话说有个重要稿子，但没有转达给收发室，稿子来了之后，收发室看到编辑都不在就压下来了，导致第二天的报纸只刊登了毛主席给斯大林的电报，没有登斯大林给毛主席的电报。后来，华东局就派人来在报社整风了一个月。这件事对解放日报影响很大。

"文革"期间，解放日报受到了很大冲击。我们这些过去有"问题"的人都被关到"牛棚"里审查，一共二三十人，包括王维。但报纸还是得出版，不过经常会出得很迟，有时候会弄到天亮。

后来，我们身上的"问题"一个个搞清了，慢慢才回到报社工作。直到打倒"四人帮"和党的十一届三中全会召开之后，才真正全部恢复正常。

在夜班印象深刻的几个人

我那时在夜班年纪最大，所以被叫做"金老大"。和我一起在夜班工作的人里头，印象深刻的，一个是当时的头版编辑陆炳麟，后来成了解放日报的副总编辑，我比他大六岁，上班时面对面坐。陆炳麟原本在新闻日报，是头版编辑，后来调到了解放日报。他平时挺严肃，说话声音响，而且烟不离口。不过删稿子准、狠，把关也严格。当时丁锡满也做夜班，他很聪明，复旦大学提前毕业的，和我同一年进报社。杨西光也是复旦毕业的，也是一直做夜班，后来去做了福建省委宣传部部长，又回到解放日报做总编辑。讲起来，他是我的学生，编国际版是我教他的。

照理我应该60岁离休，但是因为陆炳麟生病住院，就让我代替管理夜班编辑部，实际上我到了66岁才离休。平时，陆炳麟不在，夜班大样也是我签的。

那时候，报社成立了一个报史办公室，让我们把记得的事情都记录下来。我编了报史，还帮老记者协会编了《我们的脚印》系列丛书。《恽逸群纪念文集》是我做编辑编的最后一本书，那时大概84岁。我本来身体很好，但因为84岁时开刀住院，后来就没有再继续做。

现在有了电脑，大家都不看报纸了，但我还是看的。每天吃完晚饭，我都会看《解放日报》《文汇报》《新民晚报》。我觉得《解放日报》编得不错。

我希望《解放日报》能越办越好，也希望有机会再去延安中路816号看看。

采 访 人：王潇　殷梦昊

采访时间：2017年11月1日

采访地点：上海市哈密路金尚俭家中

摄影、摄像：王清彬

一辈子干新闻无憾

牟春霖（1923 年 11 月—2018 年 11 月）

牟春霖，籍贯山东海阳。1945 年 8 月参加革命工作。1948 年 12 月山东济南新民主报校对员。1949 年 5 月，解放日报编辑部任校对员、校对组副组长。1982 年 4 月离休。

1949 年时，我是第一批去参加接管申报馆的，和丁柯、肖木、史东他们一起。那时我们先渡江到丹阳，在那里等上海解放。之前我在部队待过，解放济南后，我参加了接管报纸的工作。

到上海时，天是亮的

那时我们在丹阳的新闻学校，记得当时要开会，介绍上海的情况。我们知道上海在打仗，还看过地图，知道申报馆在哪个方位。

后来接到命令，有几十部大卡车到丹阳去接我们，一直开到上海。车上都是我们的人，同一个新闻学校的。到上海时天是亮的，苏州河北边还在打仗。

我们进了申报馆，就是现在的汉口路 309 号。当时我们还穿着军装，记得肖木、丁柯他们还带着枪。

在我们进来之前，申报馆已经由地下党接管了。到了就工作，第一天的报纸内容是提前准备好的，我分在校对组，当天晚上就投入工作。当时校对组有十几个人，是陆陆续续来的，有两三个是坐汽车，其他人是坐火车来的。

当时申报馆大部分老员工都不在了，但排字房的工人们还在，他们很配合。我在那里看到了进口的印刷机，我们在解放区没见过这种机器，感到很新奇，样子比解放区大不少。据说是全国最先进、速度最快的印报机器。

第二天《解放日报》第一次出现在上海街头，但报童如何卖报纸，反响如何我没有印象，前一天实在太疲劳了。

当时我住在报社的宿舍，就在申报馆五楼。我们属于军管会，出门有纪律，不能乱跑。至于第一次去南京路上逛逛是什么时候，已经不记得了。我只记得，我们到马路上去，不是看马路上的风光，而是马路上的人都在看我们。因为我们穿军装，虽然没有胸章、臂章，但帽子上有一颗五角星的帽徽，这是老百姓第一次接触到解放军。

回想起这一切，虽然记不太清楚了，但就和做梦一样。

轰炸也没影响做校对

我在校对组是负责一版校对的。最初的日子里，经常有大事情发生，比如1949年6月查封证券大厦，我们就一直在等稿子。

校对组大概在二楼，我记不清楚了，来一篇校对一篇，大样和清样都有，和现在的流程一样。当时是对校，一个人一边看一边校，后来才想出了读校的办法，一人读原稿，另一人核对校样。

那时候国民党飞机经常来轰炸，我工作时间在晚上，轰炸也大多在晚上。一听到警报，我们要跑到地下室，不过轰炸不影响我们，我也没觉得害怕，一般不到一小时警报就解除了，还得回去照常工作。

1950年，工作稳定下来，我就和另外两个同事结伴去马勒别墅学俄文，苏联人办的学堂。那时候学俄文是一种时髦。学费好像是20块钱，挺高的。那时候我们改成津贴制，有工资了，工资不记得多少，大概是三十几块钱。

我还记得，当时夜班的氛围很好，等清样的时间里，偶尔有男同志睡着了，同事们会开玩笑在他脸上画一个乌龟。我空下来就看看书。夜班下班之后，有夜班汽车送编辑校对们回家；领导们很随和，有时还会用自己的车子送。我那时候已经不住在报社宿舍了，住在华亭路分配的房子里，房子不大，史东和我是邻居。后来我结婚，婚车也是当时报社领导的小车。

有时候，总编辑会来夜班和我们聊聊天，我记得范长江就来过。他很直爽，具体谈论些什么我不记得了。恽逸群也见过，人很好的。

业余时间，我喜欢去看戏，解放日报记者编辑去看戏的不多。我和同事许寅一起去看，还一起参加戏剧协会。我还写了一些戏曲评论，有时候发表在《解放日报》上，有时候发表在《文汇报》上，《新闻日报》副刊上也有，不多的。

记忆犹新的两封信

1959年我离开解放日报，1980年回来。当时的总编辑杨永直一直保护我，对我很好。他还在党的会议上提到过，说牟春霖是党外同志，不要老是怀疑他。我一直很感谢他。

在那段特殊时期，我先被下放到山东农村，插秧割麦子都没问题，干农活也不错，就怕挑扁担扛着烂泥上船过桥。后来又去了常州武进的鸣凰大队，当地大队书记王明生还来跟我说，你以前是张春桥的下级，能否帮大队给他写封信，叙叙旧。我儿子还记得我当时说的两句话：第一、倒行逆施不会长久；第二、我已经被打成右派了，写信给张春桥也不会管用。这大约是 1972 年前后的事。

在农村的日子里，我坚持要订报纸，可是生活费都不太够，说起来蛮可怜的，那时候生活费都不太够，哪有钱订报纸？我们只能把旧报纸卖给收费站，收一点钞票来继续订，比如先给你两块钱订两个月的报纸，到时间了再给几块钱续订。

我离开报社期间，有两封信我还记得。一封是 1964 年我写信给杨永直，他给我写的回信。他安慰我说你要在山东安心劳动，组织会安排你在当地做老师。写得很简洁，信上没有署名，但是我一看笔迹就知道是他。另一封大约是 1978 年肖木同志给我的，他当时负责人事工作，来信说你的生活现在有困难，报社每月资助你 15 元，十一届三中全会召开了，希望你安心在农村，你的问题会有一个答复。两张解放日报的信纸，一手钢笔字很漂亮。从那之后，每个月 6 日，解放日报通过邮局汇来的钱就到鸣凰大队了。1978 年的 15 元，比当时我儿子的月工资还高。

报纸总是会往前发展的

获得平反回到解放日报工作之后，我住回到汉口路 309 号的 5 楼。后来又住到汉口路 274 号的集体宿舍，在印刷厂楼上的一个亭子间里头。下面机器叽叽响，楼上地板踩得呱呱响，小房间里却也很安逸，当时也很满足。

后来我在《报刊文摘》《连载小说》《民主与法制》《美化生活》都兼职工作。

大概在 1992 年前后，我岁数也大了，一些工作就不做了。

干了一辈子新闻工作，我没有遗憾。这工作很重要，不是对你我来讲重要，是对中国和社会来讲很重要。报纸就像灯一样，尽管有时候不太亮，但终归还是会亮的。报纸也像人一样，有犯错误的时候，有非常健康的时候，尽管经历种种变化，它始终在发展。人是离不开报纸的。社会发展就像气候一样，有热的时候，有冷的时候，它终归是往前的，一些不好的会被淘汰，还是会健康发展，终归是这样子的。

你们年轻记者生活和工作在一个很好的时代，你们是幸福的一代。

采 访 人：张陌（解放日报视觉中心总监）
　　　　　孔令君　向凯
采访时间：2017 年 10 月 24 日
采访地点：江苏省常州市工人新村牟春霖家中
摄　　影：张陌　向凯
摄　　像：张陌

王殊

在解放日报最难忘的一件事

王殊（1924 年 10 月—　）

王殊，江苏常熟人。复旦大学外文系肄业。1946 年 4 月到苏北解放区工作。1948 年 10 月起任新华社驻华东野战军前线分社（后为驻第三野战军总分社）记者，参加了淮海、渡江、上海战役的报道。1951 年 10 月到朝鲜，任新华社驻志愿军总分社记者，参加了朝鲜停战谈判的报道。1956 年 5 月起，历任新华社驻巴基斯坦、加纳、几内亚、马里、刚果（利）、古巴等国记者。1969 年 10 月任新华社驻联邦德国记者。

1972 年 10 月调外交部工作，任驻联邦德国使馆参赞。1974 年任驻联邦德国大使。

1977 年 1 月任《红旗》杂志总编辑。1978 年任外交部副部长。1980 年任驻奥地利大使兼驻维也纳联合国组织大使、驻国际原子能机构代表。1986 年 11 月任外交部国际问题研究所所长、中国太平洋合作全国委员会副会长。1998 年离休。

我今年已经94岁了，曾经参加过解放日报创刊之初的工作。虽然我在解放日报只工作了一个多月，但对那段经历印象非常深刻，一辈子都忘不了。

我是新闻工作新兵

我到解放区后，最开始的工作是在华东野战军卫生部教英文。后来我成为新华社驻华东野战军总分社的记者，那是在1948年10月济南战役后，这样就成了新闻工作的新兵。在淮海战役胜利结束后不久，三野（注：1949年2月，遵照中央军委的统一命令，华东野战军正式改编为中国人民解放军第三野战军）就在山东曲阜开了动员大会和小会，计划发起渡江战役和上海战役，并且同地方商量挑选干部成立接管大队，准备在上海解放后接管政府机构和企事业单位。

我记得，济南的《大众日报》分工在上海解放之时立即创办一张报纸。当时，大众日报的领导担心到时人手不足，又不熟悉部队的情况，请三野总分社的副社长邓岗同志成立一个记者组帮助工作。邓岗同志告诉了我们，并且成立了记者组，他兼任组长，记者组成员一共十多个人。我虽然参加新华社的工作才一年多，但曾在上海的复旦大学读过书，对上海比较熟悉，因此也是成员之一。

不过三野的记者组没有起太大的作用，渡江的时候，因为没有稿子，邓岗着急得不行，后来渡江的稿子也不是记者组写的，而是22军支社的老记者闫吾写的。

在一线采写刘行之战

1949年5月初，解放军发起上海战役。当时的部署是三野的第9兵团和第10兵团分别向浦东和浦西发动钳形进攻，争取在市区不受或少受破坏的情况下迅速歼灭敌人。我们一方面准备解放上海的报道工作，另一方面同所有参战部队一样进行了几天城市政策和外事政策的学习。根据邓岗同志的安排，编辑部主任吴江同志与我和谢丁两个记者到第10兵团28军采访，报道解放吴淞口的战斗。

我们在5月中从苏州出发经常熟行军到了在太仓的28军军部，研究后决定吴江留在军部，我去144团，谢丁去另一个团。

我在23日下午赶到了担任主攻的第144团，这个团的任务是攻取刘行镇，向吴淞口推进，封锁敌军海上逃走的通道。当天晚上，一营对刘行发动了进攻，敌军防御工事十分坚固，我们没有发现敌人筑了好几个地堡，战斗失利，主攻连队伤亡很大。两天后，炮兵部队赶到。在26日半夜，大炮对镇上敌军进行猛烈的轰击，步兵准备再次发动进攻。27日一早，镇上敌军仓皇逃跑，我军占领该镇后立即向吴淞推进，到当天中午完全肃清了吴淞的敌人。在吴淞口的码头上，我看到躺着许多由于抢着上船逃命而被自己坦克压死的敌军士兵，可以想象敌军逃跑时一片狼狈的情况。

我同144团团长和政委告别，搭车进入了市区，我先到亲戚家拿了衣服，然后按约定跑到申报馆，找到了邓岗同志。

当天晚上，我睡在对面新闻日报馆的办公桌上，之后我在这张办公桌上睡了一个多月，直到离开上海。在此期间，我妈妈还专门从常熟赶到新闻日报馆看我。

我到解放日报时，报纸已出版了两天。从解放区来的同志和上海地下党的同志都在紧张地准备编辑出版次日的《解放日报》，邓岗同志及总分社好几个同志也在帮助工作。邓岗同志要我第二天到报社文教组工作。5月30日的《解放日报》，还登载了我在部队再次对刘行发起攻击之前写的一篇通讯（注：此处应指《解放日报》1949年5月30日刊发的《无数敌尸飘浮江面 遍地遗弃大炮弹药》）。

之后，我在报社文教组跟着有新闻工作经验的同志采访，学习了很多的东西。我们文教组一共五六个人，负责人是徐葆璟。我们采访完之后，写好稿子，交给组长，由组长交给编辑室。

上海刚解放，文教方面的消息很多。我们的工作非常紧张，没有上下班时间，也无所谓吃饭不吃饭。我的第一件工作是与同组的屠培林同志到虹口公园去采访，揭发解放前夕国民党反动派特务在那里枪杀十多个爱国青年的罪行。几天后，我们又一起到上海唱片厂采访，这家厂在上海解放后立即大量录制《义勇军进行曲》以及八路军、新四军军歌等。

徐葆璟和屠培林同志都是上海地下党员，解放后参加了报社的工作。几年后，屠培林同志调到北京新华社国际部工作，担任过许多年的驻外记者。

最难忘的是采写陈毅市长

我在解放日报最难忘的一件事是采写了陈毅市长第一次会见上海文艺界著名人士的消息。那是在 1949 年 6 月 21 日，当时赵丹、黄宗英都在现场。我听到陈毅市长在会上称赞文艺界人士在解放事业中发挥的进步作用和重大成绩，还谆谆嘱咐他们要继续努力，取得更多更大的成绩。

我在解放日报的最后的一个工作是报道 1949 年 7 月 6 日上海军民纪念七七、庆祝解放举行的首次大游行。当时陈毅、粟裕以及部队和地方的领导都参加了，参加游行的有三野的 3 个步兵师、11 个特种兵团、30 万有组织的群众以及约百万的自发群众。当时我们的防空力量不足，担心敌机突然袭击，只能在下午举行。正好那天天气阴雨，不用过于担心空袭。我们记者组的同志分乘部队的车辆，以便观察群众庆祝胜利的热烈场景。一路上到处都挤满了热情的群众，人声鼓声响成一片。军车经过时，他们有的热烈欢呼，有的高呼口号，也有的翩翩起舞，群众组织的秧歌队、腰鼓队和各种各样的宣传队更是在一片鼓声和各种音乐声中跳起舞来。陈毅、粟裕以及其他党政军的领导都站在检阅台上，微笑地看着部队和群众队伍通过。经过检阅台后，我们都从军车上跳下来，跑回报社，向正在等着我们的记者组编辑报告我们的所见所闻，以便编写游行的消息。

最后一篇文章登在《朝花》上

一个多月后，三野总部要迁到南京去，接替已向大西南进军的二野总部。我们也随三野总部到南京，之后同包括《解放日报》在内的上海报刊的来往就少了。不久，又爆发了朝鲜战争，我同邓岗同志和其他几个记者都调到了北京新华社总社，几天后我和其他几个记者就到朝鲜前线去了，之后我又长期担任新华社的驻外记者。

国外工作很忙，而且当时新华社规定，驻外记者一律不准向报纸投稿。1972年我国同当时的西德建交以后，我又调到了外交部工作，写稿的事当然更谈不上了。我记得，上海各报的丁锡满、沈毓刚、徐开垒同志知道我过去曾为柯灵同志主编的报刊写过稿，都曾写信给我，希望我为他们的副刊写稿，但因为各种原因一直没有动手。

后来，新华社同意记者可以向报社投稿，我才开始为报社的副刊写稿。我写的最后一篇文章就登在了《解放日报》的《朝花》上。

（部分内容参考1999年5月28日《解放日报》刊载的王殊同志文章《我当随军记者》，以及1999年5月24日《解放日报》

刊载的王殊同志文章《在〈解放日报〉初创的日子里》）

采 访 人：陈颂清（解放日报社总编辑）

朱泳武（解放日报社总编办主任）

宰　飞　陈抒怡

采访时间：2018 年 6 月 7 日

采访地点：北京市干杨树甲 16 号院王殊家中

摄影、摄像：陈抒怡

追忆在解放日报工作的三年

袁鹰(1924 年 10 月—)

袁鹰，原名田钟洛，1945年入党。1945年末进入上海世界晨报。

　　1947年为上海《联合晚报》副刊编辑，同年底又任上海新民报特约记者。解放初期任解放日报记者、编辑。

　　1952年调北京人民日报，任文艺部编辑、副主任、主任，并任中国作家协会第三、第四届理事，第四届主席团委员。

虽然离开解放日报已有 60 多年，但我始终把解放日报当做自己的"娘家"，有道是"飞鸟恋旧林，池鱼思故渊"，往事历历，恍如昨日，让人情牵梦绕。

与新闻结缘

我出生于一个传统士人家庭。1934 年 10 月，我离开老家淮安，随父亲迁到杭州。对我的人生成长来说，在杭州的几年影响很大。第一是在杭师附小接受了新式教育，第二是受到了爱国主义的熏陶。九一八事变以后，日本帝国主义对中国的侵略日甚一日。我们校园里立了一个很大的牌子，上面四个大字"勿忘国耻"，每天一进去就看到这四个字，老师也常常讲，对我这个小学生的影响比较大。杭州离上海近，有上海流传过去的进步电影，《义勇军进行曲》我在小学五年级就会唱了。

1937 年底杭州沦陷，第二年春天我家搬到上海。从那时起我在上海呆了 15 年。在上海，我走上了进步的道路，也找到了终身的伴侣。

1943 年我考入之江大学教育系，在大学就读期间参加了学生运动，并且在 1945 年抗战胜利之前入了党。差不多在这个时候，我开始了写作，往《申报》的《自由谈》和《春秋》投稿。那时我家住沪西曹家渡，那里是所谓的"越界筑路"地区，又脏又乱，治安状况极坏，被当时外文报纸称为"歹土"。后来几年陆续投寄和发表的小文章，大多都算是战乱年代的"歹土见闻"。

到 1945 年底，有个老朋友把我介绍到世界晨报，这份报纸是一些进步文化人士办的。就这样，很偶然地就正式进入新闻界。我在世界晨报不到一年，到 1946 年 11 月报纸因经济困难停办了。1947 年，我进了由几位党员办的联合晚报编副刊《夕拾》。那时，我上午在一所广东同乡会办的广肇女中教书，中午到报社编报。同年的"五月学潮"中，联合晚报、文汇报和新民报晚刊一起被反动政府查封。

与夏其言同志结识

可能是当时的地下党组织考虑到我有过两三年做报纸的经验，1949 年初，把我的组织关系从文化部门转到了新闻部门。当时在地下党工作的夏其言同志找到我，向我交代了任务，上海解放后立即要出版党报，需要可以参加党报工作的人员。我记得夏其言同志在交代任务的时候，说过一句顶重要的就是要替老百姓说话。我当时来不及多问，只是朦朦胧胧觉得这大概就是党报记者同旧社会记者的最大区别。

1949 年 5 月 25 日下午，解放上海的炮声尚未完全停歇，我又接到夏其言同志的电话，要我立刻赶到申报馆。怀着兴奋的心情，我走进汉口路 309 号的大门，直上三楼向当时地下文委领导人陈虞孙、姚溱报到，参加《上海人民报》的编辑工作。

可以说，夏其言同志是决定我大半生人生路程的人。《解放日报》创刊后，他这位有丰富采访经验、写过不少出色报道的老记者，并没有到编辑部工作，而是根据需要去担任报馆经理，管行政和经济工作。他身挑重担，得到领导和同事的信任和称赞。当时报社从社长到工友，都亲昵地叫他"老夏"，很少人称"夏经理"。

我在 1950 年夏天结婚后，就同老夏一家都住长乐路 712 号宿舍，一楼一底石库门房子。老夏、陈志光夫妇和三个孩子，还有个尚未结婚的弟弟，一家六七口人，都挤在二楼前后房和一个亭子间里。那时大家都很忙碌，常常加班加点，星期日上午相晤时才能坐下来谈谈心。偶尔也听他诉几句工作压力的苦经，或者某一桩被误解的委屈。但他是个豁达的人，说过也就拉倒。我调到北京以后，虽然鱼雁渐稀，但彼此还是常常记挂的。1956 年深秋我到上海，分别几年再聚会，都很开心。在山东路福州路口一家酒店楼上畅叙，他说了些碰到的不愉快的事，又表示很想回本行当记者，不知何时才能如愿。下楼走出店门时，他恢复了好心情，依旧嘻嘻哈哈，连声说好久没有这样痛快。到上世纪五六十年代之交，政治运动相连，人际关系霜风渐紧，二三知己开怀畅饮，竟成为可遇而不可求的难得机会了。

在范长江身边的日子

我还记得接管申报馆那天的情景。1949 年 5 月 27 日，在原申报馆三楼社长办公室，恽逸群、魏克明等同志带着一支由解放区来的新闻队伍，同原上海地下文委系统的同志会师，宣布接管申报，创办中共中央华东局和上海市委机关报《解放日报》。我也就从此成了解放日报的一员。

三四天后一个晚上，我们正在分头伏案写稿时，范长江同志来到大办公室。他跟大家抱歉说，这几天忙于开会、接管，因而没有时间同大家见面。接着就一一问大家这几天来工作情况，有什么困难。他问解放区来的同志听不听得懂上海话，会不会乘电车，有没有迷过路；问上海的同志对新的工作是否习惯，懂不懂山东话。

之后，范长江同志又对解放区来的同志多说了几句话。他说："你们可能绝大多数是头一次到上海，对这个中国最大的城市一点不了解，话也听不懂，路也不认识，怎么办呢？只有一条，就是虚心向上海同志请教，不要自以为是。"

过了不久，采访工作上了轨道，我被分配在政治组。

8 月 21 日上午，范长江同志找我们政治组组长鲁蛮。鲁蛮就带了金铿然和我一起去了范长江同志的办公室。那天，陈云同志来上海了解经济情况，举行了一次工商界座谈会，我们去的任务是记录会议的情况，回来汇报。开会回来之后，范长江同志仔细听我们的汇报，尤其是工商界人士的反应，即使只言片语也很有兴趣，还追问说话人的姓名，我们只能嗫嚅无言以对。他笑笑说：这不怪你们，你们对上海工商界大约也不熟悉，以后注意就是，当记者不论什么事，新闻要素的五个 W 都要搞清楚，马虎不得，五个 W 中，"Who"最重要。

新中国成立后不久，范长江同志被任命为政务院新闻总署副署长，1950 年初又兼人民日报社社长，离开了解放日报。1950 年 8 月，我临时出差去北京，受报社领导委托，去看望了范长江同志。他热情地问起报社每一个人的近况，也详细介绍了人民日报的工作。但这一次之后，我和范长江同志就再也没有见面。1953 年，我奉命调到人民日报工作时，范长江同志已离开报社去政务院文教委员会任副秘书长，后来又去主持科委工作。"文革"中他在河南确山离世那年，我也正在河南叶县"五七干校"，但好几年后才得知噩耗。

当时解放日报的领导个性都很鲜明，我和魏克明一起做过夜班，他待人诚恳真挚，处事讲原则。平时看到记者或通讯员稿件上一些华丽雕琢的字句，他提起笔来就勾掉，并批评道：不要这些鬼话。我刚调到总编室不久，有天晚上他吩咐我第二天下午去参加报社借外边场地举行的工人座谈会，并指定我做记录。第二天，正好报社职工办的供销合作社开始营业，我是那个合作社的负责人，觉得不便离开，就把做记录的事委托给另一位同志，请他代替我向克明同志告假。傍晚，魏克明同志开完座谈会回到报社，一见到我就严厉批评我政治上麻痹，组织上无纪律。他说："党报是工人阶级的报纸，不去倾听工人的意见，不是政治上麻痹是什么？"话不多，却一锤一锤打在我的心上。

（本文参考了袁鹰同志发表在《解放日报》上的《老夏，你走好！》《汉口路见证》《汉口路 309 号》《范长江在 1949 年的〈解放日报〉》等文章）

"解放日报"这四个字很重要

丁康（1925 年 2 月— ）

丁康，籍贯安徽合肥。中共党员。1948年7月在大别山皖西第四分区参加革命工作。1949年6月起在解放日报财经组、工交部，担任通联、记者工作，1964年春，在市委宣传部党员教育处工作。"文革"中下放"五七"干校和工厂劳动。

1976年7月在上海戏剧学院政宣组、市教委办组织处工作。1979年5月回报社，在党委办公室做复查工作。

1979年11月至离休，解放日报党政部记者。

我今年 93 岁（2017 年），1949 年 6 月被分配到解放日报，分别在采访部工业交通组、财经组和党政部工作。其间，还曾被调往市委宣传部工作十多年。

"这是我们自己培养的记者"

　　解放前，我在苏州国立社会教育学院读书，这个学校后来成了苏州大学前身的一部分。我跟我爱人方远（曾在解放日报工作）是高中同学，他比我早一年读大学，在同济大学。当时同济大学的学生运动很活跃，国民党特务抓了一批积极分子，当中就有我爱人。之后，他们被开除出校。组织上为了保护他们，就安排他们转移去了大别山。我也顾不上能不能从学校毕业，就跟着他一起去了解放区。

　　那时我们在根据地第四军分区（注：此处应指当时鄂豫军区下辖的第四军分区。挺进大别山之后，刘邓大军自 1947 年 10 月初开始，从各纵队抽调部队分散开展地方工作。同年 11 月、12 月，先后组成了皖西、鄂豫两个区党委和军区。其中鄂豫军区下辖五个军分区），任务是开辟根据地的地下交通线。第四军分区是个游击区，国民党军在那里设置了封锁线，我们就要跟敌人周旋。淮海战役前，不需要地下交通了，我们就跟着中原野战军（注：1948 年 5 月，原晋冀鲁豫野战军改称为中原野战军，刘伯承任司令员、邓小平任政治委员。1949 年 2 月，中原野战军改编为第二野战军）转战。

我们那时没想到，淮海战役胜利之后，形势的发展会那么快。根据组织上的安排，凡是先前从上海转移的，都要向苏北集中。我到了苏北之后，组织上要挑选能从事新闻工作的人，为接管大城市的报纸做准备，我被挑上了，就去了盐城的华中建设大学学习。在那里，我们主要学了城市政策，还有新闻理论和业务。

渡江战役胜利后，南京、苏州相继解放，我们得到通知要去上海。先是过江去了苏州，上海解放后，我就去上海市军事管制委员会文管会报到了，6 月份被分配到了解放日报。我还记得，到汉口路 309 号解放日报那天，魏克明是这么向大家介绍我的："这是我们自己培养的记者。"

刚到报社，我的第一个岗位就在采访部底下的工业交通组。那时我们对情况很不熟悉，做的都是通信联络工作，也就是联系通讯员。记得很多通讯员都是参加接管的军代表，他们也非常支持我们的工作，在他们自己的单位里，帮我们发展了更多的通讯员。那时要做通讯员，要求是很高的，一般人是做不了的。

后来我被分配到了财经组。因为我们都是从解放区来的，毕竟对于经济、财经方面不怎么熟悉，所以当时调来了一些原来就在上海华东新闻学院里面学经济的专业记者。但是他们不是党员。因为当时在政治上要求很高，有些会议，例如各个局召开的党组会，他们不方便参加，所以我们就去参加会议，参加会议回来传达通报会议的内容，再把线索交给他们。

那时候，每到国庆节都需要报道一些先进人物。我记得自己就写过给沪东新村工人消费合作社送煤球的陈辕（此处应指1955年12月8日《解放日报》刊登的报道《一个受社员爱戴的送煤球的人》）。

当时负责工交部的王树人，对我帮助很大。他改稿子很耐心，也不发脾气，默默给人改稿，大家对他的印象都很好。我有次写了篇有关钢铁厂技术革命的评论，他给我改了一下就发表了。

1955年，党中央号召"向科学进军"，要求干部继续学习。我觉得别人都受过完整教育，自己也要想办法去深造，就拼命读书，后来考取了复旦大学西方语言文学系和中国人民大学。因为人民大学是培养干部的，有"调干生"的名额。报社就帮忙解决了学费，而且工资照发。当时我已经有了2个孩子，但还是一狠心去读书了。当时读了半年，得了肺结核，报社要我回来休养。回到上海，养病养了快一年。回到报社后为了照顾我，就安排我做稍微轻一些的工作。

做解放日报的记者，光荣

1964年我调到市委宣传部，一直到十一届三中全会召开之后回到了解放日报。

当时在市委宣传部，我也主要在写典型报道。比方各个单位怎么学习毛主席著作，怎么进行党员教育、理论教育，不过主要是总结性质的，后来登在《文汇报》上的华东电业管理局组织技术人员学习毛主席著作的报道，我也参与了写作。

十一届三中全会后回到解放日报，我开始做老案复查工作，拨乱反正。然后又去了党政部，并在党政部记者岗位退休。退休后很长时间在进行报史研究。

我现在每天都还会看《解放日报》，喜欢看一些最新的思想动态和评论。我觉得党报应该有指导性。

上海要在改革中做排头兵、先行者，《解放日报》作为市委机关报，更要做排头兵、先行者。

这几年媒体行业变革很快，不过我想我们市委机关报是很有威信的。"解放日报"这四个字很重要，是毛主席送给上海的，作为解放日报的记者也是光荣的。

虽然媒体现在向网络发展，纸质媒体还是需要的。现在网络渠道比较多，但是在思想上很难引导，还是需要靠报纸引导，纸媒可以从网上杂乱的内容中把正确的东西筛选出来。

现在有些稿子都是很饱满的，以前我们讲究留有余地。现在写的很多东西都是讲未来的，我希望年轻记者能够多讲一些实际，不要讲得那么玄。

采 访 人：王潇 张凌云
采访时间：2018 年 1 月 11 日
采访地点：上海哈密路同仁医院分院
摄影、摄像：海沙尔

和解放日报的不解之缘

叶传岵（1925 年 4 月— ）

叶传岵,籍贯四川成都。1948年国立四川大学法学院法律系本科毕业。

1949年8月参加上海市人民法院工作。

1957年被打成右派,1979年平反后重回司法队伍。

1983年受聘为解放日报法律顾问。2006年加入中国共产党。

我和解放日报的不解之缘还得从我们家的故事说起。

受家庭影响与《解放日报》结缘

1925 年，我家是四川成都一个知识分子大家庭，我父亲叶云阶（又名叶青东，四川知名律师，同时也是中国民主同盟早期成员），我同辈家中有兄弟二人、姐妹二人，均先后参加革命和建设工作，现健在的是我和小妹叶传蕙（成都中医药大学教授、博导，已退休）。我的叔父叶雨苍在上世纪 30 年代初就加入了共产党。我的两个姑父也是中共早期党员，姑父任钧是上海左联成员，另一位姑父武剑西是上世纪 20 年代入党的老党员，曾在共产国际中国代表团工作。抗战爆发后，我家成了中共在四川的地下联络点，与延安联系。中共四川省委领导张曙时、张友渔、车耀先等都曾住在我家。

受家人的影响，我从小就阅读了大量的进步书籍。我最早读到《解放日报》，就是在抗日战争时期。当时作为中央机关报的《解放日报》刊登了《感谢四川人民》的文章，在我们四川当地引起了很大反响。

1931年，"九一八"事变爆发，东三省被日寇侵占，我入小学，在学校和大家一起唱"我的家在东北松花江上"。1938年全面抗战爆发后，我入中学，在成都石室中学参加抗日军训。

1944年，成都爆发大规模的学生运动，抗议国民党迫害学生。我被学校推选担任成都市华西高中的罢课代表，那也是我第一次给媒体投稿，由我起草的罢课宣言刊登在《华西日报》上，这是当时成都的一份进步报纸。

1945年，我考入四川大学法学院法律系。在大学就学期间，我以高考检定考试及格的身份参加全国高等文官（司法官）考试。1948年，我顺利通过考试，当年四川只录取了20人，我有幸入选。

1948年10月，我到南京国立政治大学高等科参加培训。1949年1月结业，我被分派到旧上海地方法院实习。5月，上海解放。此前，我由"七君子"之一的史良介绍，于1948年参加民盟。1950年8月，上海市人民法院成立后，我即参加法院工作，先后担任调查员、调解员、审判员等工作。

从那时起，我就成了《解放日报》的热心读者，经常向《解放日报》投稿。1951年5月4日，《解放日报》刊登了我写的读者来信《哪一位同志如此麻痹大意 在公共场所把手枪遗失？》；1953年1月29日，《解放日报》刊登了我写的《与一切坏人坏事作坚决斗争》；同一年，我还对当时社会热点"猪子事件"发表了看法。也因此，我得以和当时的一些知名报人，如赵超构、冯英子等相交相识。

我和《解放日报》的这些联系在1957年因为各种原因中止

了。在这一年的"反右"运动中，我被打成极右派，保留公职，下放监督劳动，取消工资。直到 1979 年 1 月才得到平反，前后总共 22 年。全家五口为此受累，一言难尽。

"归队"重回任解放日报法律顾问

1979 年，我"归队"重回司法队伍，并和解放日报有了正式的联系和合作。

1981 年 1 月 1 日，上海律师协会挂牌成立了两个法律顾问处，正式对外接受业务。两个顾问处以苏州河为界，苏州河以南叫第一法律顾问处，苏州河以北是第二法律顾问处。我被任命为第二法律顾问处副主任，负责业务工作。

由于工作需要，上海市司法局向沪上一些知名媒体、新闻单位推荐聘请法律顾问。我于 1983 年受聘，成为解放日报常年法律顾问。

当时担任解放日报总编辑的王维同志和我签订了一份聘请合同，报社每个月支付给我法律顾问费用 200 元。法律顾问没有时间限制，我至今没有收到解聘通知，所以理论上我现在还是解放日报的法律顾问。

法律顾问的主要工作是提供法律咨询和有关法律事务及诉讼代理等。比如，报社需要对外签合同之前，需要我先过目审阅，以确认合同条款是否在法律上成立。

1983 年，我到北京替报社处理一起有关报纸纸张的民事诉讼，这起案件解放日报是原告。我记得到了北京之后，报社安排我住在当时位于晨光街的北京办事处，那段时间，我和报社北京办事处主任张默同志等配合工作，相处融洽，最终打赢了那场诉讼。

因为工作关系，我和报社副总编辑夏其言、陆炳麟接触比较多，他们都很重视法律工作。在王维的安排下，他们邀请我给解放日报的同志们上法律课，《合同法》《婚姻法》等都曾讲过，讲课中结识了不少年轻人，也算是教学相长，大家都很有收获。

1983 年，上海市司法局筹办《上海法治报》，因为我和媒体关系密切，我被调到刚刚成立的上海法治报任编辑。说是做编辑，其实我的工作范围很广泛，既做记者、编辑，又做律师。1984 年，我去北京办案时，还采访了知名法学家张友渔，我们还谈到他以前搞地下工作时住在我家的往事。回到上海后，我写了一篇文章发表在《上海法治报》上，题目是《踏遍青山人未老——访著名法学家张友渔》。

在北京期间，我还以记者身份采访了上海解放后的首任公安局长李士英（时任最高人民检察院副检察长）。这一署名采访在《上海法治报》刊登。

1985 年 12 月，我经市司法局批准离休。离休时，我是上海法治报的编辑，后来上海法治报被划入解放日报报业集团，我也被划入了解放日报报业集团，之后又被并入上海报业集团。因为身份特殊，我不仅加入了中国法学会，也参加新闻工作者协会。至今，我还是执业律师，仍在出庭办案，有时还需要出差。

离休干部还在做律师的，全上海就我一个了。

2006年我81岁时，经解放日报老干办离休支部王维、沈沉两位同志介绍，支部大会通过，被吸收为中国共产党预备党员，一年后转为正式党员，实现了我数十年来的愿望。

在我看来，记者和律师在某种程度上有很多互通的地方。记者是人民的喉舌，真实客观及时地反映事实；律师要忠实于事实、忠实于法律，保护合法权益。两者都在歌颂真善美，鞭挞假恶丑，都是很高尚、很有荣誉感的职业。我应当不忘初心，砥砺奋进，虽年逾九旬，但老骥伏枥，志在千里，并与同仁共勉之。

采 访 人：陈抒怡　舒抒
采访时间：2017 年 10 月 19 日
采访地点：上海市虹口区临平路叶传岵家中
摄　　影：陈抒怡　舒抒
摄　　像：黄晓洲

新闻要跟着时代走

程敏（1925 年 5 月— ）

程敏，1941 年 2 月入党。1946 年德州时报工作。1949 年 5 月解放日报工作。1951 年人民日报工作，随后调入中国青年报。1964 年调入全国政协工作。

我是 1925 年生的。1941 年，我才十五六岁，就去参加了新四军。1949 年到解放日报工作的时候，才 24 岁。后来又调去人民日报和中国青年报，最后在全国政协的工作岗位上退休。

你给群众办事，群众就帮助你

我不是上海人，老家在安徽。抗战爆发前，我父亲在苏州工作，全家就住在苏州。日本军队打过来之后，苏州待不住了。我父亲就把全家带到上海，住在我一个叔叔家。

那时我就想参加抗日了。为什么？一是我母亲就是在逃难的路上因为早产去世的。另一个是当时身边人的影响。抗战前夕，全国的抗日情绪都很高，大家都是中国人，怎么能受日本人欺负？我们的学校在租界，日本人管不了。我们就在学校里唱抗日歌曲喊抗日口号，《义勇军进行曲》一唱起来，大家都热血沸腾。在上海读初中的时候，我是住校的，有个同学从常熟来，比我大一年级，跟我很聊得来。那时常熟有抗日武装了，她家里的亲戚，也在从事抗日活动。她常跟我说起老家抗日的事情，还说上海的政治空气不好。后来她真的放下学业回了常熟。我之前也跟她约好了，要去根据地。1941年的时候，就跟另外两个同学一起跑到常熟。

到了根据地，给我们分配的工作先是教书，一边教小学生，一边在放学以后就参加一些政治活动，还有就是演戏、唱歌。后来日本鬼子清乡，我就调到部队去了。跟我一起去常熟的两个同学听说后来又回上海了，我们就没见过面。那时我们对共产党，就是认准了他们是坚决抗日的，是为老百姓的。其他的还谈不上。

在新四军部队的时候，我经历过好几次危险，但是我都没事，有人说我命好，其实是因为有老百姓掩护。我做的是地方工作，平时吃和住都在老乡家，还帮老百姓干活呢。你给群众办事，群众就帮助你。碰上日本鬼子，老百姓还会掩护你。有一次日伪军清乡，我正好隐蔽在常熟的董滨村，由当地一位叫秦三媛的党员负责掩护。她把我安置在家里两间屋子当中的"隔壁墙"里，平时照顾我的吃住。有伪军上门查问，她就说我是她的外甥女，来投亲的。就这么把伪军骗过去了。后来我就叫她干妈了。后来我跟着部队，南下浙西，北上山东，都没有机会再回董滨村。解放后，我一直在找这位"干妈"，想再回去寻亲，终于在离休后成行了。可惜这位老党员已经去世了。

我后来还专门为此写了篇回忆文章《缅怀干妈秦三媛》，刊载于《中国抗日战争胜利的意义和思考——北京新四军暨华中抗日根据地研究会纪念抗日战争胜利60周年大会论文集（五）》。

从"5个W"开始学新闻

说起怎么当上的记者，我自己都觉得意外。我跟着部队到了八路军渤海军区，到了德州，那里有份《德州时报》，是当地的一份党报。我平时经常去报社看看报，转悠转悠。时间一久，没想到就被报社看上了。当时报社领导问我，看你对新闻有点兴趣，你到我们这儿来工作好不好？我说好，但我文字水平不高。他们说没关系，你来吧。

我就这么当上记者了，而且还是报社的第一个女记者。我那时跟领导说，我初中都没读完，文化水平怕不够。领导说，你就从"5个W"开始学吧。之后又不断上学习班，这么一点点开始学新闻的。

当时的采访工作，就是我们三三两两地，到根据地去看看，比方群众生活怎么样，他们有些什么要求，采访完了就写稿子。有些稿子发表了，老百姓挺高兴的，因为有人关心他们了，生活也能得到改善。那时我们和群众的关系特别好，住在老百姓家，他们弄点什么好吃的，都会想着给我们。不过我们有纪律，一般都不吃，有时候吃了，就按价给钱。群众也说没见过这样的部队，好东西给他吃也不吃，真要吃了还给钱。

后来德州时报和渤海日报合并，我就到渤海日报工作了。

大概也就是有这么一段在解放区做新闻的经历，再加上我是从上海去的解放区，后来《解放日报》创刊，才想到要调我们去上海。

对国家有利的就可以报道

上海解放后，我跟着南下大队一起进驻申报馆。印象深刻的是那时报馆保护得真好，一点没被破坏。国民党也没想到我们部队的进展会这么快。申报原先的老板跑了，但记者编辑还有工人都没跑。报社后来对这些留下的工作人员进行了甄别，表现好的留下，表现不好的，就交给人事部门处理了。当时强调政治性，党报是替党和政府说话的，政治上表现不好，就留不下来。

到解放日报工作后，我就被分配到了采访部当记者。当时的采访部分政治、军事、财经等几个组，不过记者没那么明确地归哪个组，最多是有分工，像我就跑工业条线多一点，兼着跑文教的采访。

我知道自己的文化水平不太够，不过发在《解放日报》上的稿子，水平还过得去，能打60分吧。这一方面是我自己政治敏感性还比较强，毕竟是解放区来的。我有一条标准，对国家有利，或者对地方有利的就可以报道，而且还敢提出问题。那时报社每年或者每季都有一个报道重心，比如说上海刚刚解放，就报道老百姓怎么欢迎解放军，军民一家亲。再比如今年丰收报道什么，今年歉收又报道什么，都有重心的。报道当然有计划，会有报社领导安排，但有时候你自己认为某一点好也可以报道。总结下来，政治敏感就是跟着时代要求走，要看清形势。

另一方面是编辑帮了很大的忙。记者主要是在外边跑，写了稿子，编辑就在文笔方面帮你润润色，给你加加工。再有就是我胆子大，我的性格有点像男孩子，有点天不怕地不怕，在部队的时候，有时候要在夜里行军，几十里路我都不会掉队，就是仗着胆子大。后来到报社，比如说要找个领导采访，我也不怕。那时对记者有要求，好像是一个月要有两个头版头条。头版头条多重要啊，但这点我基本上能做到。这一点，后来到了人民日报也是这样。

在解放日报的时候，生活是挺艰苦的。我们住集体宿舍，我当年还是个小记者，年纪也轻，还没成家呢，就一个人，上海房子也紧张，我们好多人睡地铺，往地板上铺点东西就睡了，一个地铺能睡六个人，有的时候睡七八个人。刚到上海我们就过这个日子。我记得，就是艰苦成这样，大家也没怨言，因为我们都从艰苦的环境里过来的，再说刚刚解放也没地方，大家就辛苦点，大家就说行，没意见。

那时我们跟恽逸群关系挺好。恽逸群也在山东解放区工作过，后来又到了上海，从这一点上说，我们也算是战友。恽逸群性格挺好的，他比我们年纪大不少，从解放区来的同事，有时候开玩笑叫他"老爸爸"，他也不动气。

采 访 人：余晨扬
采访时间：2018 年 1 月 11 日
采访地点：解放日报北京记者站
摄　　影：王清彬

成为解放日报的一兵，荣幸

史东 （1927 年 5 月—2018 年 7 月）

史东，籍贯江苏启东，中共党员。1948年5月参加革命工作，主任记者。1983年评为上海市优秀新闻工作者。

　　1949年5月起先后在解放日报采访部、工业组、社会服务组、读者来信组任通联干事，工业组、财经组、文化教育组任记者，读者来信组、政法文教部、理论宣传部任编辑、副组长。

　　1968年8月至1972年6月在"五七"干校劳动。1972年7月至1977年11月在解放日报理论宣传部、党团生活组、调查研究组任编辑。1979年1月至1984年1月解放日报理论部副主任、党支部书记。1984年1月至1986年4月解放日报编委兼理论部副主任，借调报社整党办公室工作。1986年4月编委兼解放日报新闻研究室主任。1991年1月解放日报新闻研究室兼报史办公室负责人。

当一名新闻记者，是我的夙愿。抗日战争胜利后，我先后进入中国新闻专科学校、民治新闻专科学校读书。1948年冬，为避免被国民党抓捕，中央决定一批地下党员撤往解放区接受培训，为接管上海做准备，其中就有我。

可能组织上了解我有过为从事新闻工作多次求学的经历，1949年初把我分派到华中新专二期学习。然后我就被分配到筹备中的解放日报。当时觉得自己梦想成真，无比欣喜。

5月25日凌晨，苏州河以南的上海市区全部解放，我们随华东卫生部的接管队员奔赴市区。经过熟悉的南京路时，还能听到苏州河北不时传来的枪声。我不禁兴奋地跳起来，暗暗高呼：我回来了，我终于回来了！

那时候我们进城很光荣，走在南京路上两边群众都给我们鼓掌，欢呼"解放军来了！"随后，我戴着上海市军事管制委员会和人民解放军的胸章、臂章，跨进了汉口路309号的申报馆大楼。那年我才22周岁。从此，作为解放日报的一名小兵干了一辈子。

我的第一位"业务课"老师

不过，接管申报开大会的时候我不在。当时报社领导派我去华东卫生部驻地，组织报社的通讯员队伍，为创刊后的卫生宣传报道做准备，所以就没赶上。我拎起背包拿了介绍信就上路了。一路上，我边走边问，依靠田间乡亲的帮助，在暮色苍茫中到了目的地。接待我的是一位女同志，是华东卫生部政治部的通讯干事。在她热情帮助下，我顺利完成了任务。这位女同志也可以说是我从事新闻工作后的第一位"业务课"老师。

虽说到了解放日报工作，但那时候我还是"小巴辣子"，看什么都新鲜，做什么都外行。在新专学习时，虽然听过几堂业务课，但没有接触过实际，对新闻业务知之甚少。后来，我被分配到采访部通联科。领导我的乐静和李白蕾同志都比我大不了几岁，我在他们面前却感到连当一个小学生的资格都没有。我进入报社后第一天的工作，就是处理办公桌上的一沓通讯员来稿。我随即选编了一篇国棉八厂的稿件，送给乐静审。他看后把稿件退给我说，"你怎么把稿件中的事实删掉，却留下些空话呢？"我大吃一惊，原来我把新闻当作议论文了。

之后，不断在实践中学习，大约经过半年时间，在老编辑的帮助下，我在报社联系通讯员的一本内部刊物上发表了一篇短文《新闻要让事实说话》，这可能是我跨入新闻单位后的第一场"入门考试"吧。再之后，对于新闻业务从不懂到懂，又用了两年。

通讯员都是我们的老师

上世纪五十年代初期，我们的工作重点刚从农村转向城市，需要摸索城市办报的经验，机构人员经常变动。我从通联科到工业组、社会服务组、读者来信组，又回到工业组，再到财贸组、文教组、总编办公室、读者来信组，像走马灯似的转来转去，做的又都是群众工作，当时思想上也有波动。每调动一次，"我"字就冒一次头：这次调动，对"我"进步有利还是不利？可是我克制着，从来没有提过什么意见，不敢啊！

当时，在党组织生活中，每个党员都要汇报思想，有时候还要写书面汇报，个人与党的关系是经常讨论的主题。记得有位与我一起南下的女同志，进解放日报后，和我一起搞通联工作。她爱画画入了迷，要求调到美术摄影组去。当时党小组讨论开了，说这是"兴趣观点"，要不得。她就服从了，努力培养从事文字工作的兴趣。今天看来，这种批评似乎是一种"左倾幼稚病"，画画也是革命工作，为什么不能照顾她的兴趣呢？但这种一切服从革命需要、服从组织分配的精神却很可贵。多少年后，当我看到电影《以革命的名义》中小主人公瓦夏和彼加身上那种"革命性"时，依然感到亲切、可爱。

当时，我虽然还在学做新闻工作，但"新闻记者"的头衔也曾让我眩晕过。堂堂记者到工厂采访，还要接受门警检查记者证或介绍信，心里总感到不痛快。这件事党小组也讨论过，说这是资产阶级记者的"无冕之王"思想，党报记者是万万不能有的。在解放区，团首长、县长都愉快地接受儿童团员检查通行证。党报记者要处处表现自己是为人民服务的模范、遵守纪律的模范，不能有丝毫损害党报威信的言行。有次，一位记者约定时间到一家工厂去开座谈会，结果却迟到了，厂里打电话来问这位记者出发了没有，领导知道后就严肃批评："你怎么能让基层的同志等你，浪费他们的宝贵时间？"

上世纪五十年代，解放日报十分重视"全党办报"，当时大部分记者，特别是新参加工作的年轻记者，都要做通联（联系通讯员）工作。但是，有不少同志认为，这是"为他人作嫁衣裳"，不如自己采写"进步快"……于是，放弃个人利益，服从工作需要，就成为编辑部党组织思想工作的重点，也是共产党员加强自我修养的考验。我的思想也经常在"斗争中"。其实，党报的通讯员都是基层的骨干力量，许多方面都是我们的老师，通过处理通讯员的稿件，也是向他们学习的过程。渐渐地，我终于安下心来。

《解放日报》在上个世纪六十年代刊载的"我和祖国"征文，八十年代的"振兴中华"读书活动的报道，都有广大群众积极参与，取得了很好的效果。这两项活动，我都积极参与和组织，因而也分享了成功的喜悦。

无奈转岗"知难而进"边学边干

但是，天有不测风云，当我正为自己改变新闻业务"先天不足"而奋斗时，几度吐血使我不得不停止前进的脚步。新闻工作需要苦干，肺病需要休养，一时找不到两全其美的方法，心中很苦闷。于是，想转业找个"轻松"一点的工作。为了适应"改行"的需要，我把自学的重点从新闻业务转向政治理论。领导觉察后，真的把我调去搞理论宣传了。谁知这项工作难度更大，有时"左""右"为难，很难把握。但领导已经决定，不能知难而退，只好"知难而进"了，继续边学边干，直到离休。

作为理论宣传的编辑，可以用更广阔的视野，较为深刻地探索、研究社会生活和各项建设事业中的种种经验和问题，又鞭策自己努力阅读一些哲学、经济等方面的理论著作，虽然非常粗浅，但对逐步认识世界仍然很有益处。

1956年，党中央号召向科学进军、培养无产阶级自己的知识分子队伍，当时编辑部掀起一股学习热潮。我在总编辑办公室工作，访问了一些同志，储大泓、夏华乙等同志的雄心壮志和学习劲头，给我留下深刻印象。1958年"大跃进"，我在编读者来信时，做过一个标题"巧妇能为无米之炊"，后来检查浮夸风，这个标题也受到批评。当时我感到很内疚，我的错误损害了党的威信，人民因为"大跃进"的失误受了苦，我也有一份责任啊。与好学不倦的储、夏等相比，更感到需要鞭策自己了。

"文革"期间的"一月风暴"，我成了"全面专政"的对象。粉碎"四人帮"后，经过拨乱反正，1984年1月，我被任命为解放日报编委会委员。

1988年我离休。离休后一身轻松，可以逍遥了吧？可是我却生怕寂寞难耐，一颗心依然时刻牵挂着报社的一切，又为报社整理、收集报史资料，干了几年。因此筹备庆祝《解放日报》创刊四十周年、五十周年、六十周年时，我都有机会略尽绵薄之力。

我这一生受惠于解放日报的培养，又有幸一生为解放日报效力，深感荣幸，在即将创刊七十周年之际，衷心祝愿《解放日报》越办越好。

（本文根据史东口述以及他撰写的《从丹阳走来——我与解放日报》一文整理）

采 访 人：周智强（解放日报社党委副书记）

洪俊杰　吴頔

采访时间：2017 年 10 月 12 日

采访地点：上海市中山西路史东家中

摄　　影：吴頔

摄　　像：黄晓洲

走进小岗村

吉景峰（1927 年 6 月— ）

吉景峰,籍贯山西翼城。中共党员,1946年5月参加革命工作,主任记者。1949年9月南下至福建,在闽侯三区区委、闽侯县委宣传部任宣传委员、机关党支部书记等职。1952年任福建日报记者。

1953年2月调入解放日报任记者。曾任报社审干办公室副主任、农商部副主任,驻福建记者站负责人,党委办公室负责人等职。"文革"中下放农村、企业劳动。1978年11月回报社农村部当记者。

1984年12月任解放日报农村部副主任。

吉景峰

　　参加新闻工作前，我在中国人民解放军长江支队（注：中国人民解放军长江支队是从晋冀鲁豫解放区的太行、太岳两个革命老区抽调的由老红军、老八路和老解放区地方干部及军队、地方武装干部组成的一支接管新解放区政权的队伍，追随刘邓的第二野战军向南挺进，后正式划归中共中央华东局，随第三野战军第十兵团进军福建）。在这之前我没读过书，不认字，跟随大军南下的时候才开始识字。那时跟我一起南下的一位姓牛的同志发现我不识字，就开始每天教我两个字。回想起来，那时学习热情真高，为了温习他教我的功课，我白天在地上写，晚上在肚子上写。

　　部队到福建之后，牛同志就建议我可以试着写写稿子。一开始我写了十五六篇，最后登了一篇100字不到的稿子，是有关群众抗洪的。我看到稿子见了报，高兴得不得了，编辑说我已经"上路"了。

　　一开始，我是做福建省委宣传部的工农通讯员，然后是通讯员，再是特约通讯员，一年"连升三级"。当时我不断地给福建日报供稿，福建日报的编辑很负责，不能录用的稿件都改好以后给我退回来，这对我帮助很大，最后我就被选到福建日报做记者。

当时《解放日报》是华东局的机关报，六省一市都有向它输送人才的任务。我就这么被挑选到了解放日报，之后分到了农村部。

采写包产到户六赴小岗

在解放日报农村部的时候，我跑遍了华东六省的农村，其中山东、江西去的次数比较多。但是对凤阳小岗村的采访，却是印象最深刻的。算起来，我总共去了18次凤阳，其中有6次是为了写包产到户这件事，在小岗村待了七八个月。后来我还写过那里的两次突破，就是商品经济和工业产值比重超过农业。

当时，国家实行集体经济的人民公社体制，分田单干、包产到户是政策所不允许的。甚至有人说，搞包产到户是"走资本主义道路"，是要杀头的。

但是，十一届三中全会召开前后，有些地方已经悄悄地进行过包产到户的尝试。但凤阳小岗村是最先迈出这一步的。

我了解到小岗村的事情，还是在当时一次上海的县委书记会议上。但在那次会上，也有人反对包产到户。当时小岗村的改革，大家都知道，但没人敢公开表示支持。

对于"大包干"和包产到户，那时候也有"不宣传、不推广、不见报"的说法。

不过对我来说，倒也不觉得有什么压力。当时人民日报的一位记者曾跟我说，中央是支持包产到户改革的。有了这句话，我就敢采访了。我还去征求过当时任安徽省委书记的万里同志的意见，他说如果凤阳县委书记同意你写的报道，你就在解放日报上登吧。

后来我就去联系凤阳的县委，也就此结识了当时的县委书记陈庭元。我起初以为，有只做不说的"规定"，联系采访一定很困难。但我们采访组到了凤阳后，受到了县委书记陈庭元的热情接待。我后来才知道，当时正是他顶住了各种压力，支持了小岗村。小岗村将田地分到户，当时很多干部进行抵制。而陈庭元则说："农民都这样了，哪还能搞资本主义，不就是搞碗饭吃吗？"解放日报后来能冲破"包产到户"不见报的"禁令"，成为第一批公开报道此项改革的媒体，也要感谢他。

亲眼见证小岗家家户户粮满囤

后来采访了我才知道，小岗当年有多贫困，也理解了为什么农村改革会从那里突破。1959年村里大办食堂，喝的是青菜汤，许多人只能外出逃荒。那时候大家冒着坐牢的风险分田，就是想为全村人找条活路。

正式去小岗采访，已经是1981年了。包产到户搞了两年多，我想知道的是，到底改革之后老百姓能不能吃饱。所以跟陈庭元说，我主要就是去村民家，毕竟眼见为实。他也好像看出了我的来意，第一次见面就说："我们不给你指定地方，也不给你指定人家。随便到哪一个公社，随便到哪一个生产队，随便到哪一户农民家。"

这倒让我有点意外，我之前去过某些地方，采访是要事先打"预防针"的，当地的县委村里的支部要是不同意，采访就很难。

到凤阳的第二天，我就开始了采访。我记得采访的第一个生产队是二十营公社北墙生产队，来这里采访的人不多，也不出名。在一家农户的隔墙房间里，我看到的粮食囤里都是小麦。我还抓了一把搓了搓，又吹了吹，小麦颗粒又大又干净，连一点灰尘都没有。多少年来没有看到农民家里有这么多小麦了。在另一间屋子里，是一囤金黄色的稻谷。而且，听随行的生产队干部说，这家还不是"冒尖户"。

在这以后的十几天，我又走访了十几个公社，看了几十户人家的粮囤。这些人家都是1980年包产到户的，粮食都很多，家有余粮一两千斤是很平常的，有三四千斤的户也很多，可以毫不夸张地说家家户户粮满囤。在包产到户带头人严俊昌的家里，连床底下都堆满了粮食。

这在凤阳历史上，真可以说是奇迹了。

稿子写好后，我记得陈庭元只说了一句话："你们深入农村采访，写出来的全都是实事，同意见报。"（注：吉景峰对于小岗村的报道，最早于1981年5月19日在《解放日报》刊出，题为《凤阳农民有余粮》。随后，1984年11月4日《解放日报》刊登了他采写的《第二次突破——凤阳农村在改革中前进》，1986年12月6日《解放日报》又刊登了他采写的《三访小岗村》等报道）

　　做记者几十年，我对自己报道的要求是比较高的。做农村记者要到农民家里去采访到第一手材料，不能有一点虚假。我们那时强调的是记者要有"六勤"，即"眼睛勤、耳朵勤、嘴巴勤、脑子勤、腿勤、手勤"，其中脑子勤最重要。最重要的就是要深入采访，没有深入采访，光听别人说是没有用的。采访一定要找到当事人，不能道听途说。眼见为实，耳听为虚，电话采访还是有可能错的，只有自己去现场采访才不会错。做记者的，只有采访到别人采访不到的事情或人才是真本事。

采 访 人：徐蒙　张煜

采访时间：2018 年 1 月 31 日

采访地点：上海市第一人民医院病房

摄　　影：吴申燕

摄　　像：黄晓洲

冲淡平和"看今朝"

张世楷(1927年6月—2019年1月)

　　张世楷,籍贯浙江温州。中共党员,主任编辑。毕业于北京新闻学校。1950年参加《人民日报》编辑部工作。1954年调入解放日报社,曾任文艺部记者,《文化生活》《朝花》等副刊编辑。

张世楷

当年接管申报馆时，我并不与王绪生、丁柯等同志一路。他们从苏北往上海，我是从苏州过去的。我是温州人，原本在温州小学教书，参加"学进会"，就不让我教书了，于是去了苏州学新闻。

解放军渡过长江、解放大上海之后，我就来到了上海，参加新华社的培训班。我的名字登在 1949 年 9 月 24 日的《解放日报》上，那是新华总社新闻训练班上海招生处的通告，名字列在正式录取学员名单中。培训完去了北京，在人民日报工作，当时是组织上分配的。后来在北京遇到我的爱人，她是上海人，我就随她回了上海，到解放日报工作。

回上海的时间，大约是 1954 年，刚进报社便在文艺部工作，当时我们住的是宿舍，在申报馆的 4 楼。后来单位分配了房子，在华亭路那边，我住二楼，和丁柯、牟春霖等人都是邻居。

当年写过的很多稿子我已经没有印象了，但我记得不少一起合作过的摄影记者的名字，比如俞创硕、胡光武等。当时也有通讯员，打电话来给我们投稿。

当时工作蛮辛苦的，主要是因为在夜班工作。晚上，我常要去排版房，当时和排字工人都认识，关系也很好，有时会看着排字工人排版，很晚才回家。业余时间会去看电影。文艺部的工作，一部分也和电影也有关系，我采访过《红色娘子军》摄制组，写过报道（注：此处指刊登在 1962 年 4 月 28 日《解放日报》上的报道《访电影〈红色娘子军〉摄制组》）。电影《林则徐》的开拍，我也写过（注：此处指刊登在 1958 年 3 月 23 日《解放日报》上的报道《电影〈林则徐〉开拍》）。此外也看戏，越剧、昆曲、京剧都看，还跟着《奇袭白虎团》的剧组外出过。当时做记者的，经常要出去跑，而且还要兼做编辑，白天采访，晚上排版，所以有时候睡眠不足，如今也长期吃安眠药。解放初期，夜晚工作时候还有国民党敌机来轰炸，要躲到防空洞里，可心里不害怕。

20 世纪五六十年代，文艺部的人很少，大概有 4 个人。我和诗人臧克家关系不错，和他谈论过写诗的事情，在他北京的四合院里和他合影。在文艺部工作期间，姚文元曾经坐在我对面，但自从写了《评新编历史剧〈海瑞罢官〉》之后，他就不来了。

业余时间，我经常读《红楼梦》，即便退休之后，也陆陆续续写了很多研究笔记。十年浩劫期间，我被下放到奉贤的"五七干校"劳动，那时候没有机器和拖拉机，完全靠手和力气干农活，报社的记者、编辑要轮流去。那时副刊《朝花》也被改名叫《看今朝》，主要刊登小说和散文，那时候我具体做了什么，现在已经不记得了。倒是我女儿还记得，当时深夜常发表最高指示，我就得出门去报社，回家大概是凌晨，她会听到钥匙转动的声音。

同事们都说我脾气很好。有文艺部的同事这么评价我："一辈子冲淡平和，几十年前就已经有了骑青牛出函谷关的境界。"有同事说我好像从没红过一次脸。如果我说"怎么可以这样"，那已是怒发冲冠的最高表现了。

采 访 人：孔令君
采访时间：2017 年 11 月 22 日
采访地点：上海市大连西路张世楷家中
摄影、摄像：黄晓洲

我在解放日报做内参

宓善征（1927 年 11 月— ）

宓善征，中共党员，主任编辑。

1956年起在上海市黄浦区文化用品行业、日用百货党委、上海市黄浦区委办公室工作。其间，1960年4月至1961年4月在解放日报实习。

1966年6月调入解放日报工作，任记者、编辑、调研组长。

1978年9月起任解放日报总编办公室副主任。

我是浙江海宁人，小时候来上海学生意，大合营后做过基层工会主席，后调入黄浦区百货党委。当时，毛主席发出了"全党办报、开门办报、工农兵办报"的号召，因此从1960年4月至1961年4月，解放日报办了一个通讯员学习班，从全市抽调了50多人脱产学习一年，黄浦区一共有4人，我是其中之一。

从通讯员到解放日报记者

学习了一年后，我回到原单位，被调到黄浦区委，并担任黄浦区解放日报通讯组组长。在此期间，我组织了20多个通讯组，发展了100多名通讯员，同时也开始在解放日报发稿，并和报社记者合作采访写稿。

除了在报纸上发稿外，我有时也写内部情况。1962年有消息说蒋介石要反攻大陆，后来又传国民党原副总统李宗仁要回国，当这些重大消息出现时，我们负责帮报社搜集情况，这样我们实际上就成为报社编外的新闻工作者。

因为我通讯工作做得比较积极，解放日报想调我进报社工作。黄浦区委一开始不放人，后来解放日报请市委宣传部通过组织部下调令将我调入报社，黄浦区委才同意。这个事情我是后来才知道的。

1966年6月1日，我从黄浦区委调到解放日报，那时我30多岁，距今已经过去50多年了。那时候"文革"已经开始，外面看起来报社还算稳定，其实内部已经"轰隆轰隆"了。

一开始我接到通知，让我到报社政法组报到，来了之后却被直接安排到时任总编辑马达同志那里报到。当时，马达抽调十余名记者成立临时采访组，任务是每天到外面去了解情况，重点是看大字报、听大众辩论，他叫我参加这个临时采访组。

我当时负责华东师范大学。每天上午到报社学习，吃过午饭后赶到华东师大，花半天时间看大字报，找同学、老师聊天，了解情况，直到吃晚饭时回报社。一般到晚上八九点钟，马达同志召集我们开会，大家汇报情况，重要的内容就在当天成稿，排字房印刷好后当天送到市委，我们每天要工作到半夜才能回家，持续了两三个月。

当时《解放日报》每天4个版，除了新华社的统发稿，就是大批判的内容，实际上没有什么新闻。报社的记者、编辑都没有事情可做，写出来的稿子也登不出去。

到了1966年8、9月以后，报社内部也不稳定了，红卫兵冲进报社贴大字报，批判报社党委。1966年12月1日，发生了"解放日报事件"，数千红卫兵进驻报社，使报纸无法出版发行。这么一乱，马达总编辑靠边站，我们每天汇报情况的制度也取消了。

这时候，总编办公室抓情况的张全麟同志布置我写"情况汇报"，相当于现在报社的"情况简报"，也就是"内参"。"内参"听起来比较文雅,但在报社,我们习惯叫它"情况"。

我跟着张全麟同志一起"搞情况",其实跟采写新闻一样,也是采访、写稿、排字,印刷,但内容不刊登在报纸上,而是刊登在报社内部一张16开的小报上,除了星期天,每天一期,印数很少,每天印刷100份,专送市委及报社各部组领导、文汇报相关领导。

1967年,市里有领导说,解放日报的"情况汇报"每期有两三个内容,但这些内容之间没有关联,所以要求我们一事一报,一次发一个内容,不要两三个内容一起发;字体从5号改成4号,放大,方便领导阅读。后来听说字体的要求是张春桥提出的。也是从1967年开始,"情况汇报"变成了"情况简报"。

1968年,报社分大小班子,编辑部250人分两部分,其中约150人分为大班子,离开工作岗位去搞斗批改;还有约100人留在报社办报,属于小班子。我算在小班子,留在报社,去了群工组,内参也被划到了群工组。当时部门改叫组。

群工组当时的负责人是向明生,我到群工组帮他处理群众来信,抓稿子也写内参。

1969年7月,上海市革命委员会派慰问团去慰问下乡知识青年。当时上海知青上山下乡主要目的地是黑龙江、安徽、江西,所以市革委会组织了三个慰问团,一方面慰问,一方面帮助知青解决问题。报社也派了三个随团记者,我随安徽团到了安徽,去了将近3个月。

在此期间,我做了一些采访,发了一些稿子,大部分是内参,主要反映了上海知青到安徽以后碰到的各种各样的困难,包括思想问题和实际问题，还有家长的反映、贫下中农的看法等等，报上不能登，只好写内参，这个报社都有留底。

本来我计划回报社后还要写一份"安徽见闻"，结果还没来得及写就被通知去五七干校。原来是让大班子的人去五七干校，我们小班子留下办报，但当时不知道出于什么原因，让我们小班子里的3个人也到干校去参加斗批改。

一开始说好只去半年，6个月后回报社，结果一去去了3年。上午开会，下午劳动种地。现在回想起来，这段日子对我来说是有收获的，原来我对农业一无所知，三年下来，对农业有点了解了。

1972年国庆节我回到报社。当时报社有工宣队、军宣队在搞斗批改，他们来自工厂、军队，整理材料、写东西很困难，需要报社支援人手。我刚刚回报社还没来得及到编辑部报到，就被派去帮他们整理材料，一去又是一年。那段时间，虽说我已经回到报社，但并不在报社编辑部办公。

1974年，我正式回到编辑部，当时的报社负责人把情况组和评论组合并到一起，成立调研组，我被调到调研组。调研组力量很强，有敬元勋、周瑞金等将近10个人，一直到粉碎四人帮时，我既做记者，也做编辑。

"四人帮"倒台前，我记得是1975年的国庆时，解放日报内参停过3天。这一年9月30日我们突然接到市委通知，"情况简报"停刊整顿。我们也不知道为什么，以为"情况简报"办得不好，就开会讨论，讨论不出什么名堂。这样过了三四天，又恢复了。

粉碎"四人帮"后，市委开展大批判中揭露，当时"四人帮"同中央斗争相当激烈，我们的内参写的还是"农业学大寨"等生产建设方面的内容，张春桥不要看，所以张春桥当时表扬文汇报，说文汇报的内参比解放日报跟得紧，讲政治。

这是因为当时文汇报的北办负责人比较接近中央，北京的消息比较灵通，我们虽然也有北办，但我们的北办负责人比较老实，接触不到高层。张春桥觉得我们的"情况简报"不行，要整顿，但又不能明讲，就让我们去领会。粉碎"四人帮"后，我们才知道其中的原因，不过也幸亏我们按照自己的路数写内参，如果按照文汇报的做法，错误更大。

粉碎"四人帮"后，调研组只搞情况，评论划出去了。1978年底，我正式担任调研组组长，负责报社内参。

从1978年到1988年，我都是调研组组长。期间我脱产过一年半，因此算下来总共负责内参工作8年左右。配合我做内参工作的同志走马换将，只有当时还是小青年的徐松华同志一直在，他是1974年来的。我退休后他继续做内参。

其实在报社做内参工作比我资深的大有人在，向明生就是一位。他是复旦大学新闻系毕业的，毕业后就来报社，一开始做记者，后来长期做内参，资格也老，时间也长，但他后来去做经理，为报社经商了。

内参唯一一次被毛主席批示

解放日报内参原先只送市委，改成大字号后，市委办公厅通知我们直接送中央。整个"文革"期间，解放日报的内参天天送中央，由市机要局送中央办公厅。一般每期20份左右，再由"中办"分送政治局委员及候补委员。

"文革"结束后，我们没接到通知说不用送中央，所以照旧送。从1981年开始，中央办公厅通知我们，全国31个省市的省报只有6家内参直送中央，上海的解放日报和文汇报的内参还是送中央。但是，过了一段时间又通知我们不要送了，叫我们把内参送到人民日报，由人民日报过滤，将重要的、有价值的，摘入人民日报内参，转送中央，下面注明"据上海解放日报"或者"据上海文汇报"字样。

除了"情况简报"，解放日报还有一种内参是"增刊"，期数里写"增刊"两字，不编号，机密性比较强，不易扩散。

比"增刊"更机要的就是"手抄"。解放日报的内参一直拥有专门的机密排字房，只有党员老师傅才能为我们排字，印刷厂里也安排专门的党员老师傅印刷，但是，有些情况连排字房、印刷间的老师傅也没必要看到，只能由我们负责情况的人直接报给领导，我们把原稿给总编辑看后，总编辑往往让我们手抄，或者由办公室打字员打印。

这种情况很少发生，内容不一定重要，但机密性强，肯定不能扩散。比如我们组曾经收到记者从外面拿来上交的反动传单，我们要报上去，就只能手抄，标注从哪里来的，下面就照传单原文抄写。

做了这么多年内参，总有人问我：内参好不好的标准是什么？一个直观的标准就是领导批不批。内参和报纸不同，报纸评红旗稿有可衡量的标准，内参不同，内参只报送领导，一般人看不到，所以内参要看领导批示，级别越高的领导，比如毛主席批示，价值肯定最高。

据我所知，毛主席批示过的解放日报"情况简报"只有一份，对第 443 期题为《各进出口公司物资积压浪费惊人》的稿件进行批示，批示时间是 1968 年 12 月 7 日。毛主席批示：送林彪、恩来一阅，似有普遍性，不只上海一处如此。

随后，周总理批示：上海这个情况，大前年就发现了，还有人冒牌。三年前去广交会，就发现互相竞争，不像社会主义国家。你们外贸部过去也搞清仓，但清物不清人。上海这种情况，在全国有一定普遍性。

批示内容是记者严斯方从市外贸局抄来的，我专门抄了一份。

其他批示就很多了，胡耀邦、李先念还有其他副总理都批示过，市委书记、副市长批示就更多。实际上我们知道的批示只是一部分，因为批示不是直接给报社的，文章里涉及的单位接到领导批示后，告诉我们，我们才会知道，不告诉我们，我们根本不知道自己发的内参被批示了。

我们跟市委办公厅、市府办公厅打过招呼，一有批示就打电话告诉我们，但总归有遗漏。我们也不好直接向中办要批示，所以我们所知道的批示只是一部分。

写好内参要做到两个"吃透"

其实内参的要求同报道大同小异。首先要有思想性，不就事论事，要向中央反映一种思想，讲出道理。另外要有所针对，一段时间群众有什么思潮，市场有什么反映，我们要抓住，不能零零碎碎上报。这个要求蛮高的。我们的"情况简报"有时达不到这种要求。我们也去征询过意见，据市委办公厅、市府办公厅反馈，他们比较后认为，我们的"情况简报"质量还是好的，毕竟我们是党报。

文章的风格当然与记者、编辑有关系，但"情况简报"一般不太细究文采，主要讲究主题，反映的问题是不是领导关心的，是不是抓住当前中心。文字修饰是次要的。

如何写好内参？我的经验是要做到两个"吃透"，一要吃透市委市政府政策，了解中央和市委最关切的议题；另一个要吃透群众议论最多、想得最多的问题。

如何做到这两个"吃透"？首先要加强学习中央文件精神，多看资料。以前除了周日，我每天都参加编前会，连大年夜的编前会也参加，还阅读各类内部文件，吃透上下情况，这样对"情况简报"才能有所取舍。

对"情况简报"的判断也很重要。能不能用、如何用，发红头、增刊还是白头文件都很有讲究。尤其当时每天只发一篇，要挑领导最关心的一篇发，不能捡到篮子里都是菜。

我在负责内参的时候，报社长期存在一个问题，就是记者对写"情况简报"并不积极。原因很多，一是因为写"情况"比写普通的采访报道还累，报道大多讲别人的好，而"情况"往往讲别人的不好，对方都不太愿意接受采访，讲的人也有顾虑。如果讲上级单位或者自己单位不好，"情况"反映出去就知道是谁讲的，所以"情况"报道很累，记者不太愿意写。二是，即使被领导批示，也没有奖励。此外，"情况"的传播度不够，只有领导和报社个别人知道，记者获得感不强。

我离开报社前，报社逐步建立了内参稿费机制，但是我们组自己写的还是没有稿费，其他部门记者写的就有稿费，这是一种鼓励手段。总体来说，报社记者写"情况"不太积极，但这不能怪大家。但是做好内参，不能光靠几个人，还是要靠整个编辑部。

几篇至今难忘的内参报道

上世纪六七十年代，市场副食品供应十分紧张，肉、鱼、禽、蛋乃至豆制品，几乎样样凭证凭票。直到1977年4-5月间，尽管"四人帮"倒台已有些时日，遭破坏的国民经济正在逐步恢复，但是副食品供应状况并无明显好转。因此，时任解放日报社党委委员、主管总编辑办公室和群工部的陆灏同志建议，对全市副食品的产、供、销及相关问题，作一次比较系统、深入的调查，向市委和有关上级部门反映，以便推动各方面改进工作，使长期困扰人们的副食品供应紧张状况有所改善。征得报社领导同意后，他调来跑财贸的老记者严斯方和农村部记者徐茂昌，加上我，三个人组成调查组开展调查，我是组长。

我们陆陆续续调研了几个月。先走访农村，郊县有副食品生产任务的若干公社、大队，再走访商业部门、供销社，一些农商基层单位，还走访了市里主管副食品的有关组、办、局和公司，写出了一份综合报告和多篇"一事一议"的专题反映，如《关于落实副食品的生产收购政策》《解决蔬菜淡季矛盾的设想》《大力开辟新的饲料来源》《降低禽蛋调运中的损耗》等。这些材料陆续刊发报社内参，有的还登上了报纸。

但是现在回过头看，当时我们还有一个思想没解放，就是"以粮为纲"，因为"以粮为纲"是毛主席说的，没有人敢否定。

1975 年夏秋之交，我和石士助、青年记者程祖伊，三人去沪杭铁路的枫泾枫围公社蹲点调查一个半月，连续发了好几期情况。印象最深的是，鱼米之乡有米无鱼。本来上海郊区作为鱼米之乡应该既出粮食，又出水产，但当时以粮为纲，一切力量集中搞粮食，其他副食品、水产都没人抓，也没人去放鱼苗、养鱼、捉鱼，所以市场上买不到鱼，水产供应紧张。

但是现在回过头看，上海郊区地少人多，重点不应该放在粮食上，而且上海的粮食光靠上海的郊区是无法解决的。上海郊区应该发展多种养殖，养鱼、养猪、养鸡，同时种一些粮食。但我们当时不敢这么讲，只敢讲在"以粮为纲"的前提下把革命生产搞好。

副食品调查的一系列内参发出后，当时分管财贸的上海市委副书记林乎加把我们的"情况简报"批给了商业局、农业局党委，叫他们好好研究。

我再简单讲讲中医药大学的事情。

这件事发生在 1984 年，那年国庆节前夕，上海中医学院（现为上海中医药大学）一位通讯员陪同一名女同志到报社来反映情况，我请王仁礼同志下去接待。据这位女同志反映，她是上海中医学院 70 届毕业生俞来根的妻子，俞来根支边后在内蒙古自治区阿拉善右旗人民医院工作。有一天晚上，他正在值夜班，旗公安局干部刘某叫他的弟弟到医院找医生出诊替他看病，但俞来根当时正在帮别人看病，走不开，就派了一位实习医生去。这位实习医生回来说，替刘某听了心肺，量了血压，测了体温，都正常。

谁知道过了不久，刘某突然怒气冲冲携枪闯进医院，上来就扇了俞来根两个耳光，被人劝开后叫嚷"老子革命几十年，你有什么了不起！老子请你不动，看老子的枪请得动请不动！"边说边拔枪，对着俞来根开了一枪。开的时候可能是想吓唬一下，没想到一下子就打在俞来根脸上，俞来根当场死亡，刘某回家也自杀了。

为了平息众怒，旗里的领导作出了七点善后处理意见，包括表彰俞来根，优抚家属，承诺对俞来根两个年幼的孩子给付生活费至长大成人为止。然而，当的遗体火化后，当地除发给家属抚恤金 600 元，补助 1000 元（供偿还俞生前债务）外，其他项目均无人落实。而凶犯的妻子却在旗招待所设宴 5 桌，招待当地干部，对俞的家属构成巨大精神压力。

消息传回上海，中医药大学师生们都跳起来了。当时有学生说："我们来支边，你们竟然这样对待我们，今后大家都不愿意支边了！"此事如果不妥善处理，影响非常恶劣。

接着，我让王仁礼到学校了解具体情况，回来写了一篇题为《在内蒙古勤恳工作的上海中医学院一名毕业生竟在医院岗位上惨遭枪杀》的内参。我在文中加了一段话，大意是上海目前支援内地的人数以百万计，如果这件事不好好处理，传开以后，大家都要寒心，今后工作如何推动？也对不起上海的父老乡亲。

这份简报送到北京，最后由胡耀邦同志亲自批示。当时胡耀邦是中央组织部部长，他叫组织部派人，会同内蒙古自治区党委，妥善处理此事。后来公安部责成内蒙古自治区公安厅派员督促当地落实各项承诺，并举一反三抓了旗公安队伍的整顿。

上海有一位副市长叶公琦，看了这篇内参，认为即使抚恤后事都处理好了，他们孤儿寡母的日子还长，如何在当地生活下去？会不会还受欺负？因此叶副市长批示，请公安局把他们母子户口迁回上海，请卫生局帮助俞来根妻子在上海找一份工作，因为他妻子也是医务工作者，请房地局给他们一家人一间房。这三条批示对俞来根全家起了很大的作用。

我们刚开始并不知道领导这份批示，到了年底才知道。有一天下午，报社门口敲锣打鼓有人来报喜，传达室打电话上来，下去接待后才知道，原来是上海中医学院的学生会和俞来根妻子过来表示感谢，他们送来一面锦旗，上书"解放日报 主持公道，伸张正义"。那时候我们才从学校了解到简报发出后的情况。

这件事后，上海中医学院对解放日报的信任也有了极大提高，第二年上海中医学院一下子增加了几十份《解放日报》的订报量。这说明我们的报纸为群众办事，在群众中产生了非常好的反响。

我再讲个长途汽车站的故事。1986 年，长途汽车公司有个通讯员来报社，讲了上海对外交通的情况。那时候上海空运有虹桥机场，航运有十六铺客运站，铁路新客站正在加紧兴建，就是长途汽车不行，长途汽车站用的还是江苏省遗留下来的一个破破烂烂的老车站，在老北站附近，其他地方有几个小站。这位通讯员认为，公路应该同铁路、航空、水路一样，在硬件上有所更新。

他来反映这个问题后，我们就发了一篇"情况简报"，时任解放日报总编辑助理的周瑞金帮忙改了题目，他跟我说，这篇"情况简报"可以改成一篇解放论坛，刊登在《解放日报》上。后来这篇评论在1986年1月刊登在报纸上，题目就是《上海该有一个像样的长途汽车站》。这篇文章刊登后起到了很强的推动作用，市里马上立项，在新客站北面，建造了一个新的长途汽车站。

长途客运总站开通那天，我特意把当天的报纸剪下来留作纪念。他们的老通讯员还打电话给王仁礼，希望我们去观光。但是，一方面我们年纪大了，另一方面这件事是我们的工作，而非私人交情，不能因为我们写了报道促进新站落成就拿什么好处。

采 访 人：陈抒怡　舒抒
采访时间：2018年4月25日，2018年6月14日
采访地点：浦东新区银山路宓善征家中
摄　　影：海沙尔　舒抒
摄　　像：海沙尔

《浦江红侠传》是怎么开创首例的

郑秀章（1927 年 11 月— ）

郑秀章，籍贯浙江衢州。中共党员，1948年5月参加革命工作，主任编辑。1949年6月随军南下，先后在劳动报、解放日报任编辑、记者。1958年错划为右派，调宁夏日报工作。

　　1979年平反后回解放日报。曾任解放日报文艺部领导核心，曾主编《朝花》副刊，负责《解放日报》的连载小说专栏，著首篇连载作品《浦江红侠传》。曾任解放日报文学刊物《连载小说选刊》（后改为《上海小说》）副主编、部副主任。

　　1983年参加中国作家协会，当选上海作协理事。

　　1985年出席中国作协"四大"。主要作品有长篇小说《三少校》《上海舞女》（三部曲，合作）、《黄海惊雷》，中篇小说《红旗飘扬在黄浦江上》《浦江红侠传》，短篇小说集《大革命的小火花》等。

我是浙江大学的学生，进了大学我就参加爱国民主运动。然后入了党，做地下工作。党分配我负责出壁报，跟蒋介石、特务、反动派斗争。我们登的都是反独裁、要民主、反饥饿、要和平的内容。

后来我上了特务的黑名单，组织上把我转移到苏北解放区。进入解放区后，我就进了华中党校。之后，为了准备渡江之后接管大城市的报纸，组织上办了新闻专科学校，招收我们华中党校中文笔可以的大学生，我就这么开始了新闻生涯。

做夜班睡觉就在会议室打地铺

我进入上海的时间稍晚，后来被分配到劳动报，和金尚俭一起做夜班。当时劳动报，另外还有青年报，办公地点都在汉口路309号，和解放日报是在一起的。可以说，解放日报办公楼里，有三家报纸的编辑部。而且我们和解放日报的夜班同在一个党支部，恽逸群、陈虞孙都是我们一个支部的成员。

那时候说是做夜班，其实没有时间概念，连轴转。工作完了才睡觉，睡觉也就睡在会议室。我们都是部队来的，在会议室的地上打地铺，盖一条被子。吃饭也一样的，当时还没有夜宵，大家就饿着直到睡觉。那个时候我们实行的是供给制，手边没有什么钱，饿得不行了就到外面吃一碗阳春面。可是常常吃阳春面的钱也拿不出来，那个时候一碗阳春面大概一毛钱。

至今保留着陈毅市长的题字

1950 年的一天，我在解放日报大楼里碰到了陈毅市长。当时我正好下楼，陈毅市长正往楼上走。那天他是来报社改政府工作报告的。事后我还听说一个故事，说那天陈毅市长对恽逸群打趣说："我为了修改这个报告，香烟都抽完了，你能不能给我发点稿费，让我买点烟？"恽逸群回了句："陈毅同志，你的政府工作报告是你的工作，不能发稿费的，除非你给我们《解放日报》副刊写点文章，那我给你发稿费。"

说起恽逸群，他是个才子，不善言辞，但聪明绝顶。他可以一面听电话，一面写文章。那时候他跟我们一样，工作也是连轴转。陈毅市长一个电话来他就要赶着去。熬夜我们都是一起熬的，不过我们下班可以睡觉，但他还没有完呢，还要看稿子。

我还保留了陈毅市长的一幅题字。那是 1950 年 2 月，上海工人第一次代表大会召开。当时是很隆重的，工人代表在汉口路的人民大舞台开会，陈毅市长要做报告。我和金尚俭要编会议特刊，题字就是陈毅特地给这个特刊写的。本来呢，用过以后就不要了，原稿打了包扔在那里，过一年销毁。但我觉得很可惜，就把它拿回来了。即使是下放到宁夏，我也把这个带在身边，然后又带回来了。

写作《浦江红侠传》走红

十一届三中全会以后，王维同志重新出山当总编辑，要我回解放日报，他开设了一个报纸上的连载小说栏目要我负责。

要我负责，那这个稿子哪里来呢？巧妇难为无米之炊，我去找过几个作家，他们都答应写，但是不可能马上拿来，那怎么办呢？所以最后我就自己来写。这就是后来的《浦江红侠传》。

写这部小说，我主要采访的是在国民党上海警察局的地下党员。解放之后，他们的身份都公开了，我采访到当时的支部书记、副书记，还有普通共产党员，有很多故事能写。

说起采访，我那时很留意他们讲的故事细节。比方有人回忆起他救过一个舞女，我就把它写在了小说的开头。这么一采访，把几个人讲的故事连在一起，就有了《浦江红侠传》的大纲。我是一边采访一边写的，采访完之后我还写了一个报告，这个报告里面，连章回我都写好了。于是我向报社请示，要不要写成小说。后来经过批准，我就用"阿章"的笔名开始写了，而且是边写边登，从1980年2月17日开始连载。这部小说也是"文革"后全国报纸中按天发表连载小说的首例。

这部小说的男主角是有原型的，但女配角是我虚构的。那个女配角叫张小兰。我采访到的故事是，地下党员当时救了张小兰，可后来她变成汉奸的小老婆。但我的小说里，女配角也得是个英雄，所以只好虚构。

没想到虚构倒反而虚构出个知名人物形象。当时上海的一些读者对《浦江红侠传》很有兴趣，每天等着要看《解放日报》。

他们不说自己要看《浦江红侠传》，因为拗口。他们叫"看张小兰"。再到后来，连男主角原型的爱人都找到我，说"这个张小兰应该是我才对"。

听说，那个时候报纸的销量，因为我的连载小说增加了好几千份。当时报纸纸张紧张，是定量的。《解放日报》都招架不住了，来晚的都订不到。

后来还有读者来信要求《解放日报》腾出"地盘"登张小兰，他"版面"不会说，他叫"地盘"。原来连载小说是登在"朝花"版上的，一个礼拜大概登四次。看不到连载，读者自然有意见。后来王维还接受了读者的意见，连载小说的版面就固定了，直到现在。

《浦江红侠传》还出了连环画，拍成了电影《开枪为他送行》。

连载小说开始没有编辑部，是和"朝花"一起的。我不管"朝花"版，只负责连载。后来，因为又增加办一个连载小说双月刊，任务重了，就成立了一个编辑部。

开始这个连载小说双月刊很畅销的，因为受欢迎，成为全国各地的报纸，特别是晚报转载的对象。他们还把我们《解放日报》的连载小说叫作他们的"菜篮子"。

采 访 人：龚丹韵
采访时间：2017 年 11 月 23 日
采访地点：上海涞寅路郑秀章家中
摄　　影：龚丹韵
摄　　像：黄晓洲

那时我们想的都是办好报

高锷（1927年12月— ）

高锷，曾用名施侃如、毅久。

1946 年 5 月入党。曾就读于启东中学四专校、华中新闻专科学校、华中建设大学，毕业后，先后在《新华日报》华中版、山东大众日报工作。

1950 年，调上海解放日报工作，任经济组副组长。经济组被分为工交组和财经组后，任财经组组长。后调入外交部新闻司、亚洲司。

1961 年–1967 年，驻朝鲜使馆。后又先后就职于驻贝宁使馆、驻博茨瓦纳使馆、驻印度使馆。

1981 年 3 月–1984 年 10 月，任驻斯里兰卡大使兼任驻马尔代夫共和国特命全权大使。

高锷

我是 1944 年到抗日根据地去的，随后就在苏中四分区专门学校学习，那时候都是短期学习，毕业之后在校部当教员。

这时候华中建设大学（注：华中建设大学是华中解放区培养革命干部和建设人才的新型大学，1945 年初由中共中央华中局创建于淮南解放区盱眙县的旧铺镇新铺村，抗战胜利后迁往淮阴续办）来招生，我跟校领导说，自己想再学习一下，领导没意见。结果我拿着介绍信就去了，乘着船到了淮阴。

从新华日报华中版到解放日报

在建设大学也没学几个月，听说范长江同志创办的华中新闻学校要开学，我就去了新闻学校。当时的校长是范长江，副校长是新华社华中分社副社长包之静。毕业以后，分配到新华日报华中版的编辑部。

全面内战爆发后，国民党军进攻苏北，我们往后方撤，最后撤到山东。那时新华日报华中版跟大众日报合并，我就在大众日报工作了。1948 年济南解放的时候，我们全部搬到了济南。当时济南还有一张《新民主报》，是恽逸群主持办的济南市委机关报，我们是山东分局的机关报。

1950 年，我调到了解放日报，先做了采访部财政经济组底下经济组的副组长，后来担任财经组组长。前后算起来，我在解放日报工作的时间有 4 年左右。

解放日报财经组当时共有七八个人，人事关系简单，那时，每个人都很努力，想的都是怎么样采写新闻报道，一门心思搞好报纸。大家的心情也很愉快，同事之间非常和谐。我本来在大众日报就负责过接待读者的工作，还组织采写过几次大的采访报道，比如抗洪抢险等。到了上海以后，在财经组接触的单位更多了，干劲更高。

"三反""五反"运动的时候，财经组非常忙，一天到晚在外边，差不多每天晚上 12 点钟左右才能回家。不过我们采写的主要是内部材料，比方当时资本家对运动有什么反应，对共产党的政策有什么想法，当中大部分都不能公开报道。我记得当时碰到最重大的事情，就是王康年案件。我们调查了几个月，重点查他有什么关系、这些关系从哪里来。等到消息刊登之后，一下引起中央重视，全国各地轰动了。

到了 1954 年，外交部派工作组来调人，我通过了考试，就被分配到外交部新闻司二处担任处长。过了几年，又调到综合处。到 1961 年，我调到驻朝鲜使馆，担任研究室主任，工作到 1967 年。

这时候"文化大革命"已经开始了，就把我调回国，陪着部里的大使们挨斗，下放到江西五七干校。1972 年，中日就两国关系正常化进行谈判，又把我调回来了。谈完以后，外交部把我派到贝宁（注：贝宁共和国，位于西非中南部）任临时代办。两年后，我被调到印度，然后又去斯里兰卡担任大使，还兼任驻马尔代夫大使。回国后，国际问题研究中心的主任给我打电话，说缺少人，让我到他那里帮帮忙。就这样我在北京研究中心当了10年副总干事，直到退休。

那时解放日报业务气氛很浓

要说解放日报的经历中，有什么印象深刻的，首先就是那个时候报纸研究业务的氛围很浓。那一代的人，一门心思扑在业务上。报纸大样印出来之后，不光要领导签字，还要贴出来，让大家提意见，再看看还有什么问题，应该怎么改进。

再一个，报社的制度严格。记者出去采访回来必须做详细的汇报：工作有什么事？有什么报道主题想说？这个题目你觉得还有什么新的想法？这些都得说清楚。所以每个人的工作态度都很认真，你叫他稿子改一下，讲清楚怎么改，记者改完了你看，如果不行就再改。对于这些，记者一点不觉得烦，要怎么改就怎么改。如果真有什么意见，就拿出来讨论，没意见就这么办，人和人之间没有什么疙疙瘩瘩。

还有就是那时每天要开编前会，召集各个组来汇报选题，或者布置采访。这个会，每天早晨要开一次，也就几分钟，今天有什么事跟大家通报一下，下边有什么重要消息通报一下，调度采访，如果一个人不够，就再派一个记者把那个事情弄清楚。有工作大家都一起做，都不太计较这个是我的事情，必须我来处理，没那种事情。

这些制度我觉得对大家的业务能力是很大的锻炼。

还有一件事，我和我老伴也是因为解放日报认识的。我老伴本来是我高小的同学，可是后来就没怎么联系。那时我们组里有个记者，到她工作的那个厂去采访，回来说厂里的工会主席讲话跟我口音相同。我问叫什么名字，他说叫什么什么，我就说知道，这是我同学。我就打电话给她，报上原来的名字，但她说不认识。后来那个记者很热心，说我陪你一块去。她一见我面，当然认识了。就这样我们俩开始相处了，后来结了婚，1954年有了孩子。1956年，我爱人也调到了北京，在当时的《大公报》工作。

采访人：余晨扬

采访时间：2017 年 12 月 26 日

采访地点：解放日报社北京记者站

摄　　影：王清彬

在解放日报的时间影响我一生

姚无（1928 年 3 月—　）

姚无，又名姚丹、姚无丹、隆宇烈。重庆丰都人。1947 年初至 1949 年 4 月，先后在陶行知创办的育才学校及范长江在解放区创办的华中新闻专科学校学习新闻专业。

　　1948 年 1 月在育才学校参加中共上海地下党。1949 年 5 月成为上海解放日报记者。后被调进重庆新华日报、人民日报担任记者。

　　1958 年调进四川日报负责管理记者编辑工作外，还曾担任自贡日报总编辑两年。

　　1989 年离休后，又接着出任面向全国发行的读书人报和创业人报总编辑。

　　我来上海很早，一直在陶行知办的育才学校读书，之后又参加了中共上海地下党。

　　淮海战役刚刚结束，渡江战役还没开始那段时间，我们从上海撤出。先是去了苏北的华中新闻专科学校，这是范长江在解放区创办的唯一的新闻专科学校。当时组织上已经在做安排，在解放上海后让我们去接管新闻机构。我们学习了三个月，就来到丹阳，参加了解放日报的筹备工作。

　　1949年5月27日上海解放，《解放日报》28日就有了创刊号。我是5月30日第二批抵达报社的，被编入编辑部工业组采访，负责工人通讯员的组织和稿件编辑工作。

　　当时解放日报的办公地点是在申报馆。我们编辑工作人员在二楼，范长江等领导在三楼，印刷厂在地下室。刚来的前几天我们没有地方住，就住在报社办公的地方。后来安排我们几个年轻人住在附近的饭店，我们就睡在地上，铺一层布，盖着自己背来的被子。睡了几天后，解放日报对门的新闻日报成了我们的宿舍，我们一个宿舍只有一张双人床，要住四五个年轻人。条件困难归困难，不过那时候我们穿着军装，路上的群众和工人看到解放军、看到党报的记者就非常开心、非常热情。

采访中结识陈锦华

我写过一篇关于第一印染厂工人座谈会的报道，刊登在《解放日报》1949 年 7 月 4 日的二版头条。也因为这篇稿子，我和陈锦华有了一段交往。当时我到第一印染厂采访，有个 20 来岁的青年热情接待了我，他介绍自己叫陈锦华，还非常积极地给我介绍哪些人可以当解放日报的工人通讯员。有了他的帮助，我很快就组织起工作了。之后的工人座谈会也是他告知并带我去的。

有一次，陈锦华说要带我去一个地方，是一个会场，在台下站着一群工人，我一进去，工人们看到我就开始鼓掌，让我站在台上跟他们讲话。但当时有纪律，解放上海以后，没有得到上级批准，我们不得对群众讲话。所以面对台下工人的时候，他们不断地鼓掌，我就只能不断地敬礼。

1949 年 7 月，大西南解放在即，出于工作上的需要，组织上抽调我去参加西南服务团。8 月份出发前夕，那位第一印染厂的青年在知道我的情况后，给我写了一封信，他说："你要走为什么不和我打个招呼呢？"我当时还想：这是组织上决定的，我怎么和你打招呼？他还写道，"我知道你要去西南，是为党工作，要把党的旗帜插到西南，这个行动就是热爱党的表现"，并表示自己也热爱党。当时我赶着出发，没来得及给他回信。之后他又给我写了封信，信里还和我约定 10 年后一定要写信，告诉他我的变化和大西南的变化。

当时上海到大西南有几千里路，出发前很多不重要的东西我都丢掉了，但这两封信我一直背到西南，后来调到北京、重庆工作，我也一直都保存着这两封信。可惜，后来因为各种原因一直没机会给陈锦华写信，现在再也没有这样的机会了。我后来才知道，这个当时第一印染厂的学徒、我的工人通讯员陈锦华，以后成了国家经济体制改革的领导者之一。

解放日报最大的影响是敢创新

大西南解放之后，我就转到了新华日报（注：此处的《新华日报》为中共中央西南局机关报，1949 年 12 月 10 日在重庆创刊，到 1954 年 8 月 30 日停刊）工作。那时，说不想上海也不可能。后来到了重庆以后，看到一部苏联的电影《丹娘》，女主人公丹娘牺牲的时候就说："为了人民的幸福，我可以死。"我就想到，我本来就可以为了人民的幸福而牺牲，就改名叫"姚丹"，表示我并没有忘记上海，没有忘记解放日报，但不能因为这个就耽误工作。后来我还向组织上写报告说明了这个情况。

虽然我在解放日报的时间不长，但是解放日报对我一生的影响很大。概括起来，就是敢想敢干。我到新华日报之后，编辑看了我写的几篇稿子，说我弄不清新闻体裁，不让我发稿。我不服，就回到重庆的编辑部找领导，找社长、找副社长、找总编辑，我当时问总编辑："这篇稿可不可以用？"他一看就说："可以，当然可以用。"第二天就登报，看到的人还赞扬了。没过几天，《人民日报》还全文发表了这篇稿子。

后来《新华日报》停刊，我就转到了人民日报，最后在四川日报一直工作到离休。说起来，在人民日报工作的那段时间，我也有机会去外交部；在四川日报的工作，主要是管理，指挥编辑记者。但我对这些没有什么兴趣，做一个新闻记者、新闻工作人员，并尽到责任，我就很满足了。所以，离休之后，我反而觉得"解放"了。

1991年的时候，新华社发消息说孙膑兵法就是孙子兵法，实际上它们并不一样。我当时就请编辑组稿，找大学教授写篇文章把这件事情说清楚。后来这篇文章被全国多家报纸转载，第一个转载的就是解放日报的《报刊文摘》，后来北京的《文摘周报》，还有《新民晚报》和其他一些报纸也都作了介绍。

我70多岁的时候，办报纸已经没有精力了，可我不能动手还可以动脑。当时全国开始流行办晚报，四川日报准备办《华西晚报》，我就和当时的总编辑说："你为什么要办晚报呢？"我的想法是：跟着别人走不算本事，要全国创新，现在是以经济改革为中心，城市工作很重要，可是现在还没有一份报纸是以市民为读者的，应该办这样的一份报纸。那个总编辑也是一个有创新思想的人，他听了我的话后说："办份《华西都市报》怎么样？"这个主意和我一拍即合。《华西都市报》是我们国家第一份都市报，它创刊之后，《南方都市报》《新疆都市报》等20多家都市报相继问世。

从1949年去大西南，再回到上海，已经是59年之后了。我就想去解放日报看看，在有解放日报名字的大门口照相后，我才发现已经不是原来的地方了，所以又去申报馆门口照相。回到我二十多岁时工作过的地方，在那里我又想起了当年工作时候的样子，怎样上下楼梯，又怎样风风火火外出采访……

采 访 人：龚丹韵　德吉央宗

采访时间：2017 年 11 月 8 日

采访地点：上海市延安中路 816 号解放日报社

摄　　影：龚丹韵

摄　　像：黄晓洲　王清彬

做记者是一辈子的事业

葛娴（1928 年 4 月—2018 年 3 月）

葛娴，中国人民大学新闻系本科毕业，高级记者。1946年，上海地下党介绍任上海灾童教养所教师，并秘密参加党的外围活动。

1947年夏，从上海秘密到胶东解放区。同年8月，考入华东新闻干校学习。

1947年10月，在安东日报任通联、编辑，后调安东大众报主编三版副刊。

1948年春，随华东新闻干部队伍南下，随军进驻济南接管。不久，调至新民主报、华东新华社任编辑、记者。

1949年4月，南下丹阳，参加筹备上海解放日报的出版。

1949年5月至1953年夏，在上海解放日报任记者。不久，调到人民日报任记者，1986年离休。

我的家乡在安徽黄山附近的一个小山村。我投身革命，主要是受了叔叔的影响。我的叔叔葛洛（原名余致浚），1935年就在上海参加了地下党。抗日战争期间，他打入国民党机关，在赣南担任时任赣南行政专署专员的蒋经国的"私人秘书"。

　　1943年春天的一天，之前从没见过面的叔叔，突然到了我家。他当时是从苏北解放区转移到敌占区打埋伏途中，被日本宪兵队和敌伪汉奸抓去，用酷刑受了重伤之后，才回家乡来养病的。我那时正休学在家。叔叔看过我写的一篇散文习作，鼓励说："你喜欢写，将来带你到解放区，当一名女记者，那里很需要新闻人才。"

　　1945年冬，我叔叔回了苏北解放区。第二年夏天，我盼来了叔叔从上海发来的电报，要我三天内离开家去解放区。哪知一到上海，海路却被国民党封锁了，没能走成。我也不想再回老家，就在上海住下来。从此开始，就跟着叔叔参加地下党的外围活动。

　　1947年6月的一天，从解放区来了一条到上海采购货物的船，叔叔通过地下党的关系，让我搭上了这条船，来到了胶东解放区。

葛娴

脱下旗袍投考华东新闻干校

那时，华东新闻干校正在烟台招生。我听说后，立即剪掉烫发，脱下旗袍，换上一身粗布服去报考。入学考试时，我写了一篇题为《毕业即失业》的文章，用耳闻目睹的事实，抨击国民党统治区对青年学生的种种迫害。文章受到考官的赞扬。这次招考录取了19人，我是第三名。1947年8月，我进入这所学校，我的新闻生涯也就从这里开始了。

我还记得自己走上新闻岗位的第一堂课。那年8月，学校在山东莱阳召开了一个全校大会，热烈欢迎新生。好几位新同学在会上讲了话。我是从上海国统区来的，大家也特别想知道那里的情况，所以我也上台讲了话。我记得当时我讲的是参加上海学生"反内战、反饥饿、反迫害"斗争的见闻，谈了给地下党送密件，还有跟一位地下党的大姐去秘密取送《我们不怕坐牢》歌曲传单的经历。我从没有在大会上讲过话，尤其是刚来到解放区这个新天地里讲话，我的脸涨得通红。想不到，我的只言片语，竟引起了同学们极大的兴趣。这天吃午饭时，好几位同学都端着饭碗来采访我，把我当成了新闻人物，还要求我把这些见闻写成一条新闻，那段经历，至今想来还是让人激动。

1947年秋，国民党反动派集结几十万兵力重点进攻胶东解放区，学校只能连夜北撤转移。夜行军，对我这个刚入伍的新闻兵来说，既陌生、艰苦，又有些新鲜。一路上，我们组成长长一队人马，夜空繁星点点，四周一片漆黑。有一次我走不动了，骑了头小毛驴经过一个村庄。那小毛驴，驮别人走得好好的，它却欺负我，紧贴着墙走，把我挤压在墙上，怎么也制不服它。我的腿被蹭掉了一层皮，鲜血粘在裤腿上，我又不好声张。于是忍着疼、背着背包，跑着追上队伍。

后来，队伍转移到山东最东边的荣成县，大家又忙着化装，原来是为过海去东北打"掩护"。带队的一位女同学指着一个扮成商人模样、稍年长的男同学对我说："他是你的舅舅！""那，我就是他的外甥女了？"还有的扮成兄妹、姐妹或其他亲戚关系的。过海的时候，每人只许带 3.5 公斤行装过海，连一个多余的水杯也不许带。

我们渡海转移乘坐的这条船，没有遇到意外，在安东上岸后，我被分配到安东日报社工作。不久，领导安排我参与创办一张农民小报《安东大众》，报纸为四开四版，周二出刊。读者是村屯干部和农民积极分子，要求用农民话、写农民、农民写。这张小报题材多样、图文并茂、通俗易懂。我们共 4 个人办这张报，我主编第三版副刊，既要组稿、采写，又要编稿、组版，有时还要管发行。严寒的冬天，零下 20 多摄氏度，我下乡去没有交通工具，全靠两个"铁脚板"。那时，我背着一捆刚出版的报纸，带着干粮，脚下踏着厚厚的雪，头上雪花飞舞，在苍茫暮色中，到达一个陌生的村庄。晚上，我坐在农民热炕头，念报给他们听，问他们喜欢看什么、不爱看什么。我们联系着 3000 多名通讯员，每月都收到 1000 多件来稿。深夜，办公室灯火通明，我们还在编写农民的稿子。桌上堆满了我们写给通讯员的信件。我记得有位老乡曾问我："葛记者，俺自编自唱的曲能上报吗？"我说："能！"我就把他们的稿子编成便于传唱的"顺口溜"，配上他们喜爱的曲调，刊登在副刊《俱乐部》栏目上，十分受欢迎。

进申报馆时钢笔还搁在笔架上

后来，我又被调到了济南的新民主报当编辑、记者。1949年4月渡江战役胜利后，身在三野的我又被调到新闻大队，在丹阳集训，筹备上海《解放日报》的创刊工作。那时我的任务就已经明确了，要到解放日报去当记者。

当时解放上海的战役箭在弦上，入城的准备工作紧锣密鼓。5月10日，陈毅同志在丹阳大王庙的院子里给军队干部和接管干部作报告，我们新闻大队也参加了这次会议。陈毅同志那天身着军装，打着绑腿，看上去非常精神。他着重讲了解放上海的纪律和应遵守的各项政策。他说，我们进上海一言一行都事关大局，要十分注意。他还严肃指出野战军在城里可不能"野"，部队入城后一律不得擅入民宅。我记得"不入民宅"这一条他说得很坚定，说"不准入就是不准入，天王老子也不行！"

听完陈毅同志的进城纪律报告后，我们马上进行了学习和讨论，后来还观看了京剧《闯王进京》。这部京剧是著名剧作家马少波写的，描写李自成领导的农民起义军的故事，提醒革命队伍在任何有利形势下，都必须保持清醒头脑。听说这部剧还曾受到毛主席的充分肯定。

1949年5月27日，我站在一辆大卡车上，身穿军装，头戴军帽，胸前佩戴着"中国人民解放军"的证章，在万众欢腾声中，一路经过南京路，直到外滩。下车后，我即刻奔向汉口路 309 号申报馆大楼，我们从解放区来的接管队伍同原上海地下文委系统的同志，在申报馆大楼会师相聚的那一刻，欢乐的心情难以言表。

我上楼梯进入三楼的一间办公室。那时申报馆的有些人已经跑了，但看得出非常仓促，室内白纸条、烟头撒了一地。办公桌上放满了小纸条，蘸水钢笔还架在笔架上，打开抽屉也是散乱的碎纸片。在接管申报馆仪式上，领导在申报馆全体职工面前郑重宣布接管申报，命令《申报》停止出版。会后每人即赴各自的工作岗位抓紧编报。那一夜，担任解放日报第一任社长的范长江同志，仔仔细细、字斟句酌，审阅着即将创刊的《解放日报》的每一篇稿件，通宵达旦……第二天，刊登《庆祝大上海的解放》消息的 10 万多份《解放日报》创刊号，从报童手里飞向上海的四面八方，当天便被抢购一空。

范长江勉励我"当一辈子记者吧"

在解放日报工作期间，我是负责采访纺织工业的记者，写了一些上头条的报道，也作为解放日报的劳动模范和先进工作者，出席了上海市青年第一届代表大会。但我记得最清晰的，是范长江勉励我的一句话："你爱好新闻，就当一辈子记者吧！"

1953 年，时任人民日报社社长的邓拓将我调到人民日报当记者，先在新闻部跑"今日新闻"，后到地方记者部跑"首都新闻"。

我采写的一篇关于"节约用棉"的专论，还受到了中央领导同志的称赞，认为这是一篇理论联系实际的好文章（注：此处指1955年3月20日，《人民日报》刊登的《在保证和提高质量的前提下努力节约用棉》一文）。

后来，我又被调到《新闻战线》编辑部工作，可哪怕是在编辑岗位上，我还是放不下做记者时的习惯，一有机会就去采访，写了不少的人物访问。邓拓同志曾说过一句话：记者是一辈子的事业。这句话，我一直记着。

回顾自己在新闻岗位上的经历，我曾写过一篇文章。在解放日报即将迎来创刊70周年之际，我也想把文章里的这段话留给年轻的记者："1946年从黄山出来，我已经在记者道路上走了40年。我发觉，记者生活像黄山一样的多姿多彩。只要勇于探索，还会出现更多的佳境。"

（葛娴同志在此次受访之前离世。本文根据她所撰写的《解放区的那段难忘岁月，成为她90年人生中最生动的记忆！》《68年前接管上海〈申报〉馆的回忆》《范长江勉励她说："你爱好新闻，就当一辈子记者吧！"》等文章整理而成）

写稿子要想到群众

程明锟（1929 年 8 月— ）

程明锟，1951 年 3 月，上海圣约翰大学毕业。1961 年 6 月 27 日加入中国共产党。1951 年 3 月加入解放日报。1956 年 3 月起，就职于中国青年报。1984 年起就职于中国社会科学出版社。1989 年退休。

从 1951 年 3 月到 1956 年 3 月，我在解放日报一共工作了
5 年，后来我调到中国青年报工作，1989 年退休。可以说我一
辈子就交给新闻工作了。

我从进学校起就喜欢新闻工作。当时上海有两所大学有新
闻系，一个是复旦大学，一个是圣约翰大学。我就是从当时的
圣约翰大学职中毕业的。

毕业之后，就分配到了解放日报。当时正筹备教育科，我和
另外 3 个同志在一起，留在人事科等安排。可到了之后一直没下文，
我也挺着急。我想我学的是新闻专业，不能天天在这儿坐冷板凳。
于是就自己写稿子投给《文汇报》。先是写影评，再是写书评。

1952 年"三反""五反"运动的时候，有同志反映"人事科放了
4 个干部，什么事情也不干，这不是最大的浪费吗？"结果人事科就
这么放人了，把我们 4 个人都分配了。我去的是读者来信组。

蹲点国棉九厂建读报小组

解放日报从那时起就非常提倡群众路线，要派干部下去蹲点，
看看工人群众喜欢不喜欢这个报纸，看了报纸有什么反应。那时是
张伏年带的队。当时派了两个小组，一个小组下到虬江机器厂，另

一个去国棉九厂。我跟邵以华分配在国棉九厂,我到细纱车间,他到粗纺车间,一人蹲一个点。那时还有电影界人士一起去,白杨、秦怡都在国棉九厂。不过,我们去的时候带着任务,要在那里建立读报小组。那时候的工人们识字率很低,多数是文盲,国棉九厂里的女工,小学一二年级都没上过,看不懂报纸。我们要找一些懂文化的人当小组长,让他们读报纸,读后小组里再讨论。当时找读报小组长也不好找,我在细纱车间找了一个读过小学四年级的做组长。邵以华那个读报小组的组长好像是六年级学生。我们到国棉九厂蹲点了很长时间,真的是跟群众同吃同住,了解到的情况要向张伏年汇报。

大概半年后,大家的蹲点工作结束了,张伏年就在编辑部大会上做总结。总结报告里提到的情况,我印象挺深刻,因为他讲话的时候大家都笑了。为什么笑?因为大家去的工厂情况差不多,也是工人文化水平低,读报的时候听不懂。怎么办?那就得想办法。这个时候不知道谁想出的主意,用通俗的语言重写报纸上的稿子。具体做这件事的人叫武振平。

那时候武振平每天上夜班,当天报纸要发什么稿,他要跑去看,哪些稿子非常重要,工人应该知道,哪些稿子对工人有价值,他就用通俗的语言重写一遍,叫"读报员参考"(注:"读报员参考"栏目1952年5月推出)。有了它,工厂里的读报员就好办了。这事,我觉得是解放日报的一个创造发明。

有了读报小组,接下去的工作就是推广。我当时的任务是写读报小组的典型,哪一个地方读报小组办得好,我就写通讯报道。我记得我写了三篇通讯,当中有一篇写的是斜土路棚户区的读报小组。解放前我参加地下党的活动，去过棚户区，那时可真是吓了一跳：当时住在棚户区的，都是底层老百姓，生活很困苦，居住条件也极差。可那次采访的时候，我很受触动，他们真的是有翻身做主人的感觉，给我留下的印象也最深刻。我把这个采写下来，在报纸上登了（注：此处应指1952年6月4日《解放日报》刊登的《斜土路棚户区的读报组》）。

一篇来信综述得到总编辑表扬

再后来，读报小组全市都推广了，我就回到读者来信组，负责处理来信。读者来信组是当时最大的一个部门，人最多，有负责财经的，负责文教的，光是文教下面管学校的，还分了几个小组。当时处理来信非常慎重，每一封信都要登记。我记得我负责的是财经。对这个活，我也动脑子了。有些来信反映具体问题的，不光是要转给有关政府部门处理，还要下去调查，有突出问题的就写专门报告。如果来信反映的问题很多，或者很多人反映同一个问题，我就写来信综述。

当时上海刚解放，市区里大喇叭很多，声音太响，居民受不了，来信反映这个问题。我觉得这样做不对，就想写一篇来信综述，讲讲社会主义的城市应该是什么样。但国外的城市什么样，我没见过，就去翻资料，发现有人写过莫斯科怎么样，人家就没有大喇叭。我就写了这么一篇稿子（注：此处应指1954年11月3日《解放日报》刊登的《让我们的城市安静些》一文）。这篇文章见报以后，当时总编辑魏克明跟读者来信组组长徐敏说："你们是不是每天都能出这么一篇稿子？"也就是说他欣赏这篇报道，也觉得这样写新闻是对的。

写稿子要想到群众想读什么

我在解放日报待了五年，给了我很大的教育。最重要的就是照应读者，照应群众。现在也是要听群众的意见，要了解群众关心什么，怎么针对群众来写文章、出点子。那时的解放日报对这一点是非常明确的。我在学校里学新闻的时候，是西方那一套，没学过这个。现在，我的读者是工人群众，我办了报纸他们根本看不懂，那等于白干了。解放日报给我补上这一课。而且这个对我以后的工作很有帮助，很自然地想到读者要解决什么问题，很自然想到这一条。

我去了中国青年报做国际新闻版以后，也用了解放日报办"读报参考"的办法。当时青年人的文化水平也不高，中青报的读者中也有很多工人，国际上的有些时事青年人搞不懂，太复杂了。我也把新华社的稿子拿来重写，这个栏目叫作"读者讲话"。后来越南战争爆发，天天有这方面的新闻。我就把有关战争的稿子综合起来，讲背景也讲大体的战况，这也是我从解放日报学来的经验。

采 访 人：余晨扬
采访时间：2017 年 12 月 27 日
采访地点：北京海淀区程明锟家中
摄　　影：王清彬

潘慧南

和解放日报结缘这 66 年

潘慧南（1929 年 8 月— ）

潘慧南，籍贯上海奉贤。中共党员，1949年5月参加革命工作，主任记者。

1951年11月底从奉贤县调入解放日报社，在读者来信组从事处理读者来信、接待读者来访工作。

1958年5月调解放日报文艺部，从事《朝花》副刊有关栏目的组稿及编辑工作，后参加华东话剧会演、华东京剧会演的报道。

"文革"中被诬陷，遭受隔离批斗，后赴吉林、江西省上山下乡学习慰问团。

1975年，被分配至上海戏剧学院戏文系办公室工作。

1978年，重返解放日报文艺部任记者。

1985年12月，离休后返聘在文艺部和报史办公室工作。

今年（2017年）5月6日，正是我和史东结婚64周年纪念日；5月8日，又是史东的90岁生日。虽然儿孙们都不在我们身边，只有干女儿丹丹来祝贺，我还是在8日上午买了一只大蛋糕，点燃9支细长的小蜡烛，闭门庆祝，历历往事不禁涌上心头……

与史东结缘，与解放日报结缘

我和史东1944年时就认识了。那时我刚从奉贤县初中毕业，家里无力供我去外地上高中。正好我们校长开了家浦左银行，需要几个练习生，虽然只供吃饭，没有工资，我还是"自投罗网"，挤了进去。由此认识了一个姓钮的青年，他就是后来的史东。

史东出身在启东农村的贫穷之家，4岁丧父，靠寡母抚养长大、上学，15岁初中毕业后，只身来沪谋生。因他业务精、人品好，我们校长就把这个"价廉物美"的小青年挖来了。他平时埋头工作，但对同事们（主要是几个练习生）的提问、要求，总是有问必答。我这个对银行业务一窍不通的练习生，常常受到他的指点、帮助，在业务上有较快的进步。

抗战胜利后，国民党下令取缔小银行，我们便各奔东西，失去了联系。

1946 年初秋，我考取了江苏省立松江女子中学高中师范科。有一天我去上海，路上遇到一个原浦左银行的同事，通过他约到了史东见面。分手前，留下了各自的通信地址。

进校读书后，我和史东开始书信往来，他不时把自己阅读过的旧杂志寄给我，让我扩大眼界、了解社会、接触现实。由此，我渐渐关注天下大事，对工人罢工、学生游行尤为关注，恨不能加入他们的队伍。我和史东的友谊也随之增进，但从未表露过爱慕之情。

我在松江女中读二年级时，被选为学生会第二负责人，因抗议学校训育处没收学生会的邮件，被学校开除了。后来我察觉到开除我的另一个原因是，训育处在我们"闹事"时，扣留并检查了我来往的信件，发现了不少"红色"书刊和信件，其中就有史东寄给我的。

这时我萌生了去解放区的念头。但我不住在上海，一时无法与史东联系。他也曾帮我寻找"出路"，却又未能如愿。

正当我为"出路"而愁困时，遇见了奉贤中学的老同学孙水观，她是县里一个乡村小学的教师。我们初中毕业后，常在一起传阅巴金等作家的小说，一起幻想"革命"。后来，我考取松江女中，她去乡村小学教书，就中断了联系。

这次重逢，我向她倾诉在松江女中的遭遇，表露自己很想去解放区、很想参加共产党的强烈愿望。她微笑着说："你的志愿很好，但是'革命'不是非要去解放区的呀！"我听出了她话里的弦外之音，高兴极了。

原来她的公开身份是小学教师，实际却是一名地下党员。她愿意介绍我入党。我马上写了一份入党申请报告。1948年8月，经过上级党组织批准，我成为一名中共预备党员。当时，我没有向任何人透露自己入党的秘密，包括史东，虽然我猜想他已是共产党员。

后来经过一番交涉，松江女中终于同意我去太仓师范借读，学籍仍留在松江女中。1948年9月，我便离家去了太仓。

有一天，同乡老同学张蕴芳（她也是浦左银行的同事）来找我。她趁四下无人，悄悄告诉我："钮先生写信给我，还附了一张给你的字条。"我惊喜交集，通过那张小小的字条，史东告诉我他已秘密去了解放区，还要我珍重，"后会有期"！

史东去了解放区后，一直没有消息，我十分挂念。正好校里有个同学约我为他油印的小刊物写稿，我随即写了一篇《怀念》的文章给他，抒发我怀念史东之情。他一字不改马上刊登出来，并邮寄给我。这篇小稿和两封信，后来成了"历史文物"，被静安区文化馆收藏。

1949年6月初，我终于收到了史东的来信，得知他在解放日报工作，十分欣喜，马上给他写了回信，告诉他我已经在奉贤县人民政府教育科工作。

1951年春节，我和史东在上海见面。我们俩决定给双方的党组织写报告，正式汇报我们的恋爱关系，当年11月底，我调入解放日报工作。

从此，我们在一起工作，1953年5月结婚，先后有了两个儿子。

从群众来信组到朝花副刊

刚进报社时，史东在"读者来信组"做群众工作，我们领导也把我调到了他那里，我和他两个人一道处理读者来信。

报社里做群众工作，主要分成几部分。其中一个就是"读者来信组"，负责处理来信、接待读者。每天最多时要处理三四十封信。当时也并不是每一封信都要答复，这个做不到。有时候有些来信反映具体问题，我们也没法处理。会给来信者写张条子：你的问题经过研究后要转到哪里。

1951年底，"三反""五反"开始了。组织上跟我说："小潘，你到下面去锻炼，到读者接待室去工作。"来信比较好处理，但是当面答复来访读者，不经过锻炼还是不行。有些读者急得不得了，我只能说：等一下，我到上面去请示。还有些资本家来哭诉："他们来斗我。"当时我才23岁，哪能答得上来呢？我也没办法，也只能跟他说要正确对待，共产党不会冤枉好人。

到了1958年，报社改组"朝花"文艺副刊，华东局管报纸的书记魏文伯说："你们这个副刊不要办成纯文艺性的，要办成综合性的，扩大知识面，要有科学知识、社会知识等。" 那时报社文艺部缺人，就把我调过去了。我记得最让我紧张的是我国第一颗原子弹试验成功后，有关的知识性文章第二天就要在副刊上发表。怎么完成任务呢？我真急死了。后来我就联系报社负责科技报道的同志，请求科技出版社《大众科学》的同志援助。他们向我推荐一位作家，说保证马上就能写出来，真是谢天谢地！我立即打电话给这位作家，果然写得又快又好。后来，我结识了一批写科学小品文的作者，需要什么稿子就不再发愁了。

1958 年 4 月，我被下放农村锻炼。我们去了一年，生活很艰苦。当时，粮食紧张，买不到吃的东西，我们自己要开伙，菜叶什么的都不能扔掉 。当时公社还老是抽调我们这些下放干部去给他们写材料，每次几乎都要弄到半夜两三点钟才结束，天一亮还要出工。后来我的两只脚肿到膝盖，医生出证明要我休息才回家养病。

因为《红灯记》受了表扬也吃过批评

我下放奉贤农村劳动锻炼一年多后，仍回文艺部，继续为"朝花"的知识类栏目发稿。后来，文艺部主任调到电台工作。上海先后举办华东话剧会演、华东京剧会演，文艺报道这头工作吃紧，我被派去支援。

1965 年 3 月，京剧《红灯记》第一次来上海演出。我因在小时候看过不少京剧，对京剧懂一点，看了《红灯记》之后，非常震撼，竟有这么好的京剧现代戏！上海京剧院也宣布，第二天上海京剧院和北京京剧院演李玉和、李奶奶、铁梅的演员要一对一交流学习。我回报社汇报，但没人想去，干脆我去。去之后就写了一篇特写，由老编辑张友济发往夜班，次日刊登（注：此处应指 1965 年 3 月 18 日《解放日报》2 版刊发的《后台学戏接红灯 本市京昆剧演员等向中国京剧院学〈红灯记〉教的仔细、学的认真，充满着革命的战斗友情》）。这时《红灯记》还不是样板戏，其他报纸都没有报道。一个老编辑看到之后对我说："小潘，你写得蛮好嘛。"使我很受鼓舞，开始写点文艺演出报道了，以前虽然在文艺部，还没有写过演出报道。

那时候，我还不是正式的记者，但我经常"顶替"别的记者工作，还吃了个大批评。有一次，张春桥去看沪剧《红灯记》，本来应该是另一个同事负责报道的，他有事没有去，我正好有票就去了。看戏的时候，常要看看今天有什么首长来了，那天一看，张春桥来了。他原来是我们报社的，一直面孔铁板，我们习惯叫他张社长，不过我是小记者，没和他接触过。那天他问：解放日报谁来了？我说，是我。他说，你们明天这个消息要见报。我说，张社长，对不起，我们稿子没准备好。因为不是我的事情，怎么发得出呢。他说：怎么好不发稿呢？就把我训了一顿。

我一辈子在解放日报工作，2019 年 5 月，解放日报将迎来创刊 70 周年，我真是无比高兴。看到年轻人，觉得幸福得不得了，而且现在报纸越办越好，祝福你们工作越做越好，成绩越来越大！

采 访 人：周智强（解放日报社党委副书记）
　　　　　洪俊杰　吴頔
采访时间：2017 年 10 月 12 日
采访地点：上海市中山西路潘慧南家中
摄　　　影：吴頔
摄　　　像：黄晓洲

不论去哪里，我不丢解放的品牌

徐鞠如（1929 年 9 月— ）

徐鞠如，江苏无锡人。1949 年毕业于燕京大学新闻系，同年任上海新闻日报记者，1960年任解放日报记者。1979 年退休后，经科学生活杂志社返聘任记者、编辑。

1962 年因身体健康缘故，进入资料室从事资料研究工作。先后阅摘《资料汇编》《报纸资料》定期刊印、供编辑部同志参考。这两份刊物为后来编辑《报刊文摘》提供了经验。

　　1949 年，解放军刚进北平城，我还在燕京大学新闻系里头，我们是跟着解放军进城一起向老百姓宣传党的政策的，那时的氛围就像电视剧《北平无战事》里拍的那样，大家都很兴奋。党鼓励知识青年积极参加革命工作，同学们纷纷响应，当时的口号是"走出象牙塔，到实践中去，到人民群众中去，到革命斗争中去"，认为只有这样才是要求革命、要求进步的表现，校方也以承认学历表示支持。暑假回上海，我就到新闻日报实习，后来就留在那里了。

　　新闻日报是经济类报纸，和解放日报、文汇报并称当时上海的三大报。新闻日报和解放日报是 1960 年合并的。

"抢新闻"赢过了大记者

　　那时候办报，我们什么都是学苏联的。列宁办《火星报》是怎么样的，我们就怎么办，比方发动群众，记者在采访的同时要发展通讯员、组织通讯员，把新闻报道工作同通讯员发展工作紧密结合。我年轻活跃，跟通讯员容易打成一片。在新闻日报当财经报道记者时期，我前前后后发展店员通讯员三百多人，差不多都是来自商店和工厂。

相对来说，店员文化水平较高一点，站柜台的工作可以机动灵活点，大一点的商铺都有一部电话，报社有任务安排，联系起来也方便。他们送来的稿子我都认真地帮他们一起补充材料或者重新改写，发表时是具他们的名字。有人问我怎么没把自己的名字写上去？我认为原始的材料是他们提供的，我只是给他们加工而已，没有必要。而通讯员看到自己写的新闻或报道能上报，则兴奋不已，积极性大大提高。经过日复一日的磨炼，他们的新闻业务日渐成熟，后来《劳动报》创刊时，就从这批店员通讯员中吸收了很多人才参加编辑部的工作，还有人去了电台、出版社。像何子葭同志，曾到解放日报工作，后又调到新华社上海分社，是负责报道财贸方面的记者。

当然，群众工作做得好，对宣传报道起到很大的帮助，比如对私改造时，面广又分散，新闻线索很难抓到，但有广大的通讯员不断提供线索深入到各个角落，那时候我一天可以发五六条新闻。通讯《接受改造家庭也温暖》就是报道一位当人民教师的私营工商业者家属鼓励丈夫走社会主义道路的故事，发表后曾由新华社发给全国。

又如《和平小吃部的混乱说明了什么》一文，那是一篇批评稿，说的是黄浦区饮食业在上海市中心西藏中路开了一家国营的规模很大的小吃店。那时小吃店都是私营的，老百姓当时对国营店特别有好感，开张那天大家纷纷前往，无奈该店事先估计不足，准备不够，以致乱象丛生，笑话百出。我是接到通讯员电话，第

徐鞠如

一时间赶到现场，采访后写了该文。当时解放日报的王树人同志从黄浦区委简报上看到这事件，认为这个题材很重要，也着手进行采访。当他去区委联系时，我的送审稿已经放在区委书记的桌上了。王树人看到后认为报道详实，批评中肯切中要害，他稿子就不写了。从抢新闻的角度看，我很得意，因为他是一个大记者。但回过头来看，之所以能抢先一步，依靠群众功不可没。

那时年轻的我，对新社会的一切新鲜事物都充满着好奇，万事都想能参与其中经历一下，闯劲十足。一次听到有位记者在采访镇压反革命大会。当刑场上刑警开第一枪时，站在边上的记者就吓得昏倒在地，此事被大家传为笑谈。报社也觉得蛮坍台的。我得知后，表示自己倒愿意去参加这报道，长点见识。有人说，女孩子去干什么，我说保证不会给报社丢脸。后来果然有机会被派去参加一次规模很大的公审大会，在国棉十九厂召开的。会上对一大批残害、奸污纺织女工的罪大恶极的反革命分子予以当场枪决。我很好地完成了这次宣传报道任务。但坦白说，当天晚上睡觉时，还是有些害怕的。

有一次跑政法的记者回来说，今夜全市统一取缔妓院，所有的妓女集中收容，经教育后重新做人。我想，妓院、妓女过去只是从书本或电影中看到过，今天如果不能亲眼目睹，那就再也没有机会了。于是和另一位女记者相约一起去现场开开眼界。我俩从四马路（今福州路）会乐里的高档长三堂子口到附近小弄堂里像鸽子笼似的低级卖淫屋走了个遍，回宿舍时都很兴奋，这不仅是满足了自己的好奇心，更是亲眼见证了这个社会毒瘤的末日。

169

中苏友好大厦的建成与开馆，当时在上海是一件大事。市里十分重视。解放日报与新闻日报成立了联合报道组。对这一重点项目进行宣传。那时我刚结束产假上班不久，领导把我安排去报道组。我认为是组织上对我的信任，任务光荣，当努力而为。结果任务是完成了，我因产后失调，健康状况每况愈下。老人们说，一胎失调，可在生二胎时注意调养补回来。我的第二个孩子是1957年出生的。那时《人民日报》发表社论《这是为什么》，发出了反右的信号。我在产假期间很注意保养，人胖了，脸色也红润了。无奈产假期满后，市里召开两会，因为党政部人手不够，需要兄弟部门组织抽人支援。我也去了，这次报道两会，与以往不同，特别郑重和谨慎，所以格外辛苦。会后回到报社，我们还要参加晚上的编前会，大家汇报然后讨论，分配各自写什么，写好以后领导小组看，然后要送审。那时候交通不方便，报社几部小汽车一起派用场。稿子送审后，公交车末班车已经停运。小车把我们送到家，已经十一二点了。第二天一早又要跟代表们的班车入场。这样一来，我的身体又不好了，被查出来是造血功能再生不良，只能请长假了。

新闻日报和解放日报两报合并之后，我因为不适合跑外勤，就去了资料组。

在资料组工作化被动为主动

过去，资料组的工作相对比较被动，记者要找什么资料我们就找来。那时王维同志是总编辑，他对我说，全国各地的报纸很多，我也来不及看，外面的报纸到底宣传些什么也不太清楚。他希望我先看好各报，然后编成简报给他。这份手写简报，取名为《报刊动向》。

我就把各报发表的社论、头版和栏目动态写下来给总编辑看。这对当时报社的工作还是起了推动作用的。季梅先同志当时是报社党委副书记，是调任进报社的。有一次她要去《解放军报》参观学习来找我，说她对这个报纸情况不了解，是否可以准备一些资料。我就把那份报纸具体情况汇总给她。印象深刻的是，她后来回来以后很高兴，说这个很有用场。

后来我还给采访提供了一些帮助。当时提倡农业学大寨，《山西日报》当时做了很多报道。华东也有一个典型，叫下丁家大队，当时采编部门要去采写报道，但是这样的典型报道怎么写，记者们心里没底。我就给他们总结了《山西日报》是怎么样宣传农业学大寨的，人物怎么样，社论怎么样，日常报道怎么样。后来他们回来，觉得我提供的资料还是有些用处的。

文化大革命期间报纸受到冲击比较大。那时，各大专院校红卫兵发行的报纸特别多，再加许多大单位兵团报纸、厂报都给我们寄过来，一卷一卷的。材料多得不得了，每天早上一大捆，都是用麻袋装来的。这里头也有很多信息，正是大家所关注的。我们就搞了一个16开4页的铅印的《资料汇编》。那时候我开始做中班，早上同事们先把报纸拆开摊平，我中午上班后就开始看。这些简报介绍各地造反派活动的信息，每天出一期，报社编辑人手一份，对外也发了一些，给宣传部和兄弟报纸。

这份雏形的文摘报，从选稿、编辑、拼版到看清样全部由我一人统管负责。这份《资料汇编》一直出到解放日报分"大小班子"，就无疾而终了。

　　我当时被分在"大班子"。后来离开了一段时间，参加全市的外文清档工作。后来又去了干校。"四人帮"垮台之后我回到解放日报，干起了老本行。不过，回到报社没多久我就提早退休，离开了报社。

　　退休之后一开始很苦闷，我当时年纪不大，身体也还可以，不知道可以干什么。当时很多单位都可以返聘，我知道报社也有返聘以后也跟我爱人提出来，是不是可以返聘。我爱人不赞成，说不要去"轧闹猛"。当时我心里还是有些郁闷委屈，但他讲的道理我也能理解。

　　好在当时刚刚改革开放，很多刊物都在创刊和复刊。我到了科协主办的刊物《科学生活》去发挥余热，接触了很多科学家，和他们的语言交流比财经报道有味道得多。我就在刊物里设立了一个栏目，叫"科学家的家庭生活"，从侧面多角度报道了科学家们的事业精神和高尚情操。我采访了很多科学家，比如王应睐、叶叔华等，有一篇写的是谢希德、曹天钦夫妇的《爱情、事业、目标》，还被《新华文摘》转载了。当时我还写了不少医学方面的报道，比如很早报道了整容的话题，写了肝癌专家汤钊猷。我还写了《两探麻风病院》专访稿，介绍了麻风病人的生活和解放前后国家医治麻风病的情况。在1986年这篇文章还被评为上海市第二届科普作品三等奖。翌年，此文又获得了第二届全国优秀科普作品奖。

　　我从解放日报退休后又做了10年记者，最终在科技系统得了一个记者奖。晚年生活过得很充实，我觉得很高兴。虽然离开了解放日报，但不论走到哪里，我的根在解放日报，我是在解放日报这片土壤中成长起来的，我是解放人，我没有丢解放日报的品牌。

采 访 人：沈轶伦　吴越

采访时间：2019 年 1 月 28 日

采访地点：上海市凯健国际养老院

摄影、摄像：杨可欣

这几十年，我只是做好了分内事

黄珏（1929 年 11 月— ）

　　黄珏，1948 年 2 月入党。1949 年 9 月进入解
放日报，在华东地方组从事通联工作。1956 年调入
人事科。1965 年 2 月，担任华东地方组行政干事。
1968 年 11 月，调入资料组。1985 年 12 月离休。

我从小就在追求进步的家庭氛围中长大。母亲1928年起便在邹韬奋创办的生活书店工作。十几年来一直和邹韬奋工作在一起，深受进步思想的影响，也很敬重邹韬奋，从此走上革命的道路。

在没去解放区前，我的家庭生活很不安定，读书断断续续。母亲为了我们的前途，决心把我们姐妹3人送到解放区学习。1947年6月，经生活书店的地下党同志帮助，由书店老同事的夫人带领我们姐妹3人到了已经解放的山东烟台。由光华书店同志和有关方面联系，经过考试，我们被分配到华中建设大学。我在文艺系，当时华中建设大学的文艺系在山东海阳县；我姐姐爱好画画，分在美术组；妹妹13岁，在戏剧组。

我们在校学习很愉快。和以前环境不一样，解放区同志间团结友爱，相互很关心，在读书方法上与国统区学校也不一样，主要是听课、小组讨论，还组织学习互助组。每个人文化水平不一样，通过学习互助，使每个学员在学习上都有收获。

到了1947年9月，国民党反动派进攻胶东，学校停课疏散，我们开始了长途的行军生活。因为我右腿肌肉萎缩常摔跤，不能和姐姐妹妹一起走，组织上照顾安排我在病号与家属队，从那以后，我和姐妹还有文艺系的同学便分开了。在病号与家属队，每天行军的路程少些，在同志们的帮助下，我坚持到行军的结束。

1948年8月，组织上决定调我到华东新闻干校学习，山东济南解放时随校迁到济南。1949年3月学业结束，大部分同学都南下，我因为腿不好留在济南，分配在新华社山东总分社搞通联工作。同年9月，组织上调我到上海解放日报社工作。

进入报社后，总编办公室通知我，先在编辑部华东组、农业组工作。1956年12月在人事科工作了一段时间，1965年2月在华东组做行政干事，1968年11月调到资料组工作，一直到1985年12月离休。

在华东组和农业组我主要做通联工作。郊区几个县的通讯员归我联系，他们的稿子我就看一看，再简单编辑一下。当时刚解放不久，我曾经去参加过上海市农代会，但报道不是我写的，写报道的记者关照我收集一些素材，再统一汇总，给记者综合报道。

在人事科我主要做接待工作。有人来报社寻人了解情况，我就让他们填表格，帮他们打电话联络，他们写好了我再抄写一遍。那时的科长是李忠。我们一开始在汉口路309号申报馆办公，后来报社与新闻日报合并后，就搬进了新闻日报的大楼办公。当时办公室是一小间一小间的。

我在华东组做行政干事时，主要是帮同事领东西，按照报社白天上班时间工作。那时已经是"文化大革命"了，组里的记者很多，华东地区各省都有对口记者，每隔一段时间他们都会回报社来，有什么需要我就去帮他们领。当时行政干事还要负责发饭票。

我在报社工作几十年，做资料工作的时间最长，有17年之久。那时资料组还包括图书馆的同志，总共有两个办公室，十几个人，我负责剪贴资料，这项工作只有我一个人做。每天将同事在报上圈出的报道剪下，贴在32开的白报纸上，任务就完成了。在贴的时候，要把领来的糨糊调稀一点，一张张排上去，贴好了再晾干，天热不能吹电风扇，一吹报纸就乱了，不能摆错位置。

工作虽然简单，没有几道工序，整天是和报纸、剪刀、糨糊打交道，但工作必须细心认真，剪贴不能有差错。剪报资料是长期保存的，要做到每篇剪贴的资料都完整无缺，有的很大，有的很小，便于编辑记者查阅。我做这项工作其实还是比较合适的，因为我坐得定。

贴好了还要压平，干了后分门别类按1、2、3、4分开标号，交给管理相关资料的同志，你管农业的就给你农业资料，你管工业的就给你工业资料。有时候一份资料贴三份、四份也有的，比如领导同志的稿件，既要在人物资料分类里留一份，再按活动的分类留一份。我们有资料库，有很多年的资料，记者要查阅就可以去找，分得越细，记者找起来越容易。

后来我主动申请做了夜班，因为我腿脚不好，接电话时有点慢。晚上也比较安静，我只要能把贴报纸的工作做完就好了，不能有差错。

1985年离休后，我一人在上海生活自理有困难，希望去南京和妹妹一家人一起生活。1992年冬起，报社老干部办公室的同志为此事不辞辛劳地在3年多时间里多次往返沪宁，为我异地安置办理有关住房并委托当地居委会同志照顾我的生活等，安排得十分尽心。

我在南京生活了3年，冬天双手都是冻疮。组织上每年都来看我，找一个女同志陪我聊聊天，外面走走。后来我身体不好，妹妹也照顾不了我，我又向组织写信提出回到上海，老干部办公室的同志又为我迁回上海花了很大精力，给我在上海安排了好的房子，这事给组织上添了许多麻烦，我内心很不安。

感谢党对我多年的教育培养，使我在革命队伍里得到锻炼和提高。想想我在报社工作几十年，只是认真做好了本职工作，这是我应尽的职责。可以说，我这一生没离开过解放日报，虽然总体上讲贡献不大，但组织上和同志们对我的关心是很多很多的。尤其是1995年5月，领导批准我回上海，仍安排我住在报社职工宿舍，和同志们在一起，使我生活安定有保障，也不孤独。党的温暖送到了我的心坎上，组织上对我很好很好，我从心底感谢组织上对我的特别关怀。

（本文根据黄珏口述以及所提供的材料整理）

采 访 人：洪俊杰　吴頔
采访时间：2017年12月22日
采访地点：上海零陵路黄珏家中
摄影、摄像：王清彬

最大的幸运是在解放日报工作

王绪生（1929 年 12 月— ）

王绪生，籍贯上海南汇。中共党员，1948年2月参加革命工作。主任记者。

1949年5月南下上海，在解放日报从事通联和记者工作。"文革"中在报社大班子、五七干校、工厂学习和劳动。

1977年至1979年在上海市化工局和上海市工交办工作。

1979年8月回解放日报社，任工交部、《支部生活》编辑部记者。1985年12月离休后，先后返聘在《支部生活》编辑部和报社报史办公室工作。

王绪生

1949 年 5 月 28 日，就是上海解放第二天，我到了解放日报。那一天《解放日报》在上海创刊出版。到解放日报那年，我 20 岁。

我是和大部队一起来的，没赶上接管和创刊。在此之前，已经有一批老前辈、老领导接管申报，筹备《解放日报》出报。

我是上海本地人，出生在浦东周浦。在上海新陆师范读书时，就参加了学生运动，随同学一起参加了在同济大学召开的"国民党军警特务杀害浙江大学学生会主席于子三"抗暴晚会，以及 1947 年 5 月 20 日上海"反饥饿、反内战、反迫害"大游行。后来被学校方面勒令退学。后来经熟人介绍去了西郊民校教书，这里是中共地下党的活动点，我以民校教师身份白天教小学生，晚上在农民家里教他们识字，开展工作。

1948 年 5 月 15 日，在一座教师借住的庙里，我宣誓加入了中国共产党。入党之后，到了年底，组织上要求我们撤退到解放区。先后在华中党校、华中新专学习。4 个月后，随军南下到丹阳集训时，编入新闻工作者队伍。

提倡全党办报热火朝天

到解放日报后，我一开始从事的是通联工作，也就是联系

181

通讯员。

当时提倡全党办报，一方面是所有干部群众都要树立全党办报的观念，都要关心支持和参与办报。另一方面是党报要充分信任依靠通讯员，在党员干部中培养发展一批通讯员。因此，通联工作是全党办报的一项重要工作。在进入上海之前，我们已经明确规定，必须依靠广大通讯员而不能只依靠少数记者，特别是像上海这样规模既大、情形又复杂的大都市，采访部必须以主要力量从事通联工作。

因此在丹阳集训时，就在接管干部中发展了近500位党报通讯员。接管上海后，每月有通讯员来稿二三百件，最多一个月有400件。这也是全党办报的群众基础。

我到报社第二天，就被派到位于杨树浦的中纺十二厂做通讯员联系工作，当时接待我的军代表就是党报通讯员。

说实在话，我的文化基础比较差，一开始对新闻工作也没"感觉"，只是觉得这是一份革命工作。我被分配到工业组做通联工作后，整天跑局、区各级领导工业的部门和行业系统的公司、基层工厂了解情况，有时候上午跑两家，下午跑一家。夏天的时候，戴个草帽就出门，有些厂子离报社很远、走进大门后走到车间还有很长一段路，但是那个时候年轻，就凭着一股热情，深入工厂的各个车间角落里，把工业系统的通讯员们组织起来，从他们那里了解新闻线索，拿到新闻素材后，带回报社再向部主任汇报，对于有报道价值的新闻线索，或由有经验的记者再作采访，或采用通讯员直接来稿。

当时，报社专职负责通联工作的大概有 10 个人。除了我们这样的专职人员，其实不少记者、部主任都有各自的通讯员，联系也十分紧密。

另一个让我印象深刻的事情，是当时各个部门条线对于党报记者十分尊重。我记得那时候华东工业部办事处军代表的定期例会，都会通知我参加。我那时候年纪还轻，二三十岁，与会的军代表年纪也不大，我觉得他们都有这样一个意识，就是要叫党报同志参加。此外，我去各个厂里跑的时候，军代表、党委书记都会出来陪同，他们不会和党报记者保持距离，也不会因为你年纪轻而看轻你，都是非常热情地接待。

业务成长难忘三位"引路人"

两年的通联工作经历，进一步增进了我对新闻工作的认识，也逐步激发起我采写新闻报道的热情，那段时间三位同志对我的帮助很大。

一位当时的报社编委、工业组组长宋军同志，他也是个老革命。抗日战争时期参加革命，在解放战争时期是战斗在第一线的随军记者，曾担任新华社解放军华东前线分社记者组长，他修养好，待人和善、亲切、耐心。工业组是一个大组，采、通、编合一，人员多、工作忙，他根据工作需要安排得很有条理，从来没有听到他大声呼叫或者斥责别人。在我从事通联工作两年后，他鼓励我动笔写稿。那时，工业报道设"工业产品"小专栏，介绍 1953 年市工业生产展览会展出品，他要求我们用三四百字表达产品原理和用途，做到通俗易懂，有知识、有趣味，小专栏文字配照片，花边加框。我正式采写工业新闻，是从写这些小稿子开始的。

第二位是姬志朴同志。他是稍后一些时间来报社的，是编委，参加领导工业组，他纯朴、直率，带来了老区的办报风格。那时报社已经充实了不少新生力量，有从大学分配来的新闻系毕业生，也有从基层选拔到报社的工人作家。有一次，姬志朴同志组织"庆祝苏联十月革命"专版，我正好从江南造船厂了解到，这家厂船体车间的副主任陈文昌曾赴苏联日丹诺夫船厂实习焊接工艺一年。汇报后领导也觉得这是比较好的题材，一般这类题材都会另派能力强的记者去完成。老姬却对我说："你自己去写，行吗？"尽管当时有些底气不足，但在他的鼓励下我又进行了详细了解，写了4000多字的通讯《最美好的回忆》，老姬修改后配上插图刊出。这对我是极大的鼓励。

第三位是王树人同志。他是地下党员，曾参加编发党的地下刊物《上海人民》，通告"大上海解放了"。后来他留在解放日报工作，从记者岗位提拔为编委兼工交部（原工业组）主任。他很了解记者、编辑的长处和短处。比如我汇报时往往什么都要讲，重点不突出。王树人同志总是认真听，有时还做些摘要，帮助我厘清重点关键，分清主次，确立主题，再根据主题取舍材料，并进一步排列出需要完善的方面。经他分析指点，我总会"眼前一亮""头脑清醒"，写稿时就顺畅多了。经他的点拨，我逐渐能够完成一些比较复杂的报道任务了。

王绪生

报社是个温暖大集体

解放日报相当关心同志,这是传统。很多后来调出去的同志,都非常留恋解放日报。

解放日报的气氛好。大家虽然来自五湖四海,但因为有丹阳筹备接管的基础,所以彼此之间都非常了解,非常融洽。让我印象比较深的是,很多南下同志之前因为革命奔波,很不稳定。到了上海进入解放日报之后,生活总算稳定下来了,成家立业、结婚生子。但记者编辑的工作又是夜以继日,为此报社专门办了托儿所,周一到周六全托。每周一,大家把孩子送到报社,有托儿所的阿姨、老师骑着三轮车把孩子们带到托儿所,到了周六,再把孩子们送回报社,吃好晚饭,跟着各自父母回家。有时候报社还会派车去接孩子们。此外,还请了报社最好的炊事员给孩子们做饭。我的孩子就是在解放日报托儿所养大的。一个托儿所,解决记者、编辑的大问题,让我们没有后顾之忧。

另外,解放日报的食堂也相当好。一日三餐,家里没有煤气,早餐就到报社解决,葱油饼、袜底酥、稀饭、粢饭糕、馒头等非常丰富。过中秋节时,食堂还自己做月饼,豆沙馅是出名地好,据说是到杏花楼学习过的。还有解放日报的图书馆,原来书多得不得了,查资料很方便。当时,各种苏联小说、世界名著,都是在这里看的。解放日报的文体活动也十分丰富,包括各种运动会,大家都是积极参加。

还有一点很重要,解放日报的学习气氛也非常浓厚,报社会定期上大课,上课的老师都是总编辑、部主任。此外,总编办公室还编写了通讯员刊物,16开的刊物,告诉通讯员怎么写稿,彼此交流情况。

解放日报还有一个好传统，就是吸收各方面人员参加新闻工作。那时报社有一位记者，是工人学徒出身，从小没有父亲，母亲做保姆拉扯他长大。他喜欢写作，从通讯员做起，1954年到了报社正式做记者，后来还被报社送到中国人民大学读书。我记得他之后曾在党政部负责社会热线，接了数以千万计的电话，也帮助了数以千万计的人。

1949年5月28日之后，直到离休，我都是在工业第一线采访。退休后我写过一篇文章，叫《幸运人生》，最后的结尾是这样写的：我的人生是有幸运的。而最大的幸运是在解放日报工作，在党的教育下成长；作为新闻工作者始终在一线采访报道，是在积极工作中慢慢变老。《解放日报》即将迎来创刊70周年的日子，我也想把这句话留给解放日报。

采 访 人：缪毅容（解放日报社副总编辑）
　　　　谈燕　黄尖尖
采访时间：2017 年 10 月 12 日
采访地点：上海市利西路王绪生家中
摄　　影：黄尖尖
摄　　像：王清彬

永远跟人民站在一起

徐惟诚（1930 年 5 月— ）

徐惟诚，笔名余心言。安徽芜湖人。曾在上海民治新闻专科学校就读，解放战争时期在上海编辑《学习报》。新中国成立后从事共青团工作和新闻工作，先后任上海青年报总编辑，上海解放日报副总编辑，共青团中央候补书记，北京日报总编辑、社长，全国新闻工作者协会主席团委员、北京市新闻工作者协会名誉会长，中共中央宣传部常务副部长等职务。著有《余心言杂文选》《处世百题》《建设有中国特色的社会主义新闻事业》等。

　　1960 年我从上海青年报调入解放日报，一开始是编委兼理论部主任，过了三个月左右被任命为副总编辑，分管理论部、文艺部。1964 年我被选为共青团中央候补书记后去北京工作，算下来，我在解放日报前后一共工作了 5 个年头。

　　刚到解放日报的时候，我只有 30 岁，还是一个小青年，什么也不懂。其他副总编辑年龄都较大，水平很高。当时第一总编辑是魏克明，第二总编辑是王维。同时有两位总编辑，这在解放日报历史上是很少见的。

　　当时我对这些人都很崇拜，他们的思想品质、学问知识非常值得钦佩。我记得，魏克明写了一本书，叫《论家庭》，书不厚，但现在回想起来觉得非常了不起。因为那个年代思想较"左"，"家庭"观念是被批判的对象。就从这一点来看，魏克明的思想就了不起。他不是随风倒，而是在认真思考。

　　王维也不简单。他在"三反"运动中受过冤屈，但后来照样积极工作，没有任何顾虑，一心一意。有的人遇到这种事会谨小慎微，或者不满意，他还是该怎么干就怎么干。他身体也好，我在解放日报时，看到他每天洗澡，热水冲一遍，冷水冲一遍，很有毅力。

为《解放日报》供稿的两次采写任务

从《解放日报》诞生那一天，我就知道这是我们党的报纸，一直到现在，除了被下放到干校那几年外，我一直关注《解放日报》，每天认真阅读。我觉得这个报纸的风格好，既实在又能够跟得上时代，看它有收获。所以这几十年，我跟解放日报的关系，主要是读者和报纸的关系。

在还没有到解放日报之前，我曾经为解放日报干过两件事。

第一件事是 1959 年我写的一篇报道《蚂蚁啃骨头小厂办大事》。当时我还在青年报，这篇文章是上海市委指定我采写，成稿后给解放日报用。我看到报社 60 周年庆的特刊上，还专门收录了这篇文章，说明这篇报道在解放日报史上是有价值的，而对我来讲，这个采访也是有价值的。

当时我到建设机器厂采访，就下定一个决心：这是市委交代的任务，我要认真做。怎么认真？就是认真地听工人的意见。我找工人一个一个谈，跟我一起去的记者都烦了，说：给你任务要求 10 天交稿，这都谈了几天了，还不写？我说要拿 90% 的时间听，10% 的时间写，写不是重要的，重要的是了解工人怎么想，了解他们的经验。没听完不行，他们讲的内容和题目没关系，也要让他们讲。我说，我想写什么，不重要；他们想说什么，重要。

那次我在建设机器厂采访了一个星期，厂里一共几十个人，我基本上和所有的工人都聊过天、说过话。那次采访对我来说是很重要的一次经历，我学到了很重要的一课：实践者的经验和感受是第一性的，记者的写作是第二性的。这个经验，对我一辈子做新闻工作都管用。

这是一次成功的经验。还有一次不成功的经验。

1959 年秋天，当时担任市基本建设委员会主任的陈丕显同志要我去某县采访粮食高产，据说那里亩产 1600 斤以上，这篇报道写出来也是给解放日报用。我想了想，提出一个要求：我去采访可以，但我不懂农业生产，能不能派两个技术人员陪我去？他同意了，从农科院调了两位农业生产专家陪我一起去。

我们到县里的时候，秋收已进行了一半，还有一部分稻田未收割。我连着两个晚上参加了他们的县委会议。我一边看庄稼，一边问专家意见。专家跟我讲，是长得好，亩产 800 斤肯定有，但看不出能产 1600 斤。我们一连看了 3 天，又听了当地干部介绍的经验，参加了县委书记召集的座谈会。会上，有的干部说亩产 1400 多斤，县委书记一听就不舒服，瞪着眼睛问：怎么少了？那位干部连忙回答说，是少了，被鸭子吃掉了一些。

我心里不踏实，连夜坐车回市委找陈丕显同志，把看到的现场、专家的估计、会议上数字一会高、一会低的情况一一汇报。陈丕显说那样就不要写了，他是个实事求是的领导。

办报纸还是要靠群众

进解放日报后，我只有一个感受，就是忙、累。当时正是提倡学理论的时候，每天有一个理论版，每天要组织将近 1 万字的文章，觉得好像是不可能完成的任务。那时候重视基层学理论，所以我跑基层跑得比较多。这对我最大的好处就是知道了办报纸还是要靠群众。

后来我在北京日报做社长、总编辑时，每天要看 6 封群众来信，3 封是群众工作部认为值得看的，3 封是在一摞群众来信中随机抽的，我做总编辑期间，没有一天不看群众来信。追根溯源，我养成了关注群众的习惯，还是在解放日报打下的基础，这个工作习惯对我来说非常有益处。

当时我自己写杂文，还出过几本书，最畅销的书是《给小红的信》，我从 1959 年开始写，大概到 1960 年写完，就是在解放日报工作的这段时间写成的。这本书写成后没有组织发行，但发售了几百万册，可见社会有这个需求，我也挺高兴。

但是到"文革"时，这本书被批判了，说是"黑修养的少年版"，给小孩子"放毒"，也连累了很多给学生推荐这本书的小学教师，他们热心推荐这本书，没想到挨批。我心里很难受。"文革"结束后，很多人向我反映，有的老师从图书馆偷出这本书，抄下来给孩子看，有的老师，凭自己的记忆默写下来，油印后给孩子们看。这些小学教师受了那么大的打击，还要把这本书复制出来给孩子看，这对我教育很大。这些小学教师比我伟大多了。所以我下决心，以后每年要给孩子写一本书，一共写了二三十本。

习近平同志说不忘初心。真正跟老百姓有联系了，就忘不掉初心，脱离了老百姓，才会忘记初心。

　　"文革"中，我被下放到河南信阳大别山底下的一个干校。当时干部下放的决定肯定是错误的，但这段经历对我有很大的好处，可能比待在解放日报的好处还要大。我现在跟干校的那些老乡关系还是很好，因为我在那里真正学懂了中国的国情，真正了解了中国老百姓是怎么过日子的，真正懂得了农民、农村，也读通了马克思主义哲学。不了解农民、农村，就不是真正了解中国。

　　我觉得现在的记者最缺乏的一个东西就是基层经验。我在北京日报的时候，凡是我认为优秀的人，都把他派到最基层去，到公社、县委当副书记，一干一年。我们只把最优秀的干部派到最艰苦的地方，后来这些干部都很有出息。

　　现在年轻人不去第一线，实在是很吃亏。表面上好应付，但从长远来讲，要解决深层次问题时一定是缺少根基，真正深层次的问题把握不住。

为市委市政府写工作报告对办报有益

　　我在解放日报的工作很忙，一般都要加班到晚上七八点钟，回家要看一点东西，10点以后开始写自己的一些东西。我的习惯是开了头就要写完，大概要写到深夜12点、1点，实在不行，写到第二天早上四五点也是有的。我有一本书的题目就叫《今天和明天之间》，我所有的书就是在"今天和明天之间"写成。

　　我不会在报社开会的时候思考我的写作，因为开会是我学习的时候。在解放日报时，编委会和编前会都是我的学习场所，还有一个重要的学习场所，就是给市委写文件。

上海市委、市政府的工作报告，我都参加过起草。当时我们几个报社的人被集中拉到衡山宾馆，一遍一遍修改，领导说不行，就推翻重写，当时的市领导曹荻秋、魏文伯不断跟我们解释应该怎么写。当时只觉得被"拉差"来干活的，现在回想起来对办报很有好处。市政府工作报告中为什么一定要用这个词？为什么那个词不用？有什么想法？只有你替他们起草的时候才会明白，我们自己编报纸、做标题的时候，自然就明白了，这样思想、思维就和市委、市政府自然而然保持一致了。

我在解放日报工作时还生过两场病。其中一次是失眠。失眠的时候吃任何安眠药都无效，吃到最后没用了，即使打针，睡下去一个钟头又醒过来。

后来病情越来越严重，我只好住进疗养院。想来想去，我终于想通了：这么不睡觉会死掉的，我没听说过这种事，这是第一；第二，睡觉是休息，睡不着，眼睛闭着也是休息，即使休息一半我也休息着了。想到这里，我就停用了所有的安眠药，到点就睡，睡得着也睡，睡不着也睡，到点就起，起来了我就去公园里爬山，爬累了回来再睡。一个多月、两个月后，也能睡觉了，之后就没事了。到现在几十年，一次安眠药都没再吃过。只要思想一解放，睡不着拉倒。越有压力越睡不着。

1964 年 7 月，团中央九大会议上，我被选为候补书记，我看到名字时还以为是跟我同名的人。后来通知我去北京，我还到市委组织部申请不去。

我觉得我喜欢办报，不喜欢做官。但是市委组织部说我们已经替你申诉过了，无效，胡耀邦同志跟陈丕显同志商量好了。那我没办法。7月份开的会，我一直拖到11月份才去的北京，就这样，我离开了解放日报。

采 访 人：陈颂清（解放日报社总编辑）

　　　　　朱泳武（解放日报社总编办主任）

　　　　　陈抒怡

采访时间：2018年6月7日

采访地点：北京市工人体育场南路徐惟诚家中

摄影、摄像：陈抒怡

和解放风雨同行 20 年

柴之豪（1930 年 11 月— ）

柴之豪，籍贯上海。1948年，上海民治新闻专科学校毕业。1949年6月进解放日报工作，历任检校员、检校组长、总编办公室干事、文艺部记者。

1968年参加上海市知识青年上山下乡学习慰问团赴吉林延边、江西抚州。1975年回上海，在同济大学政宣组工作。

1977年到中共上海市委宣传部工作，先后任新闻出版处干事、副处长、处长。

1988年任中共上海市委宣传部巡视员。

1949年6月底7月初，我经民治新闻专科学校同学许寅介绍，进了解放日报。当时我本来打算去南京报考华东人民革命大学的，但许寅劝我说：一样是革命，《解放日报》是党的报纸，在党报干不是更好？当时上海刚刚解放，大家都欢欣鼓舞、追求进步，我听了很认同。

进报社后，我被分进了校对组，负责稿件与版样的校对复核。虽然没有从事新闻采编一线，但我并不计较，我相信都是为党工作，不分高低贵贱。而且，当时报社的气氛、关系很是融洽，领导和普通群众之间，也没有什么"高下尊卑"之分。

做校对亲历4次"大麻烦"

1950年到1953年，在我做校对的工作经历中非常特殊。当时解放日报出过几次"麻烦"，至今记忆犹新。

1950年起，镇压反革命运动发起。当时的报纸上整天都在报道镇压反革命的新闻，有一次就出了个差错。其实，错误本身并不大：当时在制版时，在一篇文章中的"镇压反革命"5个字中间，多了一个逗号，变成了"镇压，反革命"。但这么一来，不仅上下句联系不起来，正面的事反倒成了"反革命"，性质上就属于政治性差错了。

第二个差错发生在抗美援朝期间，有一篇新闻中，"抗美援朝"变成了"抗美援美"。虽只是"一字之差"，但又是个政治性差错。

第三次也是发生在抗美援朝期间。当时报纸上一直刊登的志愿军战报。有一次，我们打了一个大胜仗，需要发表战报，宣布在几天内消灭多少敌人、缴获了多少武器弹药。结果编辑搞错了，算日子时算错了一天。

那个时候，解放日报是中共华东局的机关报兼上海市委机关报，影响大、威信高。接连发生 3 次大差错，惊动大了。我记得全报社上上下下紧张得不得了，华东局也非常重视。怎么避免再发生差错呢？华东局做了决定，我们每天报纸出完清样后，送到常德路华东局去，由华东局宣传部长舒同每天看一遍，他看过以后才能开动机器付印。后来经过华东局讨论决定，又改成副部长吴建每天晚上坐镇报社，由他来签看大样。

惊动这么大，编辑部、排字房和我们都在想办法改进。比方我们校对组，每篇文章中，涉及一些重要字眼的，都要比之前多看一两遍。排字房也想了个办法，发明了"连串字"，就是把一些敏感的词语以及国家领导人名字串在一起，浇铸成一整块铅字。比如把"抗美援朝"四个字浇铸成一整块，要用一起用，就不会出错了。

不过即便这样，后来还是出过一次差错。那已经是 1960 年了，当时国家领导人刘少奇、周恩来、邓小平到苏联去访问，新华社的电讯稿要从莫斯科发回，先发到北京，再发到各个地方。我们校对组蛮辛苦，正常情况下我们每天凌晨两三点钟就可以结束工作下班了，但那段时间要等到第二天中午，一个晚上就等在那里，又瞌睡又疲劳。等到最后，眼睛看纸都是发黄的。期间，版面上一篇关于刘少奇的报道，恰好在出现"刘少奇主席"的时候折行了，这个时候"连串字"就派不上用途了，只能"刘少奇"一行，"主席"两个字转到另外一行。结果就出错了，"刘少奇主席"变成了"刘少奇主义"了。这又是一次大事，甚至都惊动了公安局，来检查是不是蓄意而为，是不是有政治问题。

吸取了这些教训后，"校对组"也扩充成了"校对检查组"，虽然在一起，但却是两个岗位。检查组的工作范围是什么呢？就是各种重要信息，找出原来的核对。比如涉及领导人的讲话，那么就要去核实有没有错误？还有数字，比如像上述的志愿军战报，也要把新华社的原文找出来仔细核实是几天、数字是多少等等。

期间我记得，我们校对组的同志还发起过一个"为没有差错的解放日报而奋斗"的活动。解放日报的差错少了，还被评为华东局宣传系统文化先进单位，受到表扬。作为一名校对，我也觉得自己的价值得到了体现。

1957年，我申请入党得到通过，成了预备党员，1958年成为正式党员。1958年，我参加了干部下放劳动。1959年，我重回报社，当了校对检查组的组长。1962年，我生了肺病，不适合做夜班了，随后调到了总编办公室。1965年，我又被调至文艺部工作。

"解放日报事件"那八天九夜

"文化大革命"开始后，我印象比较深的是"夹报事件"。那张"夹报"，也就是《红卫战报》。《红卫战报》是当时"上海市大专院校红卫兵革命造反委员会"（即"红革会"）出的，上面刊登的内容，也是以大字报为主。有一天《红卫战报》上发了一篇文章，污蔑《解放日报》是上海市委"执行资反路线的工具"。1966年11月29日，"红革会"来人，强行要求在《解放日报》中夹这期《红卫战报》，说是要帮《解放日报》"消毒"。当时，报社的上下从领导到编辑、记者都觉得"这怎么能答应"，"怎么能将这么份战报夹在里面送给订户呢？"

双方互不相让，就这样僵住了。30日凌晨，"红革会"调动人马闹到了报社，后来，上海的"工人造反总司令部（即'工总司'）"、"首都三司""红三司""清华井冈山""同济东方红"等红卫兵造反派也参加进来冲击报社，整整闹了八天九夜。当时乱到什么程度？我记得报社就像"大世界"一样，门也关不上，红卫兵造反派想进就进想出就出。报社一楼到五楼，看不到几个自己人。解放日报不答应夹《红卫战报》，红卫兵就不让发行，邮局派了来运报纸的车也被他们堵在外面，进不了报社。每天几十万份的报纸印好就只能这样堆着。

堆一天还好，到后来后面仓库都堆不下了，怎么办呢？这时候就能看出解放日报的志气了：仓库堆不下就堆在马路上，马路也堆不下了怎么办？报社开始只印一小部分报纸，500张、1000张，这样就可以堆下了。就是这样，我们的报纸没有停过一天。

但是，后来的结局并不如人所愿，市委被迫同意了红卫兵们的要求。听到这个消息后，解放日报编辑部的很多同志都哭了。

一直牵挂着报社的发展

后来，我也因种种原因被批斗，脱离了采编岗位。我先被安排进了吉林学习慰问团。1972年，我又从吉林到了江西，仍然是待在学习慰问团。1974年回上海后，我又去了同济大学工作过一段时间。在同济大学工作4年后，上海重建宣传部，又将我调至宣传部，最后在宣传部工作至退休。

算下来，我切切实实在解放日报工作的时间大概只有20年。不过，虽然人不在报社了，但我一直很牵挂报社的发展，也知道报社现在转型不容易。如今虽然电脑、手机都可以看新闻，可是我和老伴的生活中，每天还是缺少不了《解放日报》。报纸的很多文章，虽然用了一些网络词语，我俩已经看不太懂，但我还是很喜欢看，也从中受益不少。

采 访 人：毛锦伟　郑子愚
采访时间：2018年1月17日
采访地点：上海市零陵路柴之豪家中
摄影、摄像：王清彬

这三篇报道，一辈子的骄傲

胡茂梁（1931 年 1 月— ）

胡茂樑，籍贯安徽绩溪。主任记者。

1951 年在民治新闻专科学校读书，1952 年 9 月从工厂调入劳动报社当记者，并担任解放日报通讯员。

1958 年调入解放日报社，在群工部当记者。

1965 年后在解放日报工交部担任轻工手工条线记者。

你们能查到我在《解放日报》上发表的稿件，最早是从1952年开始的，而且当时还署名通讯员。也就在那一年，我进了解放日报社。

之前，我在苏州机械厂做过学徒，初中毕业后又在上海新成电气厂当艺徒，学车床技术，当时达到6级工。那时我在厂里当工会的文教委员和团委的宣传委员，一直出黑板报，后来担任劳动报通讯员，再后来又担任了解放日报的通讯员。当时需要从工农兵中选拔队伍进入解放日报，由于表现突出，1952年我被选入解放日报。

进报社后，我一开始在群众工作部工作，负责读者来信版。当时每周一期的版面，都有一两篇我选出来的来信。后来解放日报工交部内部调整，轻工手工业条线有缺口，看我表现突出，就把我从群众来信部调到了工交部，负责轻工手工业条线。我在工交部工作到1992年，之后还返聘了7年，67岁时正式退休。

对工交部来说，轻工、手工业是"小角色"，当时受重视的是钢铁、机械。但是我依然想，自己虽然不是党员，但在"小角色"的岗位上也能增光添彩。我在轻工、手工业条线的报道中，印象深刻的是三篇。

第一篇是《从上海手表厂五十四只阁楼说起》（注：此处指 1979 年 7 月 11 日《解放日报》头版刊登的《"摇钱树"需要施肥浇水——从上海手表厂五十四只阁楼说起》一文）。当时上海手表厂对国家贡献上亿元，但是生产条件艰苦，场地就是五十四只阁楼。文章刊登后，反响很大，当时在国务院工作的李先念同志看到后，立即批示，马上投资约 1 亿元，在原厂对面的榆林路上给上海手表厂造了一幢新大楼。

第二篇是《三五牌座钟为何增产难》。当时三五牌座钟很吃香，是女方出嫁"三大件"之一，但是产量有限，上海脱销，很多人买不到。我就写了篇文章，详述为何三五牌座钟增产难（注：此处指 1979 年 7 月 15 日《解放日报》头版刊登的《三五牌钟为何增产难？——为中国钟厂短缺木材求援》一文）。这篇报道刊登以后，又得到李先念同志的批示。于是，在肇嘉浜路三五牌座钟厂旁边又造了一幢新厂房。这样两篇报道一出，当时我名气很响。

第三篇是写皮鞋厂，当时上海工人利用散皮生产皮鞋，变废为宝，是一件利国利民的好事，但是由于种种原因，反而受压制。我就写了一篇《利国利民的好事为啥行不通》（注：此处指 1979 年 8 月 16 日《解放日报》头版刊登的《利国利民的好事为啥行不通？——利用碎料增产女式风凉皮鞋引起的一场波折》）。文章一刊登，《人民日报》立即转载，全国影响大，而且标题里的"利国利民"几个字从此就在全国打响。

　　这三篇报道，一方面是靠自己平时采访的积累，像三五牌座钟的报道，就是和厂里工人聊天时得到的线索。另一方面也要靠记者的敏感，能发现问题，能在稿子里触及本质。说起来，《利国利民的好事为啥行不通》的标题里"利国利民"四个字，就是我自己想出来的，后来编辑也没改掉，我想，应该是提到了当时大家都关心的问题上了。

采 访 人：龚丹韵
采访时间：2018 年 6 月 8 日
采访地点：上海市延安中路 816 号解放日报社
摄影、摄像：海沙尔

做记者就要广交朋友少坐办公室

曹玉和（1931 年 10 月— ）

    曹玉和，籍贯广东番禺。主任记者。1953 年 9
月复旦大学新闻系毕业于后进入解放日报，担任卫生
条线记者。1970 年下放五七干校和工厂劳动。1977
年 9 月，回解放日报科教部，担任科技条线记者。

我是 1953 年从复旦大学新闻系毕业，直接分配到解放日报文教组的。当时文教组有卫生、教育、体育、文化、文艺等好几个条线，"文"字头的都在一起。

一开始进报社，正好遇到华东体育运动大会，大会报道结束后，我就回到自己的卫生条线。

报道引起这么大风波，始料未及

在卫生条线，我先报道的就是"姚大狗事件"。当时我对卫生也很陌生，想不起是从哪里得到的线索。姚大狗是个郊区的贫下中农，到第二人民医院看病，钱没带足，医院拒收了这个患者。最后人死了，我就写了一篇报道。当时部门的领导还配了评论。

报道刊登后，市里非常重视，当时分管卫生的副市长说，正是要对旧社会那种医院有钱才能进、没钱就不能进的观念进行批判，所以当时抓住"姚大狗事件"这个典型，开大会，整风，进行革命人道主义教育、社会主义教育，明确医院是什么性质，为谁服务。这是上海解放以后医务界第一次整风运动。

我那时 22 岁，刚进报社第一年。一篇报道居然引起这么大的风波始料未及。我认识到报纸的力量如此巨大，整个医务界都行动起来了。这也让我明白记者是很光荣的，但责任也很重大。

这件事以后，我就在卫生条线打开了局面，区里、市里的医院开始跑，建立人脉。

第二篇印象深刻的报道是 1958 年的"丘财康事件"。

瑞金医院当时叫广慈医院，广慈医院的陈院长我很熟，经常找他聊。1958 年的 4 月，他主动打电话说："我们这里有一个严重烧伤的病人，现在大家正在竭力抢救，这是一个很好的新闻线索，你有没有兴趣？"

我当然有兴趣，马上赶过去。之后就每天都去，积累资料。不过病人还在观察期，我只能扒在无菌病房门口的玻璃窗上看看。第一次见到丘财康的时候，他全身包着，只有两只眼睛露在外面。

采访不到病人，就只能和医生、护士聊一聊。他的主治医生叫杨之骏，后来我和他熟了，和护士长也熟了。

我记得，决定治疗方案的时候，专家争论得很厉害。有几个专家说，翻了很多资料文献，国际上但凡 80% 以上面积烧伤的病人，从没有救活的案例，都是直接放弃。有一位刚从政法系统调过来的医疗干部，他说的话我印象很深："资本主义国家烧伤的都是工人，老板不会烧伤，所以资本主义社会里老板不会花很多钱和精力给受伤的工人治疗，你们以为他们放弃是真不能治吗？我们现在是社会主义国家，工人阶级领导一切，我们一定要想办法给他治疗。"这也算给医生们上了一课，大家觉得有道理，全市的医生就一起想办法，一个个难关克服，最后才把他救活。

断手再植，独家新闻变全国统发

第六人民医院的断手再植，也是我报道的。当时我已经采访过好几次六院，有了点联系。他们当时的朱院长是老地下党员，他比较内行，懂医学，肯讲一些医务界存在的不足、医护人员的思想状况，所以我经常向他请教。

在此之前，我还报道过六院的医生董承琅。董承琅在心脏病方面很有研究，解新中国成立前没有那么多仪器，他靠手仔细检查就能辨别一些心脏病。

工人王存柏手断了送到六院后，当天中午董承琅立马联系我，我当然愿意去采访。当时也没多想万一手术不成功怎么办，反正就是一股热情。

吃过午饭，我赶到医院。这时候朱院长告诉我，当时这个病人送到急诊室时，医生不知道该怎么办，拿着患者的手去找陈中伟。陈中伟当时是六院骨科主任，陈中伟说："这个工人他没了手，以后可怎么办？一定要想办法给他治好！"随后就打电话给医院领导，向朱院长反映情况。

陈中伟对神经很有研究，但对血管不在行，所以又找了钱允庆负责血管。

医院从早上八九点钟开始开会，下午还在研究治疗办法，我就先回家了。我第二天再去医院，值班的医生说手术效果蛮好，本来手是苍白的，现在已经开始有血色，说明手术有效。

整个事情就这么简单。不过当时没有其他媒体知道，算是独家新闻。此后我天天跑医院，跟陈中伟、钱允庆聊，等过了一段时间，朱院长说现在病情稳定，可以报道了，我马上向部主任汇报。

部主任沈光众立即向王维同志汇报。王维同志党性非常强，他一听，说这么重大的事情应该先让市委知道，让我马上写一份内参，第二天发给市委领导。

当时解放日报和文汇报的内参是相通的。内参一发，结果第三天全市的新闻单位都知道了。六院的会议室挤得坐不下，连巴金都亲自出马，表示也要了解情况。

之后，全市召开大会，市委决定由新华社统一向全国通报，各家再写各家的特稿。

不过，因为是第一个接触这件事，还是有很多细节是别的媒体不知道的。比方在我那篇特稿里，详细报道了当时手术中病人手上的血管怎么一步步缝合，手术后为了消肿，怎么剖开做无菌处理等等，这些是我和医生、护士熟悉之后，采访得来的，别的媒体没顾上。

没有小鱼小虾，也钓不到大鱼大虾

1966 年到 1976 年"文化大革命"，我被下放到工厂。1977 年回到报社，那时候王维同志回来了，科教部主任沈光众也回来了，老班底都回来了。

那时报社已经搬到汉口路274号。卫生条线已经有人在跑。正好全国科技大会召开，科技被放到重要位置，报社还没有跑科技条线的记者，王维同志就让我去跑。

科技条线说来吃香，但要跑好，还是要下功夫打基础的。我的办法就是多访问。我那时具体跑科协条线，当时科技协会刚刚成立，下面有100多个协会，全是由著名科学家担任协会理事，最热闹的就是科学会堂，配备了专门的干部。我常常去，跟那些科协干部很熟了。一个个部门也就这样建立了联系。他们很欢迎记者，专职干部和我熟了后，有什么消息就会告诉我。

专访世界船王包玉刚的机会就是这样得来的。那时造船协会每两年在上海举行国际学术会议，我知道肯定会来一些专家，就问那些科协干部。他们告诉我，包玉刚会来。我觉得这是个很好的线索，就提前准备了包玉刚的资料，结果他真来了。

当天下午，科协请包玉刚吃汤团，把我一起叫过去，陪他吃汤团。采访就在吃汤团的过程中进行。边吃边谈，他很风趣。第二天文章见报，又是一篇独家专访。

贝聿铭的专访，也是靠积累下来的人脉。原本我在圣约翰大学念书，后来院系调整到复旦，那时就听过园林大师陈从周的课。后来做了记者，在一次会议中碰到陈老，我就主动上去跟他打招呼说："陈老师，我是你的学生。"就这样建立了联系。之后又有几次开会碰到他，有点熟了。

有一天早上七八点钟，他忽然给我打电话，说："贝聿铭你知道吧？"我说知道。他说："贝聿铭今天到上海来。有兴趣报道吗？"我说当然有兴趣，行程怎么安排。他说贝老上午到，下午还有安排，采访只有刚吃完午饭的一小段时间。我对贝聿铭不太了解，只知道他是建筑大师，那么急促的时间怎么办呢？陈老就介绍了一位同济大学建筑系的讲师，他说你可以向他请教。请教后，中午吃好饭我就开始采访贝老。那天采访时间果然很紧，只有半小时。

几十年工作下来，我觉得好记者一是跑得快、跑得勤，要多交朋友，少坐办公室。你一天到晚坐在办公室，谁都不认识，人家怎么会告诉你线索？

二是不要小看小角色，好像管的事情很少，说不定他会有什么大线索。没有小鱼小虾的积累，大鱼大虾也钓不到。这是我的亲身体会。

采 访 人：龚丹韵
采访时间：2018 年 5 月 22 日
采访地点：上海市新乐路曹玉和家中
摄影、摄像：海沙尔

我是解放日报在香港的"特派员"

梁廉桊（1931 年 8 月— ）

梁廉栾，籍贯浙江临海。

1955年复旦大学新闻系毕业，进新闻日报工作。

1962年调文汇报，先后任记者、编辑、《周末》专刊主编。1984年调任解放日报工交财贸部副主任。

1985年9月借调香港经济导报任编委、中国部主任，兼任解放日报驻港特派记者。在香港工作期间，主持香港经济导报中国经济报道的组稿和编审工作，撰写了300多篇中国经济述评和50多篇通讯、访问记。

1992年评定为高级记者。著有《胜似假洋鬼子——两栖记者实录与点评》等。

　　我一开始在新闻日报工作，最开始负责的报道就叫"对私改造"（注：新闻日报由解放前的新闻报改组而来，开始主要报道工商业新闻，后来慢慢侧重于宣传"对私改造"）。新闻日报和解放日报合并以后，我就到科教电影厂的一个新闻片组，在那里工作了两年，主要是去拍新闻纪录电影。后来因为进口胶片太贵，纪录片就不拍了，我就到文汇报去了。

　　那时候，文汇报的文艺部很缺党员，而我之前在新闻日报时就已经入党了。我在文汇报工作了22年，从1962年到1984年。因为工作时间比较长，所以换过好几个岗位。我在北京办事处工作了两三年，"文化大革命"开始之后才回上海。一开始我负责文化方面的报道，后来也跑过商业。"文化大革命"结束以后，报纸的报道宽松了不少。文汇报在全国报纸中最早推出周末版，每个礼拜一期，持续了两三年时间。我们还出了一本书叫《周末生活》。

还是习惯做记者

　　大概是1984年，解放日报总编辑陈念云同志打电话给我，问我愿不愿意到解放日报。当时工交财贸部（注：后来改名为经济部）一个老同志年纪大了，准备退休了，他希望我到工交部来工作。我记得，当时解放日报工交部人很多，差不多有二三十个人。

我到了工交部之后，主要负责审稿，每天都很忙，要看差不多二十几篇稿子，每天都要看到很晚，到晚上 10 点才能够回去。有次，上海市政府要和其他省市搞个通气会，派我到四川去了一个礼拜，报道也写了五六篇，这让我印象非常深刻，毕竟我还是习惯做记者。

那个时候解放日报也在改革，我是以总编辑任命的形式，聘用到解放日报的，聘期是 2 年。但我在解放日报待了不到 2 年。从 1986 年起，我就去了香港，一直到 1993 年我退休回到上海。在香港这 8 年，我既给香港《经济导报》写稿子，也为《解放日报》写稿子，在香港当地熟悉了之后，有时也给一些香港的中文媒体写稿子。这段时间，在我的新闻工作生涯中印象深刻。

我会被派去香港，这里面还有个故事。本来省报是不好派记者到香港去的，当时是新华社希望解放日报出个人给他们，委派到香港《经济导报》去，作为《经济导报》的人员。总编辑就找我谈话，让我考虑一下愿不愿意去。之所以想派我去，是因为我在国内做了很长时间的新闻工作，各个行业都跑过一点，比较熟悉情况。当时还有几个人选，我很快作了决定，表示愿意去香港工作。

到香港之后，我的职务是《经济导报》编委、中国部主任，同时挂着驻港记者的名义，也给《解放日报》写写香港新闻。当时的《经济导报》中国部连我共有 3 个人，一个礼拜出 4 个版面讲中国经济，其中有一个版面固定刊登关于中国经济的评论，我去了之后这个评论版面主要就由我来写，有时也做做其他采访。其他版面内容一般来说内地有通讯员供稿，香港也有其他记者可以写。

我正式出发是 1986 年 1 月 1 号，先到广州，然后乘短途车到香港。在车上我写了第一篇稿子，那是我在车上遇到的一位钟表商，是个香港人在广州做生意，普通话和粤语都能讲，我写的第一篇稿子里就提到了他的故事。

到香港之后，工资、住处什么的都是新华社安排。居住条件还可以，房子比较小，只有一个房间，大概 9 平方米左右，客厅和卫生间也很小，但是各种设备都有，很齐全。工资的话，和新华社一样发，那时候新华社驻当地负责人是每月港币 2700 元，我们大概是港币 2200 元，这个收入水平在香港来说是比较一般的。我去香港之前，在解放日报每个月的收入大概是人民币 500 元，这在上海算是一个还不错的收入。吃饭的话，我们的食堂和大公报在一起，吃起来还比较习惯。我很少到外面餐馆去吃饭，只有国内朋友经过香港时，会请他吃一顿西餐。还有一点，就是香港的同事之间一般不往别人家里跑，他们很少去别人家里做客的，这点和上海很不一样。

采访梁振英

我到香港之后，出去采访就会碰到语言不通的问题，所以要想办法。当时，上海市政府在香港有一个很大的相当于"代办处"的公司，叫作上海实业公司。上海同香港很多的来往信息、生意，都会通过那里。我去了以后，经常和这家公司打交道。熟悉之后，我想采访一些单位，就可以问他们要一点材料和线索。因为当时上海在香港办公司蛮多的，有几十家。这些公司的情况，上实都可以提供给我们。包括有时上海市领导到香港去，希望找香港企业家谈话，也会通过这家公司联系。

当时内地改革开放，上海想向香港学习一些东西，比如说怎么开发房地产市场。上海当时没有这方面的经验，土地开发、建设都不是很规范，所以要向香港学习，其中一个学习对象就是梁振英。他现在是全国政协副主席，也做过香港特首，当时是仲量行的一位负责人，仲量行是当时香港最大的房地产公司，他本人也被评为"香港十大杰出青年"。我当时对他做了一次采访，写了一篇稿子叫做《梁振英与上海房地产市场》。

为什么叫这个题目呢，因为梁振英之前来过上海几次，还帮助上海市政府做了一个调查。他在调查报告里认为上海要发展房地产市场，一些基础的东西得拿出来，要花大力气，要抽调很多干部。他把这个意见提了好几次以后，上海就抽调了一批干部，用了三个月到半年时间，专门进行调查研究，并形成了调查报告。报告出来以后，中英文对照，向全世界40个国家发行。因为当时国际上虽然比较看好中国的市场，但是对上海市场的情况不了解，所以这篇调查报告的影响很大。

解放日报的"特派员"

在香港期间，还有一篇稿子我印象深刻，那是当时对美国国际合作委员会经济贸易考察团副团长朱伯舜的一次采访。1989年和1990年，他和陈香梅两个人带了一批香港、台湾还有美国的企业家，到内地访问了两次，并且受到了国家领导人的接见。我对朱伯舜的采访在《解放日报》见报之后，第二天，江苏好几个市的台办都看到了，其中有7家就把当天的《解放日报》通过传真传给了朱伯舜，他收到之后就给了我两份。我记得当天是星期天，晚上朱伯舜请客，他也邀请了我。

到了那里，他拍拍我的肩膀，向大家介绍，说这位是解放日报的"特派员"，在台湾，类似我这样的角色都被叫做"特派员"。他说，解放日报的影响力不得了，我今天一天就收到了7份同样的稿子，就是这位记者写的。我觉得，他当时好像是有意在那些企业家面前替我做宣传，所以用了"特派员"这个称呼，这在台湾就算来头很大了。因为朱伯舜的宣传，让台湾一些企业家看到，原来解放日报的影响力这么大，就有几位台湾商人找上来，说希望在《解放日报》上登广告。

采 访 人：王闲乐　海沙尔
采访时间：2018 年 5 月 7 日
采访地点：上海市延安中路 816 解放日报社
摄影、摄像：海沙尔

守底线讲规矩是解放的传统

王日翔（1931 年 9 月—　）

　　王日翔，曾用名王以湘，籍贯山东潍坊。1946 年参加革命，曾在新华社山东西海支社担任记者。1951 年调解放日报，先后担任通联、记者、编辑及资料研究室主任。

　　1980 年 1 月参与创办《报刊文摘》，并担任编辑部主任。

　　1990 年 5 月起任文摘报研究会副会长。1992 年评定为高级编辑。

我从小是在山东老区长大的，14岁就参加工作，书读得不多。17岁进胶州日报工作时，也还只是个毛孩子。解放以后，山东的行政机关调整，撤销的撤销，合并的合并。当时的胶州地区一个区党委办一张报纸，我所在胶东地区，办的是胶东日报。后来这个区党委被撤销了，报纸也停办了，一大批新闻干部集中南下，到了苏州的华东人民革命大学培训。在革命大学期间，我又被分配到安徽参加了一年的土地改革运动。

来到解放日报

来上海是一件充满戏剧性的事。那时我们在安徽参加土改进入第二年，差不多要结束了，大家要重新分配工作。当时担任解放日报社长的恽逸群同志听说安徽有这么一批新闻干部，就跟华东局打了一个报告，要把这批新闻干部全部调到上海来。但是当时安徽也需要干部，不肯放人，最后决定一分为二，留下一批，送走一批，我就是送走那批当中的一个。其实当时我这个小毛孩是怎么被看中的，我也搞不懂，但我就是这样来到了上海，进了解放日报。那时已经是1951年，那一年我刚好20岁。

进解放日报以后，最早是在夜班编辑部做行政干事，后来各个部门都待过。夜班干了一年后，就到了读者来信组，处理读者来信。当时读者关心的问题很多：物价问题、流氓阿飞的问题……读者都希望报纸能帮助解决这些问题。每天的来信量很大，这也说明《解放日报》的影响力之大。

从创刊开始，解放日报就非常重视群众工作，每周都有人值班专门接待信访群众，报社的群众来信组和后来的群工部人员也很多。当时报社的总编辑王维都亲自去接待群众，不少头版头条就是他从读者来信中"拣"出来的。那时《解放日报》还专门设立了"新道德·新风尚"栏目，里面很多内容就是从读者来信中选编而成。

创办《报刊文摘》

我虽然是《报刊文摘》的第一任主编，但这份报纸的创办，和解放日报的创新分不开。当时解放日报的总编辑王维同志，相当长的一段时间一直在呼吁新闻改革。他认为当时的新闻报道空话套话太多，但因为《解放日报》是党报，要改革不是容易的事情。

正好在这段时间，当时的中央领导提出希望在全国办两张报纸：一张是国外参考，专门刊登外国通讯社的消息；另外一张就是国内综合性的文摘报，选登全国各级报纸上的好材料并加以评论，增加大家的信息量。这样，上下的改革意图就呼应上了。

接下来的问题是，这份国内文摘报谁来办？一开始说由人民日报来办，但人民日报地位更特殊，所以迟迟未动。于是王维同志就向上海市委主动请缨："人民日报不办，我们来办。"

他表示,要让《解放日报》成为试验田,尝试去做新一点、活一点、短一点的新闻报道,而不是像传统那样"板着面孔"的报纸。他提出,新闻不但要新,还要活。

听说,这个想法提出以后,上海市委讨论了很多次,甚至有人说办这样一张报纸是新闻工作的"穷途末路"。但王维同志坚持,"一定要办成,错了我来检讨"。1980年1月1日,《报刊文摘》正式创刊。刚开始是以"试刊"的性质:内部发行,限额5万份,先在部队、党政机关及科研机构的干部中自费订阅。

没想到,《报刊文摘》出来以后,"闸门"就关不住了。发行量像翻跟头一样发展,发行地区从上海扩大到江苏、浙江等跟上海交界的地区,邮局都纷纷增订。当时《报刊文摘》是一周一期,四个版面。

全国轰动的背后,更关键是要思考清楚这个"试验田"到底应该怎样种。王维同志经常和我们讨论,还跟我说,你大胆做,出了错误我来写检查。

创办《报刊文摘》确实是一件非常担风险的一件事。这些年经常有交流会让我谈谈有啥创办的经验。我说,没啥经验,第一个胆子大,第二个不怕批评。我记得当时解放日报总编室有个小姑娘问我:"你检讨写那么多,你烦吗?"我只是笑笑,批评就批评,不要戴帽子就行。

一张大家吃饭时也能看的报纸

从1980年1月1日创刊到退休,我这辈子有一半的时间都是在《报刊文摘》度过的。一份四个版的报纸，一共一万七千个字，一期浓缩了 40 多篇稿子，放在今天，两三篇就填满一个版面了。我们一直在想，新闻到底应该是什么样的？就是应该以事实和精短为特色，让大家吃饭的时候也能拿来看看。

我们当时定下来的办报思路是：第一，尽可能把全国的所有报刊都订齐全了。第二，就是要快一点拿到。有些报刊在出版之前会先出一个大样，而从大样到正式发行还有几天，为了快，我们就要抓住这段时间拿到大样。因为《报刊文摘》影响力大，不少报纸杂志还会主动把大样给我们送过来。第三，就是要在有关的重要部门广布通讯员。比如上海邮局的通讯员，他每天的任务就是在下班前浏览一遍所有的报刊杂志，发现有好的稿子就马上打电话过来。

报社每天的报刊送来了以后，都是先送到《报刊文摘》编辑部，我们看完以后再送到资料室的。我们编辑部内部一共 8 个人，每个人下班前都必须把邮局送来的报刊全部看一遍。为了这事儿，我们的编辑有不少加班的情况。对此我现在还感到抱歉，我本来答应好了要给每个人补加班费，但现在我都退休 20 年了，这个加班费还没有给他们补上。

守底线讲规矩是解放人的传统

在解放日报工作这么多年，有几件事情我记忆犹新，这些事也体现了解放人的传统。第一件事是关于"底线"的。在我刚进报社以后，在夜班编辑部值夜班，当时魏克明是副总编辑，经常值夜班。有一天，我拿了一笔稿费去给他，他不要，退回来。

我说，这是内部稿费，您最近写了一篇稿子，按照内部稿费制度，您应该领。我记得大概4元钱，可是他坚决不要。他说："第一个，内部稿费制度现在在试行，我作为解放日报的副总编辑，拿稿费的事情在我身上来首先试验不太好。第二，我不但是副总编辑，我还是党员，要守住底线。今天是稿费，明天就又会出来一个什么费。"最后他让我把稿费交到人事科，当做他的党费。

这是我进报社以后第一次认识到'底线'这个问题，就在那次后，我的一篇稿子也登出来，也得到了一份稿费，我也学习他上交。

我想说第二件事是关于"规矩"的。那时解放日报成立记者站，向华东六省派记者，我去的是安徽。出发前，我们开会明确了派出记者的规矩，其中有一条就是三个月回来汇报一次。结果我们第一次派出去，不到20天就是春节了。当时大家都在考虑，春节要不要回家呢？当时我已经结婚，孩子都有了。不过我当时想得很清楚，报社怎么规定我就怎么遵守，结果就没有回去。后来大家问起来，你们春节都怎么过的？发现原来大家都是在各地过的春节，都没回上海。这就是解放日报的记者，有规定就必定遵守。

采 访 人：缪毅容（解放日报社副总编辑）

谈燕　黄尖尖

采访时间：2017 年 10 月 12 日

采访地点：上海市利西路王日翔家中

摄影、摄像：黄尖尖　王清彬

我经历的报社人事薪资改革

楼耀宗（1932年1月— ）

楼耀宗,籍贯浙江宁波。中共党员,经济师。1954年11月进入解放日报社,先后在发行科、业务科、人事科、发行广告科、组织组、组织科等部门工作。"文革"中在报社"大班子",以及"五七"干校劳动。

　　1985年3月任解放日报劳动工资科副科长,1988年7月解放日报组织人事处负责劳动工资,1991年4月任解放日报组织人事处副处级调研员。

来到解放日报

我是 1954 年 11 月从上海文化新闻统一服务社组织调过来，进入解放日报工作的。那个时候解放日报要搞发行，我们几个人就被调到解放日报发行科。之前我做的主要是卖报、送报，也没有学过新闻相关的知识。

我在发行工作岗位上做了一两年后，1956 年肃反审干运动起来了，当时的要求是干部有疑点的就要审查。我就被借调到审干办公室，做干部审查工作，结束后，1957 年又回到发行科。

在发行科又干了 1 年多，到了 1960 年，我又被下放去奉贤劳动了半年多，之后再回到报社发行科。1961 年，我调到了人事科。

"文革"爆发之后，报社的工作陷入停顿。1967 年按照当时的安排，报社开始搞"大班子""小班子"。这对于现在的人来说已经很陌生了。什么叫"大班子"？其实"大班子"主要是被组织去农村学习劳动锻炼的。但是报纸业务也需要人做，"小班子"的任务就是办报搞业务。说起来，"小班子"精干一些，人少一些。

当时谁进哪个班子，主要是上面定的。而且那个时候报社里还有工人宣传队、军队宣传队，人员很复杂的。我就在"大班子"里。大家先是到淮海路教育学院学习，那是从1968年开始的。几百人像学生一样学习、回家、上班。去了没几个月大家就去乡下了，到奉贤的"五七干校"，劳动、种地、种菜，有的人还养猪。在干校大概待了三年多，当时有一批人先回来，有的人后回来，我一直待到1974年才回到人事科工作。1977年，我被调到了解放日报党委办公室组织组，上级是党委办公室。粉碎"四人帮"后，1978年，组织组改名成了组织科。

之后，我有一年多在解放日报经营管理部劳动工资科工作。解放日报那个时候有个经理部，下面设劳资科。那个时候因为工作需要，工人很多，成立劳资科，目的就是管所有人的劳动工资。但是工资调整改革启动之后，牵涉的面太广了，超出了经理部的管理范围，有好些事他们拍不了板，还需要向党委汇报，工作起来很不顺。后来劳资科就并入组织人事处。我就到了这个部门，也有机会经历了解放日报招聘工作上的变化。

很长一段时间，解放日报的编辑记者是从复旦大学这样的高校毕业就进报社的。后来人数不够，报社就开始招聘工农兵学员，到农村抽调一批好的干部。通常要抽调什么样的人，我们编辑部心中都有数，有的之前写稿子投稿到我们这里，觉得这个人蛮不错的，如果有机会招人了，各个部门会提出来。有一段时间，我们大学毕业生不够，就从上海二十多所重点高中的高二学生中抽调，看材料、面试，抽了一批语文基础比较好的学生。上世纪

80 年代的时候，还在山东路黄浦体育馆组织过公开招聘会。

因为当时报社是事业单位，正式编制不能超过一定人数，我记得有编制的有九百多人，包括车间。工作需要，我们就招了很多临时工。那个时候有很多下放农场的，要给他们找出路，就招来报社。他们当中大多数人不是编辑记者，很多搞的是校对、检查，还有很多是车间的工人，他们都不算编制。

当时我们很多年轻的职工没有大学学历，也不是新闻专科的，解放日报社就给他们创造条件，送他们到四川路上的黄浦区业余大学读书。这个学校蛮好的。那个时候编辑记者要申报考专业职称，中级职称、高级职称，好多人本来是没有学历的。我们当时是从实际出发，能写稿子就把他们招来了，没学历怎么考？就通过这个渠道让他们去念书、拿文凭，这样就可以参评中级、高级职称。

对于年轻干部的考察，注重的就是实际工作中发现人才，我们跟你接触一次，部门领导觉得这个人不错，时间久了就注意到了，有机会的话就可以考虑，可以培养，以后借机提上去。总的来说，我们报社人少，地位高，发现人才很方便，领导可以直接了解情况，考察工作也不繁琐。当然，现在报社发展得快了，人才选拔渠道就更多了。

我所在的劳资科主要是负责调整工资、奖金、关心职工。我的印象中，1960 年、1980 年报社分别进行过比较大的工资调整。

总的来说，单位总是力图在不影响国家财政经济的情况下，有条件就给职工、离退休人员增加福利。多关心职工，调动大家积极性，把报社搞好。

报社在上世纪70到80年代效益不太好，那时候工资就按照国家标准；在80到90年代，广告发行搞得好，效益好，所以有好多福利，高温奖、补贴、夜班津贴等等。对退休的一批人，报社也是很关心的，根据他们原来的职务、级别分别增加生活费和福利。

采访人：王潇　张凌云
采访时间：2018年5月10日
采访地点：上海市延安中路816号解放日报社
摄影、摄像：王清彬

党报理论版也可以让人觉得可亲

金维新（1932 年— ）

金维新，籍贯浙江兰溪。1956年复旦大学新闻系毕业，留校任教，1961年评为讲师。1965年调解放日报，历任评论员、采访部领导成员、理论宣传部副主任、主任兼"新论"主编。

　　1987年评定为高级编辑。上海市第八届政协委员、文史资料委员会副主任。撰写哲学、新闻学、经济学、历史学等论文二十多篇，其中《去年舆论界一场"争论"之我见》《两次解放思想历程的回顾》以鲜明的观点评判了20世纪90年代初关于"姓社姓资"一场争论。编发文章《邓小平的管理思想和领导艺术》（作者夏禹龙、李君如），获1992年度中宣部"五个一工程"奖。编著、合著有《反腐败论析》《历史悬案百题》《现代西方学术思潮通俗问答》《留美拓荒人——容闳的故事》等。

改革开放以来，直至上世纪 90 年代，我做的是报纸的理论版编辑工作。回顾近三十年来的实践，有两点可以说一说。

哲学也可以让读者"开心反馈"

报纸的理论文章刊出后，能收到读者反馈，是很高兴的。最开心的一次，是 1983 年下半年的一天，那时，《解放日报》的"新论"版专门开辟了一个"哲学漫笔"专栏，由当时在上海社科院哲学所的赵鑫珊执笔，每周一文，连续刊登。数周后，我收到近二十封来信，都说赵文好看、爱读。其中，中科院上海分院生化所一位青年科技工作者在信中说，对于"哲学漫笔"，"每个星期我都在等待，等待新的启迪，就像小时候不倦地等待心爱的糖果一样。"这样的反馈，哪个编辑会不心动？

我一遍又一遍看着这封信，并思索赵鑫珊的这些文章为什么如此让人"等待"？我想，首先是文章所论触及时弊，适应读者渴求知识、更新观念的要求。文革浩劫刚过，理论园地荒芜，研究方法老化，现实生活中诸多问题得不到理论阐释。比如哲学这一传统学科，本应对现实的自然、社会和人类思维的现象作出规律性概括，事实却不是这样。它远离"尘世"，从理论推导原理，论证、解释的都是现成的结论，成了让人望而生畏的神圣殿堂。"哲学漫笔"则针砭时弊，从哲学本质、创作、功效、哲学与科学、与文学等多侧面作了叙述，提出哲学应该"给人以智慧的美感"，"今天我的哲学思想源泉是新的技术革命和经济改革为中心的变革"。不少青年读者也来信说，读了"漫笔"，改变了"哲学之于我，可敬不可亲、不可近的错觉"。哲学的天地，就像一个丰富多彩的世界，掌握好这门学科是必须的。一些哲学工作者也认为，"哲学应有时代感和它的丰富性、启发性"，应该创造一门崭新的现实哲学，使哲学活起来。其次，赵鑫珊这些文章有它特有的清新文风。一位哲学同行说，赵的文章，古今中外，旁征博引，语言隽永，文笔优美。

赵鑫珊的"哲学漫笔"为报纸理论编辑工作打开一扇窗。让我们看到，理论文章也可以写得轻松、清新、吸引人读。首先篇幅要短，一两千字左右。其次文字要活，虚实并重，有杂文味。第三，观点要新，能给人以启发。最后，文章要与读者交流思想，不生硬灌输。

根据这些想法，1983年5月到1986年10月，解放日报"新论"连续开辟"生活中的时间学""家庭学断想""领导科学初探""哲学漫笔""生活方式散记""文化与创造漫笔""新科学观随笔""阅读的战略随笔"等近十个连载系列。

撰文的有邓伟志、沈铭贤、赵鑫珊、陈燮君、王健刚等。这些连载，多数反应不错，由出版社采用、扩充成书出版的就有六本。社会学家邓伟志就是从写"家庭学断想"开始，使他的社会学研究步步深入、扩展开来的。这些新学科在我国社会主义建设中发挥了有益的效用。

传播新理论党报大有可为

经过我编辑的理论文章还得过两次"五个一工程"入选作品奖。1991年6月5日刊出的李君如的《邓小平的"中国特色社会主义论"》，获首届"五个一工程"入选作品奖；1992年10月7日刊出夏禹龙、李君如的《邓小平的管理思想和领导艺术》获第二届"五个一工程"入选作品奖。

两度获奖的李君如，当时是个三十多岁的青年人，上海社科院哲学所所长周抗的助手，专门研究毛泽东思想。1991年春，他拿了一篇文稿找我，说最近向市宣传系统干部作了一次邓小平理论的宣讲，时任市委宣传部副部长刘吉要他把宣讲稿压缩成文章，交报社看看。我一看题目《邓小平的"中国特色社会主义论"》，就感到好。细看后，商量了修改意见，由我对文章作了一些修改。6月5日，这篇文章就在解放日报"新论"专刊发表了。

李君如这篇文章分"历史源头"、"萌芽与内涵"、"理论价值"三大部分，约七千字。细看有这样几点可以说：一、李君如从1991年春着手对邓小平理论作整体研究，发表时间早（从北京、上海看）。邓小平理论形成于1978年党的十一届三中全会以后，1992年春邓小平的"南方谈话"则是它走向成熟的集大成之作。二、李君如在文章中提出"中国特色社会主义论"的"历史源头"是上世纪50年代中期毛泽东和邓小平等从探索实践中提出的重要思想。它详细分析了上世纪 50 至 70 年代这一理论的萌芽发展状况，把毛泽东思想与邓小平理论的关系讲清楚了。三、概括论述论断准确，比如说，把它概括为"中国特色社会主义论"，指出这一理论的内涵既是一种科学观念，又是一种革新制度，一种创新的发展道路，等等。这些论断，现在看来都是站得住脚的。

对李君如来说，两次获奖，更是"终生难忘"。2009 年 5 月 18 日，他在《解放日报》发表的一篇文章中说，获"五个一工程奖"，"促使我走到研究邓小平理论的前沿"，"使我的理论工作舞台由上海转到北京"。1992 年由于获奖崭露头角，他离开上海社科院科研处长岗位，去中宣部任理论局局长；之后，又去中央党校任副校长、教授。现在，他退休了，仍旧耕耘在马克思主义中国化和时代化的园地上。

当前中国特色社会主义进入了新时代，希望能够看到更多更好的宣传马克思主义中国化的文章，包括对习近平新时代中国特色社会主义思想内涵的阐释、解读，以及如何用于指导社会实践的文章。这些文章不一定很长，但可以活泼一点，能够吸引读者。《解放日报》作为党报，应该在这些方面作出更大的成绩。

采 访 人：刘锟 范佳来
采访时间：2018 年 5 月 18 日
采访地点：上海市延安中路 816 号解放日报社
摄 像：黄晓洲

改革开放初期
《解放日报》经济报道

樊天益(1932 年 10 月—)

樊天益，籍贯上海。1954年复旦大学新闻系毕业后，进解放日报。长期从事经济报道，历任记者、工交财贸部副主任（后主持工作），参与创办《解放日报》（中国经济版），任常务副主编。1983年采写的《安徽可建成"华东鲁尔"》获第五届全国好新闻奖。

1987年9月采访江泽民，发表江泽民畅谈《上海要向外向型经济和国际性城市迈进》的长篇通讯。1989年3月采访朱镕基，发表《为上海轿车工业的发展而奋斗——朱镕基对记者一席谈》。曾任上海市第七届政协委员、第八届政协常委。1992年评定为高级记者。

1954 年 3 月 15 日，我从复旦大学新闻系毕业，分配到解放日报工作。到 1999 年 68 岁退休，总共工作了 45 年。

我一直在解放日报从事经济报道。1987 年底起，主持工业、交通、财经、基本建设新闻业务，还担任过工交部的副主任，主抓业务。

十一届三中全会后，要破除计划经济体制的影响，我们在经济报道上做了不少突破，也遇到不少阻力。但是后来的实践证明，我们的这些报道方向是正确的。

我始终认为，记者好不好，不是看他的报道多不多，而看他报道影响深不深，对推动国民经济发展的力度大不大。

"十个第一与五个倒数第一"

1980 年 10 月 3 日，《解放日报》在头版发表文章《十个第一和五个倒数第一说明了什么？——关于上海发展方向的探讨》，引起了全市极大的轰动。

这篇由上海社科院部门经济研究所研究员沈峻坡写的文章，列举了当时上海在工业总产值、出口总值、财政收入上缴比例等方面的"全国第一"，也列举了与之相对的全国五个"倒数第一"，比如人口密度、建筑密度、绿化面积、人均居住面积等，揭示了改革开放之初，上海举步维艰的真实情况。

这篇文章引起上海市领导和各方面关注，也引起了党中央和国务院的重视，然而也有意见认为，我们在"将"中央的"军"。据说这篇报道和后续的讨论，也因为种种原因，受到了市里有关部门的批评，当时的报社领导还做了检讨。

"蔡爱仁的改革好不好？

1984年市人代会期间，《解放日报》2版刊文《普陀旅游用品厂厂长蔡爱仁的改革好不好？》当时，知识青年回城后的就业问题比较严峻。当时的有关文件规定，知青返城后只能到原来的区工作，不能流动到别的区去。普陀区有个返城青年叫蔡爱仁，他回上海后在普陀区家附近开了一家制袜厂，由于普陀区工厂多，知识青年不够，就吸收了黄浦区的几个同学来工作。然而，有关部门认为这是"违反劳动纪律"。市知青办主任、原上海市总工会副主席周炳坤认为这样做是不对的，便向我反映，并要求登报。我把蔡爱仁的故事写成了报道后，据说当时在上海人代会上，人大代表也都讨论知识青年回城工作的问题。

这篇报道对当时解决知识青年回城工作问题创造了有利条件，不久市里就允许跨区招知识青年。

"利国利民的事好不好？"

1979年8月16日，我们工交部跑轻工业的记者胡茂樑写了一篇报道:《利国利民的好事为啥行不通?——利用碎料增产女式风凉皮鞋引起的一场波折》。当年上海延安东路有一家皮鞋厂叫"北京皮鞋厂",他们做皮鞋剩下的边角料,一向是当作废品卖给手表带厂做手表带。当时这家厂的厂长,看到上海市场上缺少女式风凉鞋,便把边角料留下来做女式风凉鞋,大受市场欢迎,也丰富了市场的夏令商品。

然而这家厂的上级单位——第二轻工业局劳动工资处发文批评北京皮鞋厂,认为他们破坏计划经济,扰乱市场,违反劳动纪律。第二轻工业局还召开新闻发布会,在会上批评北京皮鞋厂厂长破坏计划经济,破坏劳动工资制度。因为这个厂的领导还为每多做一双凉鞋多发了8角钱。

在发布会上,我们没有发言批驳。我们想,当时市场上商品短缺,连汽水、套鞋都稀少,我们抓住这件事发表报道与评论不会错,回报社后,第二天我们发表评论《利国利民的事好不好?》。

第二轻工业局非常不高兴,状一直告到了市委办公厅。这样一来,我们当时也有点害怕,怕报社领导要吃批评,整天提心吊胆。但三天之后,《人民日报》全文转载了我们的文章。这时我们的心才放下,第二轻工业局也不再说我们了。

"101厂厂长的辞职报告"

1988年,我发现记者江济申的桌面上,放了一份"上海101厂厂长辞职报告"。当时从中央到市里都提出引进竞争机制。我看到这份报告后,立即觉得这是一个很好的头条新闻:厂长要辞职，不正是人才上岗竞争的好机会？我立即向编委会打了一份报告：要求报道分三步走，讨论101厂厂长辞职报告，最后报道全厂选举好厂长，领导工厂继续前进。编委会当天就批准了我的报告。谁知道第二天发表第一篇报道之后，当天下午《新民晚报》就跟在我们后面，把我们打算第三天才刊出的"引进竞争机制选举厂长"的选题内容，一次性全都报道了。

我当时大为恼火，第二天就调了8位记者到101厂作深入报道。这时101厂的报道轰动了上海，全国在上海的26家媒体单位都到101厂采访。我们也因为抓住这条"大黄鱼"而高兴，而且我心里有底，市里对101厂的报道是支持的。

正当我们准备第三篇报道时，时任总编辑的陈念云同志夜里打电话给我，要我第二天一早到会议室开会。果然，第二天，市里就要求立即停止关于101厂的报道。

这时我才知道，101厂报道之所以要停，一是"文革"中101厂被称为"桥头堡"，市里担心会再生波澜。二是101厂当时生产的半导体收音机，销路虽好，却面临着是与苏北一家乡村企业合并，还是与法国企业合作的问题。不过，市里面不久后明确表态：厂长另派人，技术再考虑。101厂热闹了一星期，引进竞争机制总算有下落。

采访江泽民与朱镕基

在工交部期间，我还采访过市领导江泽民同志和朱镕基同志。

　　1987年9月，领导叫我去采访当时任上海市长的江泽民同志，他到上海后的第一次露面就是我去采访的，所以对我挺熟悉。当天在外滩市政府办公厅采访，我们谈了一下午。江泽民同志从上海的历史沿革和国际地位，一直谈到上海作为新中国第一大都市的责任。

　　当天晚上我写好稿件，第二天就拿给江泽民审稿，他改得不多。我有一个问题没问，就按照他的意思补充写了一段，他也没有改动。1987年9月15日江泽民谈《上海要向外向型经济、国际性城市迈进》在《解放日报》一版刊发。

　　1989年春，有一天接到上海市政府副秘书长施惠群来电，说朱镕基同志要见《解放日报》记者，关于上海轿车工业的发展方向问题发表谈话。

　　根据约定，两天后我准时来到外滩的市政府办公厅。不过那天朱镕基同志突然要会见一位重要外宾，施惠群受朱镕基同志的委托，接受了我的采访。

　　我和施惠群本来很熟。他从上海轿车生产的历史沿革，谈到"上海"牌目前的技术水平；从当今世界的轿车生产趋势，谈到"桑塔纳"的国际排位。最后他说，朱市长要我告诉你这次谈话的一个背景：市政府决定关闭技术落后、油耗较高的"上海"牌轿车生产线，一心一意抓好"桑塔纳"的生产，但当时碰上的阻力不小。

　　采访进行了两个小时。长时期来，报社领导和同事都以为我与朱镕基长谈了一次。

当天晚上，我就把访谈整理成一篇近五千字的专访。第二天一早，就把小样稿送到市政府办公厅；傍晚，由朱镕基亲自审定并签名的改样稿，就到了解放日报编辑部。1989年3月7日，《解放日报》在头版头条发表了这篇独家专访，题目是《为上海轿车工业的发展而奋斗——朱镕基市长日前对本报记者一席谈》。

采 访 人：洪俊杰　吴頔
采访时间：2018 年 5 月 10 日
采访地点：上海市延安中路 816 号解放日报社
摄影、摄像：王清彬

"姚体"是这样诞生的

姚志良（1932 年 11 月— 2018 年 12 月）

姚志良，籍贯上海。1946年8月进入申报，在工厂部排字车间工作。

1949年5月进入解放日报排字车间工作，1958年10月发明"姚体"。

1979年11月调解放日报总务科，1992年11月退休后至1999年，返聘在解放日报北京办事处担任后勤管理工作。

我 15 岁就进了申报。那时候是年龄最小的刻字工。

说起刻字工，现在的人可能已经不了解了。当时报纸是铅印的，印刷缺字的时候，刻字工就要用刀刻一个铅字填补进去。上世纪 30 年代时，我爸爸就是申报的刻字工。当时望平街（今山东中路）这边有很多报社，《时事新报》啊，《立报》啊，哪家报纸缺字了，就叫他去刻，他要跑几个报社。

1944 年，我爸爸因病去世。那时我才 13 岁。母亲就带着我到报馆，希望我能顶替父亲进报馆。当时报社管人事的一个科长对我说，"13 岁，年纪还太小，等到满 15 岁再来。"

过了两年，我 15 岁了，按照之前讲好的，进了申报。我还记得报到那天是 1946 年 8 月 8 日。后来，我就被分配在排字车间跟我爸爸的徒弟学刻字。不过那时我们不叫徒弟，而是称为练习生。我是最后一个进去的。当时我小学也没毕业，文化水平低，就和几个学排字的练习生一起参加了报馆召集的文化课程学习。

那时的管理制度还蛮严的，规定练习生三年不准回家，有专人教我们学语文、英语、算术，教我们写大小楷。我很珍惜这样的学习机会，学得很认真，一节课都不会落。白天，我们这些练习生在车间玩，有时去编辑部看看。我记得当时还碰上过一位地下工作者，教我们唱《义勇军进行曲》。他的名字我已经不记得了，只记得跟他相处了几个月，之后他就突然失踪了。

在申报时，我们晚上8点左右上班，一直到第二天3点。要保证早上报纸出版，6点市民就能在家里看到《申报》，所以晚上我们是分秒必争。那时报纸上主要用的是宋体、黑体、仿宋体，这三种字体，我们都要能熟练地刻出来。

1949年5月上海解放，解放军进驻申报馆，我就成了解放日报的刻字工。

那时我一直有种想法，想做点事情，每天都冥思苦想，怎么把字能刻得有创意。我就一面想，一面练。

1958年，报社领导到全国各地报社参观访问，看到一个报社创造了新的字体，回来后，胡子衡厂长拿了这张报纸给我看。他说，"小姚，兄弟省市报刊印刷厂都在搞字体革新，我们能不能也搞一些新的字体？"

实际上，1957年，我就已经在悄悄地研刻新的字体了。一直没有拿出来。因为我自己也不知道好不好，拿出来会不会被人笑，既然胡厂长谈起这件事，我也坦率说我已经刻了几个字了。他说你去拿来看看，我将自己刻的几个铅字拿去给厂长看。这一看，厂长办公室炸开了锅，大家一致叫好。胡厂长说，刻得好，我支持你。

这样一来，我情绪也高起来了，就从简单的字开始一点点刻，刻好了再打打样，看看是不是整齐，当时厂领导还把这些字贴到报社的布告栏里征求意见，我当时刻的是一幅标题字，和另一位老师傅的刻字贴在一起。我的那幅标题字获得了好评，他们称赞说，秀气、新颖，既有创新，也有继承！这样一来，厂部就决定，这个字体要弄下去。而且在职工大会上，胡厂长讲，柳公权有"柳体"，颜真卿有"颜体"，如今我们的青年职工姚志良发明创造了新的字体，为什么不能称它做"姚体"？经过大家的一致认可，"姚体"就这样诞生了。

1958 年 10 月 1 日，《解放日报》第六、第七、第十、第十一版等好几个版面上，姚体字以鲜艳的套红呈现，向国庆献礼。事实上，在国庆之前的副刊上，"姚体"已经开始使用了。

当时刻字工有六个人，我们分日班、夜班，一直保持有人在。我一般是下午拿到报纸上的标题，然后开始刻，一般要刻到半夜里。第二天报纸印出来后呢，我也可以看到了，看看有什么问题，报纸印好之后，我就把这些铅字都收集在一起，拿点汽油来把油墨洗掉，再重新磨一磨光，修正一下，这样每天积累，集多了，就交给下一道工序，做字（铜）模。

"姚体"在《解放日报》亮相后，不少读者惊呼为"奇迹"。这个字体在报刊印刷界也引起轰动，各地报社同行纷纷来电来函要求采购、学习。《人民日报海外版》、《新民晚报》都用过姚体。为满足生产要求，后来转给上海字模一厂专门生产。

当时"姚体"我刻了 1300 多个字，上海字模一厂根据我的笔画风格，作了一些变动和设计，称为"小姚体"，扩展到了6800 字。

在"姚体"字的启迪下，印刷字体先后又出现了长黑体、长宋体、扁黑体、扁宋体和隶体等许多新颖的变形字体。

创造出"姚体"后，我拿到了 50 元的奖励，但没有加工资，也没有评到劳动模范，加工资是 20 年以后的事了。

1980 年我还创制成功了另一套粗黑宋风格的"新颖字体"及多种新宋体，不过因种种原因没有得以应用。1992 年我调去北京办事处，又做了几年后勤管理，到了 1999 年才正式退休。

采 访 人：王海燕

采访时间：2018 年 7 月 6 日上午

采访地点：上海市武夷路姚志良家中

摄　　像：黄晓洲

张也平

"温州模式"这样走上《解放日报》头版

张也平（1933 年 1 月—　）

张也平，籍贯浙江宁波。中共党员，主任编辑。1949年7月参加革命工作。1957年7月起从事新闻工作，在浙江日报任记者。

1965年10月调入解放日报浙江记者站。1978年9月任解放日报党政部副主任。

1979年6月至1982年12月援藏，任西藏日报汉文编辑部副主任。

1983年2月至1984年12月任解放日报总编办公室副主任、《支部生活》编辑部副主任。

1984年12月任解放日报上海经济部主任、国内新闻部主任。上个世纪80年代首位报道"温州模式"，撰写过《温州的启示》、《温州的探索》等报道。1993年2月离休。

　　我是 1965 年 10 月从浙江日报调往解放日报浙江记者站的。到 1966 年 5 月，"文革"开始，《解放日报》就让各省记者站同志都回到上海来，随后也都留在上海了。

　　在这之前，解放日报从创刊之后就设立了华东新闻部。同时，在华东六省都建立了记者站。

　　"文革"之后，华东局撤销，《解放日报》也成为纯粹的上海市委机关报。华东的报道就和国内其他报道一样，采用新华社统稿。当时《解放日报》只有 4 个版，第一版要闻，第二版上海新闻，第三版副刊，第四版国内国际新闻。这个情况一直延续到上世纪 80 年代初。

　　到 1983 年，随着改革开放的兴起，国务院决定成立上海经济区。上海经济区最开始包括以上海为中心的长江三角洲 10 个城市。解放日报当时设立了长江三角洲报道组，后来随着上海经济区范围的扩大，上海经济区报道组也变为上海经济区报道部，再后来国家又提出发展以上海为龙头的长江流域经济带，报社就恢复了原来的华东新闻部，到上世纪 90 年代初设立了国内新闻部。我当时负责的就是这个部门，前后十多年时间。

这当中对于"温州模式"的报道，我记忆犹新。

1984 年国务院决定对外开放全国 14 个沿海城市，温州是其中一个。我们当时对这些沿海开放城市是一个个采访过来的。到我和记者桑晋泉采访温州的时候，已经是 1985 年 4 月中旬了。

我们俩出发时是想采访当地对外开放的情况，到了那里，温州市的领导介绍怎样抓港口、铁路、机场等基础设施建设和吸引外资的政策措施，我们感觉与其他开放城市都差不多。给我们留下特殊印象的倒是温州农村发展起来的家庭工业和专业市场，搞得很有生气。我们就提出要看看这方面的情况，就到发展得较好的几个乡镇去实地采访。

温州这个地方原先是比较闭塞落后的，家庭工业的发展使农村经济出现一片生机，遍地开花。但在当时，无论从政策层面还是从社会上的思想观念来看，这件事是有争议的。

当时，全国还处于改革开放初期，在沿海地区有 3 种不同的发展经济路子。第一种，以珠江三角洲为代表，大力发展外来加工工业，利用港台等海外的资金、原料、销售渠道。第二种，以苏南为代表的长三角地区，大力兴办乡镇工业，这些地方都是工业比较发达的地方，有的毗邻上海，比如苏锡常。乡镇政府借助国有企业的技术力量和资金，自己办厂发展经济。这两种发展经济的路子，前者有国家的经济特区政策的庇护，后者有"集体经济"的牌子，所以没有招来非议，一片肯定和赞扬。但第三种温州的发展路子，当时属于"另类"，它是家庭个体经济，关于它到底姓"社"还是姓"资"，那时是有争论的。我们去采访前，从中央到地方已有好些干部和学者专家到过温州，对温州这种发展经济的方式和路子，有的经济学家称为"温州模式"，大多数干部和专家则对"模式"一词持保留态度。总之，对温州的经济发展方式，真正认可的很少。

我原先是在浙江日报工作，后来无论是在解放日报浙江记者站，还是在华东新闻部，曾去温州采访多次，也比较熟悉那里的情况。温州靠近东南沿海，当时是国防前沿，所以国家对那里没什么投资。温州农村土地很少，平均每人只有几分耕地。

但那里一直有个传统，就是农民除了种地外，还会做点手工业，或是外出做点小生意。他们提倡"闯"。在温州，村里的年轻人只在家里种地，不出去走南闯北，那就找不到媳妇。

这种经济在解放后一直受到批判，不断地被当作"割资本主义的尾巴"。这样农民被圈在土地上，生活很贫困。特别在三年困难时期，那里出现一批农民"饿、病、逃、荒"的悲惨景象。这些我在浙江时都亲眼见过。

1985年，我再到温州，看到的是以往不同的蓬勃景象。当时已经不再那么艰苦。农户全家人几乎都在工作，没有闲人。当时农村里摩托车、自行车川流不息，人人都很繁忙，大家努力向上，一派欣欣向荣的气象。我记得在苍南宜山镇的一个月夜，我们到街头和村边转了一圈，看到家家户户灯火通明，听到一片"唧唧喳喳"的织布声。我说，这个景象，真可谓"宜山一片月，万户织机声"啊！

再有就是，我们在温州采访的时候，碰到过费孝通先生。他当时把"温州模式"概括为"小商品、大市场"。温州当时还有一大批供销员，发扬"千山万水、千辛万苦、千方百计、千言万语"的"四千精神"，到全国各地采购原料，推销产品；全国各地的穷人也纷纷到温州采购廉价的商品。这对于我们后来写报道的立意构思，也有很大的推动。

这一幕幕景象，让我们很感动，就想把这个报道出来。我和桑晋泉就决定，报道温州的这个方面，当时他写新闻，我写评论。

但是怎样报道，也确实让我们费了一番心思。毕竟对于温州的发展路子，当时没有定论。如果我们在报纸上过于醒目地提出"温州模式"这一概念，很可能会引爆一场争论，所以还是决定绕开这颗"地雷"。在定稿的时候，只在新闻导语和评论的第一段里，用客观的语言加了一句"……被一些经济学家称为'温州模式'"，而在标题中则回避了"温州模式"这一名词。当时我们称之谓"闯禁区、绕地雷"。当时我们的总编辑是陈念云同志，他思想比较开放，我向他汇报采访情况后，他支持报道，并且同意不把"温州模式"四个字做在标题上，而是写在文章里。当时分管夜班的副总编辑是周瑞金同志，稿子发到他手里，由他决定上一版头条。

1985年5月12日，《解放日报》在一版头条刊出了《温州三十三万人从事家庭工业》的新闻和本报评论员文章《温州的启示》。报道一经推出，就引起了轰动。报道出来后不久，温州市委政策研究室邀请我到温州去，编了一本书《温州农村商品经济新格局》。这本书里主要介绍了温州10个典型的商品市场。当时温州除了家庭工业，每个乡镇里还有一个为家庭工业产供销服务的商品市场。温州日报前两年还来采访过我。海南的改革发展研究院，前年也来采访过我。

采写完温州的报道之后，我们还做了不少事情，比方在上海经济区各个主要城市聘请了一批特约记者，给我们提供各个城市的新闻消息。还有在报纸开辟了专页，每个礼拜一个版，后来这个专页变成华东新闻，报纸扩版后再变成国内新闻。再有就是开展了"长江万里行"这样的几次有影响的采访活动。

1993 年，我从部主任的岗位退下来，然后返聘，一直到 1997 年正式退休。在国内新闻记者岗位上的这几年，在全国各地跑得最多，也写得最多。2006 年出了一本集子《走马看神州》，书中汇集了我从 1983 年到 1997 年期间所写的刊登在《解放日报》上的新闻通讯和新闻评论。

采 访 人：沈轶伦 吴越
采访时间：2018 年 5 月 25 日
采访地点：上海市延安中路 816 号解放日报社
摄影、摄像：王清彬

一首歌撞开了一扇门

——和李谷一的一段悠悠往事

张曙（1933年2月— ）

张曙

张曙，祖籍无锡。抗日战争胜利后，1946年从重庆回到上海定居，中学就读教会女中。

1955年毕业于上海复旦大学新闻系。毕业后分配至北京新华社总社，后因当时党政机关整风，这期间不接受大学毕业生，被重新分配至上海新闻日报工作。

1960年上海报纸调整合并，又被分配至解放日报工作，到1988年5月退休。其间较长时期从事文艺领域记者工作，曾任文艺部副主任。

改革开放40周年，在中央表彰改革取得斐然成绩的名单中，见到李谷一的名字。悠悠往事又上心头，挥之不去！

　　那是改革开放初期，人们长期生活在"红歌红舞"单一的文化桎梏里，渴望能打开艺术大门，多接触点不一样的文化艺术。这时在大街小巷最时髦的是穿着喇叭裤的年轻人提着一台录音机，放着邓丽君的歌，招摇过市以显自己很酷。

　　当时，一般人对港台音乐接受还是有顾虑的。特别是一些基层单位的广播喇叭，红歌不放或少放，港台歌曲却是不能播放的，于是就得另觅途径，在内地歌手中找歌曲来播放。这时电影纪录片《三峡传奇》中李谷一唱的一首插曲《乡恋》十分走红，成了基层单位大喇叭播放频率较高的曲目。这首歌，不仅仅是伴奏用了流行音乐爵士鼓，更主要是李谷一演唱，用了"嗲嗲的"气声。

　　于是争论陡起，一边大声叫好，一边猛烈批评为靡靡之音，这事苦了在基层搞宣传的。报社也经常接到基层的求助电话，询问党报态度。当时我们只能回答，我们没有接到上级有关部门对这首歌的任何意见，能不能播放，能不能在基层晚会上演唱，请你们自己决定。当然这样答复，询问方不满意，我们也徒唤奈何。

张曙

可是，以后打来的询问电话越来越多，真有点应接不暇。

正当我们无所适从时，突然知道东方歌舞团南下演出，两天后到上海，第一场在万体馆演出。来得正是时候，在满怀期待中，首场演出我只身前往，心中有那么说不出的几分紧张。到剧场，我首先忙着看节目单，李谷一最后出场压轴，而节目单上没有《乡恋》！

万体馆人声鼎沸，座无虚席，节目很精彩，喝彩热烈，显然在喝彩声中含着几分期待。李谷一终于出场了，在她唱完节目单上的歌，演出应该结束了，观众几乎没有起身离场的，欢呼声依旧热烈。李谷一返场了，报幕员报出曲目《乡恋》时，一瞬间万体馆真是地动山摇，欢呼声、掌声、口哨声震耳欲聋。李谷一走下舞台，拿着话筒，绕着场地跑道，一边唱《乡恋》，一边向疯狂的观众挥手致意。说实在的，做了几十年的记者，我第一次被这样的演出场面所震撼。

演出一结束，我匆忙从万体馆赶回报社。那天版面很挤，报社大样已经划好，夜班编辑还是很帮忙，几经努力，告诉我，只能留出"豆腐干"地位。我说"行"。记得导语就三行字：东方歌舞团昨晚在上海万体馆首场演出，著名歌唱家李谷一最后出场，返场时演唱了《乡恋》。

第二段开头接着介绍李谷一绕场一周的演出盛况；接下来报道了东方歌舞团昨晚整体精彩演出，朱明瑛载歌载舞的《回娘家》还是要提及的。总之这篇稿子就豆腐干那么大。

第二天早上，上班踏上公交车，就听有人议论：李谷一昨天

265

在上海演出唱了《乡恋》，在车上还看到两个人挤在一起看解放日报有关李谷一的报道。当我走进汉口路报社大门，迎面碰到科教部主任沈光众。文革后，文艺新闻采访曾挂靠在沈光众麾下，时间很短，但这位博学大度言语不多的领导给我留下很深印象。改革开放初期的我，对某些报道尚心有余悸，拿不定主意，老沈知道了对我说了一句话，想怎么写就怎么写，我签发就是我负责。那天在门口遇见，他翘起大拇指，轻轻一笑，一句没说，擦身而过，而我却一瞬间全身感到一股暖流。晚上在食堂碰到副总编辑陈迟，他端饭坐我对面说，今天上海的头条新闻就是你那块"豆腐干"，接着又说，做记者处处用心，黄土也能变成金，一则演出新闻简讯也许就能平息一场风暴，这可是一两拨千金啊！这些至理名言伴随我一生记者生涯。

那次演唱会后，不仅询问有关《乡恋》的电话没有了，还能感受到一首歌把音乐天地改革开放的大门撞得更开了，内地流行歌曲，像雨后春笋般成长，称得上万紫千红。这都是后话了。

还想说的是那次《乡恋》演出报道后，和李谷一情未了，又添一段佳话。

东方歌舞团结束上海演出回北京，在车站送别时，偶然听说李谷一是东方歌舞团的党委书记，不是挂名，而是实打实干活的党委书记！听到后我心里一动，这可是国家级歌舞团，直觉感到，这有新闻价值，于是我回报社请战去北京。我说采访李谷一我没有胜算把握，但请给我一次机会，我努力去挖掘。我去了北京，见到李谷一。她见我紧随而来采访，有点吃惊，也有几许感动。

这次谈得较畅，李谷一谈了她做党委书记前后的心路历程，谈了在党委书记的位置上，迎着改革开放潮头，踏浪前进。谈得较真实，我连夜赶稿完备北京的审稿手续后，赶忙发回报社。第二天稿件见报了，二版整整一大块，题目就是"访党委书记李谷一"。报社晚上给我电话，告诉我，文章阅读量很高，阅报栏这篇文章前挤满人头。同时还介绍编前会上的情况：议论很热烈，很肯定，有领导提出，这篇稿件可上一版。

近 40 年往事悠悠，挥之不去。记录这段往事，是为了向这条战线的前辈致意，他们当年对我的言传身教悠悠情不敢言谢，却铭记在心。

（张曙远在海外儿孙处生活。此稿系她为《初心》亲撰。）

从教新闻到做新闻

居欣如（1933 年 6 月—　）

居欣如,笔名沈诚、子梅,籍贯浙江海宁。中共党员。1953年复旦大学新闻系毕业,留校任教。1959年评定为讲师,任复旦大学新闻系新闻理论教研室副主任。1974年至1976年参加上海市知识青年上山下乡慰问团赴江西。1977年调中共上海市委宣传部新闻出版处工作。1983年任解放日报副总编辑。1992年评定为高级编辑。1993年获国务院特殊津贴。曾任全国报纸理论宣传研究会副会长、上海老新闻工作者协会副会长。撰写散文杂文,著有《一得集》《晚霞集》《心语》等。

我的工作生涯，除了二十多年在复旦大学新闻系教书外，大部分时间都在解放日报度过。1958 年，我第一次进入解放日报工作，担任总编辑杨西光的秘书；1983 年，我第二次进入解放日报，担任副总编辑，直到 1999 年退休。

向老记者老编辑学办报

　　我 1950 年考入复旦大学新闻系，当时新闻系招生，我在考生中的成绩是第三名，因为前两名都没来，所以实际上是第一名。开始，陈望道是我们的系主任，后来是王中，他们都对我很好。毕业后我就留校了，开始做助教兼政治指导员，晚上到学生宿舍带领大家读报评报。那时，我也会带领同学们到解放日报实习。后来，我评为讲师开始开课，教的是《新闻理论与实践》。

　　1958 年夏天，复旦大学党委书记兼校长杨西光调到解放日报任党委书记、总编辑，他点名要我随他去解放日报工作，三年后，杨西光任中共上海市委教育卫生工作部部长，我在 1962 年又回到了复旦大学新闻系。粉碎"四人帮"后，我调到市委宣传部新闻出版处。到了 1983 年，时任市委宣传部副部长的陈其五同志调我进解放日报担任副总编辑。当时我和副总编辑周瑞金同志在一个办公室，分管科教部、农村部、工交部等。

刚进报社的时候，我还有一点不适应，就向老记者、老编辑请教。工交部主任夏华乙是劳动模范、专家型记者，德高望重。那时候我们没有什么上下级观念，我是副总编辑，他是部主任，我在经济报道中有不懂的地方，就问他，他也很热心地教我。

报社规定，副总编辑都要值夜班。怎么选稿怎么修改稿件，哪些内容要突出，怎么拼版划版样，这些我都要从头学起来。我当时很忐忑，就跟当时分管夜班的副总编辑陆炳麟同志说："老陆，夜班我不大敢做。"陆炳麟说："这样子，我值夜班时你跟我十天。"那段时间，我是从日班做到夜班，回家睡四五个小时又来上班。门房师傅都说，"居老师你很辛苦的，8点钟上班，凌晨4点钟下班"。后来，我就敢签版面了。我碰到的同志都很好，看我诚心要学，就很帮我的忙。

抓好报道的同时也抓队伍

当时，《解放日报》一天只有4个版，第一版是要闻版，第二版是本市新闻版，第三版是经济报道，第四版是副刊。版面的信息量很大，新闻也都很简短。

我主要抓了以下几部分工作：

第一，抓一些典型报道。包括正面典型，如包起帆等劳动模范、先进人物，并就他们的事迹配一些评论。此外，也有一些批评报道，我们提出过干部用人的问题——谁来监督一把手？还就此发表了一系列的评论。

第二，打假也是我们的报道主题。上世纪80年代，中国市场经济刚刚起步，上海"假风"弥漫：假酒、假烟、假发票、假教授都有。这主要源于对市场经济的错误理解，认为市场经济就可以搞各种各样骗人的把戏。我们对此也做了一些揭露性报道。

第三，为上海的弱势群体讲话。朱镕基同志还专门跟我们讲过，应该怎么面对这样的问题。我们也做过一些报道，主要强调正确看待和对待弱势群体，并给予政策上的支持。

第四，做了一些拨乱反正的工作。在新的时代背景下，该如何正确地认识一些历史重大事件、国内外名人，其中就包括斯大林、赫鲁晓夫、戈尔巴乔夫等。当时，各地的一些杂志、刊物刊登相关内容，我们选择一些内容登在报纸上，听听各方的反应。通过这种方式，纠正以前的极"左"的看法，让干部群众的思想跟上新的形势。

最后，抓好报社采编部门的队伍建设。当时，有些媒体存在一些不正常现象，我们提出记者不要丧失了"痛感神经"，要居安思危、公道正派。当然，总的来说，解放日报的记者大多能严格要求自己，是很谨慎的。

"斗胆"办《报刊文摘》

我想重点谈一下解放日报创办《报刊文摘》这项工作。

市场经济要求各种信息。如何用最少的时间和精力获取最大量的信息，成了很多人关心的问题，这是《报刊文摘》产生的时代背景。有了这个想法后，报社老领导王维同志觉得这类报纸很好，能把各种信息集中起来，夏其言同志也支持，《报刊文摘》就"斗胆"办了起来。

1980年1月1日《报刊文摘》创刊，之后它受到全国各地读者欢迎，发行量节节上升，自1980年创刊的5万份，逐步增长到最高峰时的330万份。

当时，报社领导提出《报刊文摘》要"博采众家之新，为读者提供方便"。"博采众家之新"是将各报新闻同改革开放下读者的新需求、当前社会新变动三者联系起来考虑，作出判断。

比如，1980年1月1日《报刊文摘》第1期，就为平反刘少奇冤案大声疾呼。当时刘少奇一案尚未平反，编辑看到《河南日报》在一篇短文中称刘少奇为同志，立即抓住这一新"提法"，在报纸一版突出位置作了处理。这在当时是有风险的，但读者看了这篇文章后就知道少奇同志是被冤枉，是要被平反的。后来，《报刊文摘》又摘登了"对《武训传》的批判应该重新讨论"、"王实味问题在调查中"等等一系列新的观点。

可以说，《报刊文摘》是打破迷信、解放思想的产物。刚开始的时候，它还只允许党员内部订阅，后来扩大到了广大群众。当时社会上还有一些难辨是非的情况，但《报刊文摘》登了之后，大家就能确定这个人是正的、好的，一些改革经验，是受到肯定的。

当时，《报刊文摘》专门有一批同志搜罗全国各个报刊的动态，其中王日翔同志是负责人，还有十来个编辑，都是从解放日报调去的。他们政治敏感性都比较强。《报刊文摘》选的都是前沿性思想问题，抓的都是敏感事件、敏感人物，所以大家喜欢看，但有时候还要顶着压力发。1984年的时候，《人民日报》发表文章，对上海的工作提出批评。《报刊文摘》摘了这一篇，说上海"艺高胆不大，见多气不粗，思想陈旧保守"。这样的例子还有很多，这样的处理也是十分大胆的。

组织"上海人形象"大讨论

上世纪80年代末90年代初，在全国改革开放大潮中，上海显得比较拘谨，当时说上海的思想状态是"一看、二慢、三通过"，看准形势才行动。同时，上海人又不甘于这种状况，迫切要求急起直追，改变现状。

针对这个现象，当时的市委书记吴邦国同志指出："越是改革开放，越要大力加强精神文明建设。"市委要求《解放日报》带头开展"九十年代上海人形象"的大讨论，也就是回答90年代上海人应该具备什么风貌与精神，确立什么观念和作风，树立什么样的形象。

大讨论一共持续了一年多时间。开始是在1991年12月11日，《解放日报》在头版头条位置刊发读者魏澜的来信，并加发编者按。来信尖锐提出："曾经被视为'老大哥'的上海人，如今怎么啦？"

接下来，我们组织召开了座谈会，邀请专家、学者、企业领导人等与会发言，每次大概有20个人，先后组织了28场座谈会。

与会同志大都是各界有名、有发言权的人。但他们都很认真，还准备了发言稿。

我们还通过各种方法进一步推进大讨论。有的与座谈活动联系起来，有的在基层单位组织有关这方面的讨论，有的通过报纸约稿，把话题引向深入，再在报纸上予以反映形成共识。最终结论是，上海要"少一点精明，多一点高明"，"一定要抓住机遇，振奋精神，提高素质，振兴上海"。

到了1992年底，市委和市委宣传部又召开大型座谈会，交流总结大讨论的经验和做法，到此，"九十年代上海人形象"的讨论基本告一段落。后来吴邦国同志调到北京去了，我去看他的时候，他还表扬了这次讨论。

现在看来，这场大讨论对于反思上海自身文化、凝练城市精神起到很大作用。如今的上海城市精神并不是一下子提炼出来的，而是一步一步形成的，最终是习近平总书记在担任上海市委书记时提出的："海纳百川、追求卓越、开明睿智、大气谦和。"

评论是党报的旗帜

我还分管过党刊《支部生活》与理论评论部门，对撰写党报评论有一点心得体会。

当时，我们希望天天做到有评论。撰写评论的一般过程是，先确定题目，再落实作者，往往是一个人负责写初稿，另一个人帮他改稿件，最后再送到分管副总编辑、总编辑那里去。重要的评论还要打成小样，送到市委去审。

我一直认为，写评论既要自己加强学习，也要和报社同事一起商量。周瑞金写评论是"一只鼎"，夏华乙是经济领域报道的专家型记者，我有时候和他们商量，他们也会把要点告诉你。还有就是副总编辑夏其言，我常常向他请教。评论部的熊能、范幼元等，大家也都在一起讨论文章。当时的上海市领导吴邦国同志，我们也可以和他商量，向他请教某个观点行不行。

　　与此同时，我们也经常开一些作者座谈会，邀请一些作者分析形势，他们见识比较广，然后我们提出问题，确定题目，确定作者。

　　那时候，评论部就像一个学校，所有人在这里面学习。我一直认为，人才要在使用、锻炼当中才能成长。在这过程中，领导要卖力，编辑要出力，谁都不能空口讲白话。

　　采 访 人：周智强（解放日报社党委副书记）
　　　　　　洪俊杰
　　采访时间：2018 年 5 月 31 日
　　采访地点：上海市延安中路 816 号解放日报社
　　摄影、摄像：黄晓洲

把组织部门办成"干部之家"

李德森（1933 年 6 月— ）

李德森，籍贯江苏常州。中共党员，高级政工师。1951年进入解放日报社，先后在管理部秘书科、总编办公室工作。期间，在报社肃反办公室、清档组工作过。"文革"期间被下放上海焦化厂等企业"战高温"。

　　1976年5月回解放日报，任党委办公室机要秘书。

　　1978年7月任解放日报组织科副科长、科长。1988年6月任解放日报组织人事处副处长、正处级调研员。

　　我是通过招聘进解放日报的，那年我才 19 岁。当时解放日报要招一批工作人员，我就投考了。报到那天是 1951 年 9 月 26 日。那时候，报社还在汉口路 309 号，编辑部、工厂部包括车间，上面还有宿舍。

　　我到报社时，就被分配进了管理部秘书科，具体的工作岗位是收发室。在那里大概工作了 3 年，从 1951 年一直到 1954 年。

　　秘书科的收发工作比较简单。那时有个女同事，会中文打字，我就经常在她旁边看着她打，一年多后我提出，我也可以学打字，所以我后来的工作就是打文件。1954 年 7 月，我就做了秘书科干事兼机要打字员，这个工作也做了 3 年。也是在这一年，我加入了共青团。

　　1955 年，我调入肃反办公室工作。1956 年 7 月我加入了中国共产党。那时候运动很多，主要是搞调查、找材料、审查干部、打报告，像这样时间蛮久了，一直到反右。不过那时候的审查，主要是组织上对干部的情况摸个底，没发现问题的就放过了，有问题的就要再调查。

　　后来 1959 年，我去了总编室，当时叫解放日报党委办公室。

1960 年 6 月解放日报和新闻日报合并，我仍然在解放日报总编室，担任档案整理、保管工作。

1968 年，我参加农村劳动。1970 年 8 月还到工厂战高温，先后在吴泾焦化厂、上海医药公司当操作工。1976 年粉碎"四人帮"前调回解放日报总编室工作。1984 年，我担任了组织人事处副处长，一直工作到退休。

因为有这样一段在组织工作岗位上的经历，解放日报的人事工作我还是有点可以说的。

《解放日报》创刊之后机构变动蛮多的，有上海地下党和南下的干部。其中有一批是原来有基础的山东解放区的干部，上海本地是挑选地下党的党员，还有积极分子、老申报的工人。当时干部、记者和工人比例是差不多的。

后来，一方面是机构清理的需要，另一方面那个时候北京报纸正好需要人，解放日报就调了一批编辑记者去北京，充实北京的报纸机构，这其中不仅仅是中层干部，还有高级干部。

在文革结束后，记者编辑少，我们就负责招聘。当时上海电视台先进行了一次招聘，我们觉得这个是蛮好的办法，跟电视台商量，他们不可能全部招去，如果有多余的，我们解放日报找他们要过来。有不少干部就是这样招进来的。

如果对比的话，现在的人比我们原来在的时候调动要更频繁，提拔机会要多。当年的机会没有那么多，要提拔一个干部还是蛮吃力的。

组织部门长期以来被群众（包括我自己）视为是"神秘"的

李德森

"要害"部门，大家都不大敢主动和组织部门接触。我从接受任务的第一天起就立足要搞好组织工作，首先必须改变组织部门的形象，使它真正成为名副其实的"干部之家"。我的宗旨是组织部门同志要放下架子，消除优越感，要平易近人，多接触、多结交各个层次的朋友，使大家能毫无顾忌地愿意来组织部门串门、谈心，来反映情况和问题。十几年来，实践证明，组织部门的形象在报社职工中发生了根本的改变，起到了"干部之家"的作用，同志们都愿意和我们交谈思想、咨询问题。我们也尽可能在职权范围内帮职工解决一些实际问题。

我印象中还有一项很重要的工作就是在党委领导下"拨乱反正"，为受"四人帮"迫害的同志落实党的政策。

"四人帮"横行期间，有 75 位编辑、记者、干部、工人受到迫害，被排挤到工矿企业、学校、农场等。我们走访了这些同志，倾听他们的控诉，帮他们昭雪平反；也做有关当事人的思想工作，鼓励他们消除顾虑，正视自己的错误，向遭受迫害的同志道歉。应该说，解放日报的平反工作做得比较顺利，引起的波动也比较小。

采 访 人：王潇　张凌云
采访时间：2018 年 5 月 10 日
采访地点：上海市延安中路 816 号解放日报社
摄影、摄像：王清彬

做密切联系群众的一座"桥"

徐世麒(1933 年 7 月—)

　　徐世麒，籍贯江苏镇江。中共党员，主任编辑。1960年4月上海市社会科学院毕业，分配到解放日报工作，在工业组、夜班编辑部、读者来信组、理论部、文教部等部门任记者、编辑。1968年9月至1972年6月，曾在上海市新闻出版系统工宣队团部担任工作人员。

　　1972年7月至1984年12月，解放日报信访组记者、组长，群工部领导核心。1985年1月至1987年12月，任《支部生活》编辑部副主编。1988年1月至1993年7月，任解放日报调研通联组组长、内参室主编。

我是 1960 年从上海社会科学院毕业后分配到解放日报的。在这里的经历主要分为两个阶段，其中一个阶段就是在群众工作部，总共做了 15 年，第二个阶段就是做内参室主编。

读者来信"件件有交待，事事有落实"

　　当时读者来信组的任务主要是处理读者来信、来访、来稿。报纸上还有个栏目叫"读者来信"，扩版后改名"群众呼声"。

　　那时我们专门有记者接待来访，设有接待室。一般流程是，读者来了填一张表，写下基本信息和要反映的问题，然后就由记者同他面谈，记者认为重要的就反映上来。如果要牵涉很多部门，一个人解决不了，就先走访调查，核实情况。

　　早期组里只有五六个人。1976 年粉碎"四人帮"后这一年，报社收到来信和接待来访 13 万件（批），相当于 1975 年的 30 倍。各种各样的问题集中到报社，都由我们处理，所以人手也紧张了。1978 年，报社决定把信访组改为群众工作部，人员也从 13 人增加到 30 人。

　　我们处理来信有 3 种方式。第一种，适合见报的直接见报。

第二种，不适合见报但反映的问题比较重要的，值得给领导参考，同时也可以解决的，我们办了个小报，叫《读者来信摘编》，后来叫《信访摘编》，作为党密切联系群众的一座"桥"。第三种处理来信的方式是留报社参考，也算是给读者一个交代。争取做到"件件有交待，事事有落实"。

我长期负责的是《信访摘编》，那时候有3个记者、2个编辑，加上我。《信访摘编》的内容来源是各条线的记者，他们认为比较重要又不宜见报的情况，就发给我们，我们选择重要的刊登在《信访摘编》上。

《信访摘编》每月两期，每期编发来信约10件。开始只送市委、市政府领导，不久后扩大到区、县、局主要负责人。如果有领导批示，事情解决会快很多。每个月，我们都会收到四五面锦旗，表扬信就更多了。有群众把解放日报称作"报青天"，有什么事情都爱找我们。

我印象比较深的有这几封来信：

第一封是我曾经经手的，2000年1月初原四〇四厂副处级退休干部原公浦的一封来信。信中说，他和妻子郭福妹1959年8月响应党的号召，主动要求参与我国第一颗原子弹的研制。他是我国第一颗原子弹核芯铀部件的加工者、主操作手和第一责任人，人称"原三刀"。他和妻子年过花甲后，按政策退休回上海定居。按照他所属的部、局规定，可带一个小女儿回沪落户。可是从1996年起，他4年间先后走访市、区公安局和市委、区委信访部门，户口问题却一直未能解决。

原公浦的这封信，我们当月中旬编发了。一星期后，当时任市委副书记的刘云耕同志就作了批示，市公安局也作出答复。这个拖了4年的问题，短期内就得到妥善解决。原公浦夫妇非常激动，登门向报社道谢。后来，央视、《解放日报》《新民晚报》《劳动报》《新闻晨报》，以及《上海滩》杂志和《香港商报》，都用大量篇幅介绍了"原三刀"的事迹，在群众中产生了较大的反响。

第二封来信是1980年3月，有几个刑满释放、解除劳教人员联名反映，他们回归社会后原农场拒不接收，致使他们生活没有着落，十分苦恼。

我们认为，这封来信反映的不仅是政策问题，而且关系到社会安定团结，大批劳教人员回到社会没有工作，连吃饭都成了问题，便将它登在《信访摘编》上。没过几天，时任市委常委、副市长陈宗烈同志就批示："农场的人还是农场收下来，不要推了。大家都不要，交给谁呢？农场要把教育好人的光荣担子挑起来。"因此，几百个这类人员得到了妥善的安置。

还有就是在1981年下半年，反映部分公安人员违法乱纪的群众来信增多。我们在11月7日选择了部分有代表性的来信，集中发了一期增刊，只送市领导。市委领导对此作了批示，交给了市公安局领导，市公安局对此高度重视，立即派人来报社，要求加印200份这期《信访摘编》发给全市公安派出所，组织全体公安干警学习讨论，借以提高素质。

重视信访工作是党报优良传统

我们都说，报纸有两个功能——"喉舌"与"耳目"，群众来信起到的就是"耳目"的作用。当时的总编辑王维同志，对群众来信就很重视，不管工作再忙，都要读者来信组每天挑三封原始的、未经删节的来信给他，多年来从未间断。有些读者来信，王维同志批示后，我们进一步采访，写出的报道还上了头条。

大概在 1980 年前后，"野蛮装卸"成风，不少单位为了"多装快跑"，运输过程当中，车上的货物像"仙女散花"一样散落一地。许多好心的读者找不到失主，便写信给报社，要求寻找失主，有的干脆把捡到的货物送到报社来。如何处理，一时成了个难题。

王维同志看了来信和听了读者来信组同志的反映后，请工交财贸部和群众工作部一起把这批"无主"货物列出清单，准备登在报纸上，一方面表扬这些热心的读者，另一方面让"失主"来认领这些货物。经过几天的准备，一篇题为《公物招领》的消息便于 1980 年 4 月 14 日刊登在《解放日报》头版头条，之后一段时间，又连续发表了题为《岂能如此缺乏工作责任心》《不能糊涂当家》等几篇评论文章和报道，在社会上引起了强烈反响，不仅绝大多数的"失物"物归原主，而且"野蛮装卸"的风气也得到了很大的改善。

还有一封来信值得一提。大概在 1981 年 10 月下旬，一个署名"上海七宝酒厂工人"的读者给本报来信，反映他们厂的党支部书记不仅自己喝厂里的好酒，而且用酒请客送礼，搞不正之风。

收到信后我们去厂里调查，发现这家厂原先的书记已经免职了，调来一位新的支部书记。这位新支书说自己开始不会喝酒，但时间一长，不仅自己经常喝厂里的酒，而且和前任支部书记一样，用厂里的好酒请客送礼，在厂里造成很坏的影响。

　　王维同志看了此信后提出：请群工部配合酒厂的上级公司，一起到厂里做工作，争取做到换思想不换人。经过深入了解，那位支书也谈了自己的苦衷。他说，酒厂要维持正常的生产，必须得到粮食、煤炭和运输部门的支持，所以只好用酒来开路，搞好和这些部门的关系。

　　后来我们又到粮食、煤炭、运输部门，介绍了酒厂的具体情况，经过交流和沟通，粮食、煤炭、运输部门的领导表示，即使酒厂的领导不送礼，也会照样保质保量保证原料供应。从此"用酒开路"的问题得到了很好的解决。《解放日报》还于1982年2月8日头版头条刊发了长篇报道，标题为《工人一封信，书记酒中醒》，介绍了这封读者来信处理的全过程，后来在2月11日、12日分别发了题为《提高信心纠正不正之风》和《纠正不正之风有决心有信心》的评论文章，在社会上引起了很大反响。

　　王维同志和我谈过要读者来信组的同志每天挑三封读者来信给他看的缘由。他说，一是党的七大提出党的"三大作风"，即理论联系实际，密切联系群众和开展批评与自我批评，这也是党报的作风；二是学习邹韬奋办《生活周刊》的经验，重视读者来信；三是当了总编辑以后，中央、市委的精神是了解了，但"下情"不够了解。所以要每天看三封读者来信，借以了解"下情"。

这些年，解放日报也培养了一批热爱信访工作，与党风雨同舟，与民同甘共苦，任劳任怨，无私奉献的信访干部。群工部也成为锻炼、培养干部的摇篮，业务骨干就更多了。

乐于做党的"耳目"

后来我担任内参室主编，负责《解放日报情况简报》。我们把《信访摘编》称为"小内参"，这是送给市里的，以市里的情况为主，而《解放日报情况简报》被称为"大内参"，是送给中央的，内容范围更广，涉及全国范围的重要而又不宜见报的问题。当时中央媒体以外，省区市一级的报纸中只有解放日报和文汇报可以将内参送到中央。所以有人讲，解放日报的内参是"通天"的。

这些内参中，引起较大影响的主要有这么几篇：

1988年至1989年间，上海制作和贩卖淫秽书画的犯罪活动很猖獗。在上海公安部门大量调查的基础上，解放日报于1989年6月10日编发了题为《制作贩卖淫书淫画案件仍在上升，查获的淫秽物大量来自福建省石狮市》的内参。直接引起了中央的重视，立即批给福建省委，要他们彻底追查，坚决打击。后来中央根据各地的情况，在全国开展了"扫黄"和"除六害"的专项斗争。

1994年以前，上海还没有轻轨和地铁，交通问题已经成为上海城市建设中的一个难点和热点，引起本市各阶层人士的关注。时任上海铁道学院副院长孙章和轮轨研究所副所长翁孟雄经过大量考察研究，并借鉴国外经验，提出在上海发展大运量快速有轨交通网的新构想。解放日报于 1994 年 4 月 19 日把他们的新构想和新思路编发了题为《发展大运量快速有轨交通网是解决上海交通难的唯一途径》等两份内参。

这两份内参送上去后，受到上海市领导的高度重视，决定组团考察日本高架轻轨的现状及发展趋势。他们调查后认为，地铁确实可以解决上海的交通问题，同时还建议，上海市中心范围内除继续建设地铁外，再辅以中客运量的高架轻轨交通，也是完全必要的、可行的。之后，市领导又和铁路局等有关领导研究，使这项高新技术能在短期内组织实施。

采 访 人：洪俊杰　吴頔
采访时间：2018 年 4 月 27 日
采访地点：上海市延安中路 816 号解放日报社
摄影、摄像：王清彬

解放日报首次社会招聘

李家斌（1934 年 5 月— ）

李家斌，籍贯河南南阳。

1950年12月参加中国人民解放军。

1978年转业至解放日报后，历任印刷厂支部书记、经理部总支书记、党委组织科长、党办副主任兼组织科长。

1983年9月任解放日报党委委员、纪委书记兼组织人事处处长。

1992年评定为高级政工师。在解放日报工作期间，写有《报社领导体制改革探讨》《关于专业职务聘任制的思考》等论文，起草了《解放日报组织人事处工作条例》《解放日报关于保持廉洁的若干规定》等，对加强报社党的建设发挥了作用。

我原来在空军部队，对新闻岗位来说，实际上是半路出家。1950年底抗美援朝，我那时还是一个高中生，怀着一腔热血就报名去当兵了，分配到空军。先是在武汉军区，然后是广州军区，最后到福州军区，经常上海岛、下部队，一共28年。1978年，中央决策部队大整编大裁军，我是第二批转业的。地方上经过十年浩劫，也需要大量的人员。我在福州军区是跟着首长在司令部工作的，档案转到上海，可能是我字写得比较方正，又长期做机关工作，市委宣传部就把我分配到了解放日报。所以我真正成为新闻单位的一分子，是1978年10月。

那时互相只称呼"老王老李"

当时报社的党委书记是王维同志，他是老新四军，还保持着部队的作风。我们那时互相之间称呼，不叫官衔，姓什么就叫"老王老李"，不叫书记。吃饭大家也都坐在一起，没有小灶大灶。我是部队出身，所以到解放日报感到很亲切，很开心。那时王维同志找我谈话，说部队的老同志要发挥作用。开始只是要我试试看，先到印刷厂当支部书记。干了半年，组织上觉得我这个人还可以，工作比较踏实，作风也比较正，随后我被调去了经理部当总支书记，那里是管印刷厂的，下面有后勤部，如供应科、总务科等。又干了一段时间，有一次当时的报社党委副书记夏其言同志找我谈话，问我在部队干没干过组织工作。我说我过去就一直在党委组织部门工作。他说报社现在正缺组织部门干部，让我去搞组织工作。

"文革"期间组织部门被冲垮了。我进报社的时候，组织人事部门叫组织科，属于党办。肖木是党办主任，下面三个科，组织科、保卫科、宣传科，每个科也就两三个人。当时组织部门的中心工作就是彻底否定"文革"，清查冤假错案，清查"三种人"，组织外调。我对夏其言同志说我可以做，但对报社情况不熟悉。他说没关系，慢慢熟悉。所以我就去党办组织科当了科长。清查工作我不太熟悉，当时的编委史东，他熟悉情况，大部分都是他在抓。

办轮训班大家都争着去

还有一件事也是王维同志做的决断。他说清查工作差不多了，还有一件事情交给你。现在报社的党风都被"文革"搞坏了，组织生活不像组织生活，党员模范作用也没了，你是部队里面搞政工的，党委决定要把干部、党员队伍组织起来，恢复党的老传统，进行一些学习教育。

先是全体干部分批分期脱产组织轮训班，每次十几、二十个人。学习的主要内容一是彻底否定"文革"，二是学习三中全会精神，三是真理标准讨论。学习的模式以自学为主，每次有一位报社党委领导来担任班主任，地点在天马山，那是解放日报的战备车间。当时那里放了一套铅字设备，可以印报纸的。我担任学习班的支部书记。每一期是两个礼拜。那里山清水秀的，大家都很开心，平时忙写稿子也没机会出去，那里伙食也搞得很好，大家都不愿意回来了，争着去。

学习班前前后后忙了半年。王维同志又说，大家反响不错，现在干部办了学习班，党员还有好多呢，继续办吧。同样的方法，同样的形式。这是解放日报交给我办的第二件主要工作。

"文革"期间，党员发展的工作也停滞了。所以从轮训班开始，每个采编部门建立支部或者联合支部，工厂成立总支，恢复党的基层组织工作。

一直到1983年，报社的领导班子调整，几个老领导退下来当顾问。那年市委对几大报的领导班子同时进行调整，组建新的报社党委。原来的报社党委是中央指派的，书记是王维，副书记是夏其言和栾保俊。1983年市委正式任命的党委书记兼总编辑是陈念云，党委成员有副总编储大泓、居欣如、陆炳麟、陈迟，还有徐学明，我担任纪委书记，秘书长是吉建纲。

1983年开始整党，到了1985年，关于"文革"的账就算结束了。

首次社会招聘一千多人来报名

陈念云同志在新的报社党委成立之后感觉报社的记者编辑奇缺，而且年龄结构老化。每年大学生来，也只有少量的分配名额，不能满足实际需要。1983年，党委决策从社会上招聘。在解放后的党报历史上，这是前所未有的。

那时，社会招聘要请示市委宣传部，经批准同意才开始。选拔条件主要看政治素质、大专以上文化、年龄不超过 35 岁等。招聘的准备工作相当缜密，专门组织了班子，几个老的编辑记者参与，陈念云同志亲自抓，冯士能和我协助。

当时报名的人数具体有多少，我现在记不准了，但没有两千也有一千多，最后入选的只有不到五十个，记者编辑不到四十个，其他的安排去非采编部门。那时几千人都涌在报社门外。这也是当时解放日报的改革和创新，在市里都受到重视。

当时的招聘考试，先是笔试，题目是复旦大学新闻系帮忙出的，偏重于新闻学的内容，再加上时事题。笔试筛选后，再一个个面试。党委同志都坐在那里，选一批、再选一批。选的标准高，一两千人最后只挑这些。材料堆了有大概一米高。之后其他几个报纸也相继这样招聘，但这样的规模搞不起来，就到我们剩下的档案来找，也选走不少人。

评职称树标杆宁缺毋滥

再有一件事就是职称评定，前前后后也搞了一两年，有些反复。开始是全国新闻职称改革，从人民日报、新华社开始。当时要求比较严，给我们下达的指标抠得很死，我们根据这个思路从严要求，只报了一个正高职称。后来我代表解放日报去职改办开会，叫我发言，我这么一讲，大家都摇头，觉得解放日报才一个，那我们这些单位怎么说呢？北京的职改办也批评了我们，说标准掌握得太严了，小单位都评不上了。

我们当时总结了一条经验：宁缺毋滥。可评可不评、可以下一批评，不要挤在一起，还是要注重质量。这也是报社党委的想法。我们这个精神还是对的。

当时第一次评职称，大家也不了解政策，要求又那么严，总是会有些矛盾。过去名额总是不够用，高级职称名额都是上面给的，中级以下职称由各单位自己掌握。我心目中，过去认为都是不可能够格评高级职称的，现在都评上了。

后来竞争不那么厉害了，职称评定也慢慢进入正轨。

另外，就是组织人事处的成立，是在 1988 年，工作需要。我进解放日报的时候，报社就四五百人，到 1988 年左右已经有了近千人。原来组织科人手也少，后来市委宣传部调研决定人事还是要加强，和党委办分开。我们设组织人事处，下面有干部科，管所有的干部；劳资科，管所有的工人和全社的工资；还有老干部办公室。当时我还兼纪委书记。

1990 年以后，我根据十多年工作经验，开始组织总结一些报社党建工作体会，先后有《解放日报社党支部工作条例》《关于保持廉洁的若干规定》《解放日报党委工作责任制》《解放日报委员会工作条例（试行）》等。

采 访 人：缪毅容（解放日报社副总编辑）
　　　　　沈轶伦　吴越
采访时间：2018 年 5 月 8 日
采访地点：上海市斜土路李家斌家中
摄影、摄像：王清彬

我是解放日报的一颗螺丝钉

傅义英（1934 年 6 月—　）

傅义英

傅义英，籍贯浙江杭州。中共党员，高级政工师。

1963 年 9 月复旦大学新闻系毕业后分配进解放日报社，先后在来信组、政文组、群工部、通联组任记者。曾担任过报社工厂部党总支书记。1978 年至 1982 年，任解放日报群工部负责人。

1982 年至 1983 年，任解放日报总编办公室通联组组长。1983 年至 1987 年，任《支部生活》编辑部副主任。

1987 年 12 月任解放日报工会专职副主席。

1989 年 6 月退休后返聘，任解放日报退管会常务副主任。

我是 1934 年出生的，七八岁就去纺织厂里做童工。上海解放那一年我 15 岁。1950 年，我入了团。那时我还在工厂工作，因为表现积极，1951 年我被调到普陀区委宣传部工作。1952 年 9 月 30 日，我加入了中国共产党。

　　当时区委干部很多都是大学生，他们下了班就教我学文化，我也拼命学习。到了 1954 年，区委决定送我去复旦附设工农速成中学学习，当时区委一共只有 3 个学习名额，所以我很珍惜。在那里，我们用 4 年学完了初中和高中的课程。1958 年，我考进了复旦大学新闻系。之所以选择新闻系，是因为我觉得新闻工作是一份崇高的事业，记者充满正义感，能参与到社会活动中。

　　当时大学学制还是 5 年。1963 年我毕业之后，解放日报来学校选人，我被选上了。当年 9 月，我就到报社报到，那时候报社还在汉口路 309 号申报大楼。报到之后，我被分配到来信组。当时报社的领导王维同志有个观点，大学生到单位之后，一定要让他们到基层岗位，比如说来信组、通联组、校对组这些地方去锻炼。

为平反冤案出了份力

我觉得我在报社这些年，主要做的就是3件事，一件是群众工作，一件是通讯员工作，还有一件就是工会。我常说，我就是一颗螺丝钉，党需要我去哪里，就去哪里。

先说群众工作，最开始我在来信组管的是工业那一块。读者的来信我们看得都很认真，有些要给中央，有些要给市委，有些给上级部门，还有一些是读者不了解政策，这时候就需要我们解答。我记得，当时来信组的领导张锦堂经常表扬我回信写得好，把学的知识用活了。

在来信组期间，有件事情让我印象特别深刻。那个时候楼下有接待室，我们每个人轮流去接待群众。有一次轮到我接待读者，一个人从外面冲进来。他说，他的车子在平凉路许昌路口发生故障，车上装的都是很高级的仪器，他正着急，有民警赶过来帮他看着，周边群众也热心帮忙直到把车修好。他原本想谢谢他们，但这些好心人都离开了。我当时还没意识到这件事的意义，他怎么讲我就怎么记，整理好之后给了张锦堂。第二天报纸上就登了出来，还是头版，这是我在解放日报上登的第一篇报道。（注：此处指1964年3月29日《解放日报》头版刊登的《坏了一只车胎 四面伸来援手》）

在这篇稿子之前，我其实不知道该怎么做一名党报记者，通过这件事，我明白了党报不仅仅要做大事的宣传，还要关心老百姓身边的小事情。知道了方向，就有了信心，工作起来好像有奔头了，每天早上都早早来到报社。

后来，我的工作几经调动。"文革"开始后，我也挨了批。到 1968 年，我到科教部继续做通联工作，一直到 1978 年三中全会之后，组织上安排我又到了来信组，也就是现在的群工部工作。

　　那时候还没有部主任这个说法，张全麟、徐世麒和我，三个人共同负责。其中，我主要负责接待室。三中全会提出，要大张旗鼓平反冤假错案，很多群众找到我们，想要伸冤。

　　1978 年底，我接待了一位老同志，姓沈，60 多岁，声音很低，清瘦，看起来收拾得蛮清爽的。他说自己以前是进步青年，上海的地下党员，曾经在新四军办过进步刊物，后来又被派到伪军中去。但是，介绍他过去的人后来被捕牺牲了，所有的联系都断了，没人能证明他的关系。解放后，他交代过这个情况，可是没人能证明。到了 1957 年，他因为这段历史被揪出来了，1958 年被判反革命罪，判了 12 年。其间，母亲、老婆都过世了。刑期结束后，他就一直写信、申诉，都没有结果。三中全会召开的消息传来，他立刻就跑到上海来，找解放日报接待室反映情况。

　　我听他讲完，觉得这个事情太大了，我拿不准，就先向报社领导反映了这情况，正好他也给王维写了封信，王维就把这件事情批给了来信组。

　　然后我就开了介绍信，到普陀法院查阅这个人的卷宗。普陀法院的同志说，一中院已经做出了终审判决，这件事不太好办，一是因为他没有人证、物证，没法再审；再一个到处都在平反冤假错案，法院也忙不过来。回来之后，我向王维汇报了这事。他说，现在老沈生活上有什么困难，我们先帮帮忙。接着我就去了北京、武汉等地走访，收集了很多材料，证明他之前确实是地下党员，而且可以肯定没有叛党，判反革命罪，实在是太重了。他工作过的电影厂、劳改时的农场也出了证明，证明他表现良好，没什么反动表现。这些材料交上去之后，法院最后改判，摘掉了反革命帽子，恢复公职，并补偿工资 167 元。

判决结果下来之后，我真的很激动。那段时间很忙，但是忙得很开心，我觉得自己是个党报记者，也算是半个司法干部，为正义在奔波。

通讯员是报社的宝贝

我在报社期间，也做了很多通讯员方面的工作。解放日报的通讯员工作是有传统的，报社很重视通讯员，通讯员也很忠诚。

我最开始接触通联工作是 1964 年，在工交部，那时工交部负责人是王树人，通联组组长是王一鲁。我记得王一鲁到杨浦区的大工厂里讲课，发展通讯员。回来之后，发展了 1000 多个通讯员。那些工厂的党委书记啊，宣传部长啊，都成了我们的通讯员。我们再把通讯员名单按农业、工业、科技等分类整理好，做成小牌子，每个记者都发一个。今早要到哪个厂去采访，就找这个厂的通讯员。

通讯员对我们可好了，我们也把通讯员当宝贝，定期给他们发东西、发资料、讲课，还请他们来开会。我们的通讯员在厂里也很有地位，厂里有什么重大的事情都要征求下他们的意见，麻烦他们请记者来采访。后来，很多通讯员还调到报社来了，成了报社的骨干。

那个时候工交部是报社中非常重要的一个部门，通讯员多。我在工交部做了一段时间之后，科教部提出，希望我过去帮他们整顿通联工作。那时他们还不叫科教部，叫科技文教组，组长是沈光众，报道的领域有大学、中学、医院、体育等，非常丰富。

即使是"文革"期间，我们也有通讯员帮忙。那个时候我主要负责部队这一块的新闻，我就去警备区请了一个通讯员，请他帮忙盯一下部队来的稿子。他也很开心，经常往我们这里跑，来看稿子。

通讯员对我们的帮助，不仅仅表现在发稿子上。那个时候每年8月1日要登一个部队的专版，我晚上加班把眼睛搞坏了，发炎了，到瑞金医院抢救，要动手术。科教部有位老记者张贻复，他人很好，打听到铁路医院这方面更强，他就把我从瑞金医院"偷"出来，送到铁路医院去。

报社员工高兴我就高兴

1982年4月起，我到党校学习了一年，回来之后就去了《支部生活》，1984年正式任命我为《支部生活》编辑部副主任，主持"党的生活"版。在《支部生活》工作到1986年，陈念云和冯士能觉得报社的工会需要整顿，就把我派了过去。

　　我一直觉得，是共产党培养了我，没有党就没有我，就连我读大学也是党让我读的，既然党需要我，我就去了。

　　说实话，那个时候工会没什么威信，平时也开会，但是工会的话没人听的。我这个人呢脾气比较直，也敢于反映群众意见。我去了工会后，怎么做呢？先是发东西。比如说报庆时，给每个人发个杯子，发个脸盆，冬天到了给老工人发件羊毛衫、棉毛衫，再发点被套、大米、酒、花生等。

　　对那些退休的老工人，工会也很关心。我觉得，老工人为报社贡献了那么多，整个青春年华都奉献给了这份事业，都是功臣呀。他们为报社付出，报社也应该关心他们才对。所以我做了很多事情，先是给每位退休工人发报纸，这是我从卫生局工会那里学来的。还有就是每个月领退休金的时候，报社请每位老员工吃一顿早饭，免费。这样老人吃完早饭，再到二楼大礼堂领退休金，老工人可开心了。

　　我还把通讯员组织到报社来搞培训，请报社的党委委员、资深记者给他们上课，除了写稿子，还教摄影。通讯员都很乐意来。这个新闻培训班是以总编办的名义办的，实际上是我带着工会在做。之所以这么做，一个是因为总编办在外面名头响亮，另一个也是尊重他们，所以他们也很开心。这个新闻培训班办了好几年，很正规，手续齐全，每期培训班谁主讲，讲什么内容，我都给弄得清清楚楚。

　　我在工会一直做到1989年退休。报社一些老记者人非常好，这是解放日报的传统，朴实，人与人之间关系很好。我在报社的时候，大家彼此之间都很尊重，你是老同志，你是大学生，都是值得尊重的。说实话，那时一颗心想的都不是自己，都是想怎么样让老同志开心，让他们健康，看到他们开心，我也开心。

采 访 人：张骏　王闲乐

采访时间：2018 年 6 月 15 日

采访地点：上海市鲁班路傅义英家中

摄影、摄像：黄晓洲

报坛初步忆当年

敬元勋（1934 年 10 月— ）

敬元勋，笔名林勃，籍贯安徽马鞍山。中共党员。

1958年复旦大学新闻系毕业，同年9月赴江西大学（现南昌大学）新闻系任教，由校方委派到中国人民大学新闻系见习教学，参与新闻教材编写工作。一年后返校，任系务委员会委员、新闻写作教研室副主任。

1965年夏，调解放日报驻江西记者站任记者。同年11月任解放日报记者、编辑、评论员。1980年，参与上海《支部生活》重新出版的领导工作。

1984年7月到上海市政府新闻处主持新闻发布工作，先后任副处长、处长。

1989年7月任文汇报副总编辑。

1992年评定为高级记者。曾任上海老新闻工作者协会副会长。著有《易碎集》《夕照集》。

　　《解放日报》即将迎来七十华诞，年届古稀，依然风骨雄健。此时此刻，我不禁回忆起在解放日报社工作的那段永驻心间的日子，怀念那些亲切相处、亦师亦友的老同事。岁月不居，掐指算来，我离开解放日报已有三十四年了。

　　1965 年夏秋之交，经组织决定，我告别了高校的教学生涯，进入梦寐以求、心驰神往的解放日报社工作。当时的欣喜之情，难于言表，借用一句古诗，可谓"漫卷诗书喜欲狂"。

　　我与解放日报早有感情，在复旦大学新闻系读书时就曾在解放日报社实习了一个月，先后在群工部和工交部记者的指导下，学习采写新闻报道。当时曾想，毕业后倘若能分配在解放日报社工作，那可是极大的幸运了，不承想，在新闻教育岗位上工作七年之后，终于夙愿得偿。

　　我是 1984 年离开解放日报社的，当时依依惜别的心情也是难以描述的。那年，我奉调上海市人民政府筹建新闻处工作。幸好岗位换了，工作性质未变。回顾我在解放日报任职期间，一晃眼，竟有近二十个春秋。

报社为家家似寄

在上世纪60年代特定的历史条件下，报社工作是十分单纯的，发行量常年稳定，又不需招徕广告业务，更毋需进行资本运作。报社领导心无旁骛，一心一意扑在报纸上。我因为在夜班编辑部和评论组工作时间较长，同总编们的接触甚多，目睹他们每日每时都在研究报道，筹划版面，尤其是一些重点报道，如何提炼主题，如何组织版面，是否配发言论，诸如此类，煞费脑汁。他们不只是"动口派"，而且是"动手派"，常常亲自改稿、拟题、撰写言论。

当时报社的一把手，"文革"前是马达同志，"文革"后是王维同志。他们的办公室都备有简易卧具，工作晚了就在办公室里过夜。马达同志尤为投入，有时几天不回家，雨天穿着雨鞋来，晴天穿着雨鞋去，真个是"报社为家家似寄"。马达同志思维敏捷，脑子转得快，在当时报社部主任中间流传一句话："我们这些小马达转不过他那大马达！"

那时的报社内，民主办报的风气十分浓厚。报社设有贴报栏，每天早晨报纸一开印，即由专人将当天报纸展示在贴报栏内。记者编辑一上班，第一件事便是观看散发着油墨香气的报纸。大家开始评报，哪篇报道好或差，哪则标题精彩和措词不当，乃至稿件处理位置，因失校的错别字等等，均采用贴字条的方式粘在报纸上，或用红笔勾写在文字的空白处。这样的民主评报方式，多年持续，形成惯例。在评报过程中，虽有分歧、争议，但大家对事不对人，极少因此而产生龃龉、嫌隙的情况。

在我的印象中，报社是最没有官气的部门。报社老总王维、马达，大家都直呼"老王"、"老马"，从来没有人称呼"王总编"、"马总编"。进入报社不久的年轻人，也跟着这么叫，老总们也从不介意，习惯了倒也非常亲切。记得当年用餐时，总编辑们都同大家一道排队，同桌而坐，边吃边谈，谈笑风生。这种亲切无间的气氛，让我们这批进报社不久的年轻人感到家庭般的温暖，更加勤勉地工作。

那时候，报社同读者的关系十分亲近。报社设有读者接待室，来访者络绎不绝，读者来信更是纷至沓来。据"文革"后几年统计，每月收到群众来信 6000 件左右，接待来访七八百人次。总编和部主任有时还轮流去接待室接待读者。报社很重视来信来访，常常从中发掘出上达领导关注、下接群众地气的报道题材和线索。

时移世变。报社当年这些好风气好传统（不止是我介绍的这一些），是与那时的社会环境、物质条件相关联的，我们不能要求今天的报社一仍旧章。而今记者采访、写作无纸化，新闻传播快捷化，都是以往年代所无法想象的。新闻媒体同广大读者的联系和互动，较之昔日的来信来访不知增大了多少倍。前辈的精神可以发扬，做法未必可以照搬。

全程经历"文革"十年

我进解放日报的第二年，就不幸遭逢史无前例的文化大革命，为我刚刚燃旺的工作热情兜头泼上了一盆冷水。报社很快成了重灾区。1966 年 12 月初，"红革会"责令《解放日报》夹送《红卫战报》发行遭到严词拒绝后，即会同工人造反队冲击、占领了报社，历时八天九夜，成了著名的"解放日报事件"。当时，上海街头，一拨拨市民边游行边振臂高呼："我们要看《解放日报》!"让我们报社同仁倍感欣慰。

解放日报的"文革"十年，我是全程经历者。在那个艰难岁月里，报社发生的事情可谓是一言难尽。红卫兵以及造反队人员撤出报社后，报社成了社内造反派的天下，一度被赶走的编辑记者陆续来报社上班，工作秩序逐渐恢复正常，但报纸性质起了变化。与此同时，报社人员一分为二，许多编辑记者被驱赶到"五七干校"，称为"大班子"；留社工作的少数同志称为"小班子"（我被指派在"小班子"），被迫听从造反派指挥，违心地投入采编工作。

在如此严酷的政治环境中，我们有些同仁不甘心被红卫兵、造反派牵着鼻子走，虽然不能硬顶，可也尽力软抗，坚持原则，不违良知。这里仅举三例：

一是报社被红卫兵、造反队占领期间，"红革会"实际上是妄想逼迫《解放日报》停刊，以《红卫战报》取代。报社同仁珍爱自己的报纸，知道这份报纸报名的光荣历史，绝不能让《解放日报》在我们手中被迫中断。在八天九夜中，夜班编校人员和排字、印刷工人，冒着被揪斗的风险，坚守岗位，冲破阻力，力保《解放日报》无一日停刊。

二是军宣队、工宣队进驻报社后，报社内常有些同仁无故遭受大会批斗、隔离审查，弄得人心惶惶，一派风声鹤唳。夜编部一位编辑不幸遭此横祸，被隔离审查，罪名是"恶毒攻击无产阶级司令部"。夜编部和我所在的评论组是该同志所在部门的政治学习组，承受了很大的精神压力，但自始至终没有一位同志出于自保、参与所谓揭发。被审查的这位同志也始终刚正不屈、拒不认罪，被整整关了一百天。军宣队无奈只得甩包袱，将此案移交司法部门了事。

三是报社造反派头头十分关注评论工作，时常来评论组谈话、出题目。我们评论组的同志为此十分苦恼，常常为一篇评论反复议论大半天。例如可能为社会上两派斗争火上加油的言论，就尽量搪塞不写。记得有一次，造反派头头出题《一个党一个主义一个领袖》，要评论组撰写评论，组内同仁一再向造反派头头说理，坚持不写这样的错误文章。

类似上述事例，远不止这几件。话说回来，在造反派当权的高压下，委婉的抵制和原则的坚持，作用是相当有限的，阻止不了他们造反有理、倒行逆施的野蛮行径。

1976年10月，平地一声雷，粉碎了"四人帮"。《解放日报》也获得了新生，党报的形象得以恢复并逐渐深得人心，发行量曾一度高达九十余万份。以后的情况，报社的年轻一辈都参与了，我就此打住。

采访人：徐锦江（解放日报社副总编辑）
　　　　沈轶伦　吴越
采访时间：2018年5月25日
采访地点：延安中路816号解放日报社
摄影、摄像：海沙尔

报道苏南，我成了被"抢"的记者

王佐军（1934年12月— ）

　　王佐军，籍贯江苏苏州。中共党员，主任编辑。1956年至1966年在上海汽轮机厂工作，担任过厂校教师、党委宣传部干事、厂报厂刊编辑、党办秘书等职。

　　1966年4月调入解放日报社。"文革"中在报社大班子，以及到"五七"干校和企业劳动。1972年9月到解放日报夜班编辑部当编辑。1981年9月群工部主编《读者来信》。

　　1984年2月主编《长江三角洲》专栏。1985年2月任解放日报上海经济区报道部编辑，与张也平同志一起创办了《上海经济区之页》，并组编"华东新闻"等版面。其间，协助《上海企业》《支部生活》编辑稿件，并帮普陀区委创办《新普陀报》。

我是在1966年"文化大革命"前夕，进解放日报工作的。
在此之前，我在上海汽轮机厂做厂校老师。

那个时候提倡为工人阶级服务。很多老工人就是劳模，但是
他们的文化水平很低，要搞技术革新，要搞创造，就必须要提高
他们的文化水平，提高他们的科技水平。所以当时像我这样的师
范大学毕业生，被挑选去了大工厂当老师。挑选的条件也很高，
既要出身好，又要学习成绩好。我只教了一年书，就被评上了优
秀教师，后来评为闵行区教卫系统的先进工作者。

因为在岗位上表现不错，厂党委把我调到了宣传部。当时厂
宣传部有一份报纸，没有专业的编辑，主编是半路出家的人，不
专业，因为我是大学生，所以他就叫我帮他一起编。

后来厂里面有很多搞创作的人才，厂里就把他们集中起来，
办了一份叫《汽轮机文艺》的杂志。当时文艺出版社的一个编辑
下放到我们厂里来，也算是专家来了。他就辅导我，怎么写诗歌，
搞文艺创作。

同时，我还是厂里的通讯员。上海汽轮机厂是部属厂，也是
《解放日报》重点报道的企业，所以经常有记者来采访。接触多

了，他们对我也熟悉，对我的文笔也了解。后来上海市委办公厅的几个"笔杆子"来厂里调研，也了解到厂里有一个小青年，很勤奋，也有写作的底子。在"四清运动"快结束的时候，我的调令就来了——我大约1966年4月份进报社。不过，我进报社的时候，也正是"文化大革命"前夕。

从解放日报"回到"解放日报

"文革"一爆发，我就被送到工厂、农村劳动锻炼去了。再后来到了"五七"干校，最后到了上海炼油厂当工人。

我在炼油厂的时候，也会写东西。大约在1970年左右，炼油厂想把我留在厂里，与此同时，工宣队也进驻了解放日报。我和另一个原解放日报的记者就去工宣队反映，经过研究，最终决定让我们回到解放日报，那是在1972年。

好不容易回来了，也就顾不上是不是原先想的，在文艺部搞搞创作了。那时候正好夜班编辑部缺人，所以我就被调去了夜班，大概做了10年。再之后，又把我调去了群众工作部。

一到解放日报，身边都是忙工作的人，大家一心扑在新闻工作上，所以很开心的。我记得，当时刚来解放的时候，拼版房的老师就一直笑我："你看看你的版样像什么样子。"后来还是这些老工人帮我纠正，教我画版样。就是这样，我也高兴，因为学到了本事。

解放日报几个领导对我都很好。譬如丁锡满同志，他是诗人，又是散文家。我们一起在乡下劳动，有一次我们去当时的华漕公社，白天劳动完了，吃好晚饭，两个人没有事，就谈李白、杜甫。因为谈得投机，后来他当总编辑的时候，也一直称呼我"王师傅"。

不过，我这个人喜欢在外面跑，喜欢自己写东西，编版面实在坐不住。当时正好华东新闻部有一个记者与我相反，他不喜欢跑，想稳定一点。我们两个人商量之后对调，这也算各得其所。

一开始，国内新闻部人很少，只有两三个人。过去《解放日报》主要是报道上海，对长三角不大重视。后来，领导们认为《解放日报》的发行量要扩大，主要是靠江苏、浙江这一带，尤其是苏南，那里是鱼米之乡，是很富裕的地方。改革开放以后，大家都要搞开发，所以报道长江三角洲，特别是苏南，变成《解放日报》的一个报道重点。

和太仓结下手足之情

我的几篇关于太仓的报道，就是在这个大背景下面采写的。说来也巧，太仓的报道不是我主动去联系的，而是另一个记者跟太仓比较熟，有一次拉我过去。这也是常有的事，我编长三角版面的时候，就有记者会在送稿子的同时问我，"老王，××地方你有兴趣吗？"记者和编辑一起采访，当时并不是例外。去了太仓之后，见到了当地政策研究室主任，他就提出："王记者，能不能给太仓写一篇比较大的报道，给我们宣传一下？"

当时的太仓是苏南六个县市当中最小的一个县，人口只有43万。像常熟、吴县、江阴，人口都到了100万以上。太仓知名度太低，希望我能写一篇报道扩大太仓的知名度。当时我就写了一篇《太仓市在协调发展中悄然崛起》，4000 多个字。这篇报道大概是 1987 年 1 月份发表的。

我还记得，当时太仓想开发港口，但这个港口的条件实在不好，要开发谈何容易，还要招商引资。1996 年的时候，我写了一篇文章《江苏太仓港开发新建初展雄姿，本世纪末吞吐量将超 800 万吨》着力进行了宣传。后来太仓港打开局面以后，外资就纷至沓来。

就这样一来二去，我就和太仓结缘了。此后我连续报道了十年，用他们的话来讲，我"伺候"了他们三任的党委书记。这种采访结成的关系变成了一种手足之情，家事国事天下事，什么都谈。太仓那时候的领导，来上海都要约我一起吃顿饭，其中太仓当时的市委副书记金世明到现在还在跟我联系。

我想，我自己写的报道可能没那么大作用，可是他们一定认为，太仓能够发展到今天，从一个默默无闻的小市到如今，跟十多年来的宣传密不可分。

我成了被"抢"去采访的记者

说到这里，还有个张家港当时来"抢"记者的故事。那时我们报道苏南有了一点声势，而且也正好碰上苏南当时各个县市都在抓经济、抓宣传，是这么个背景。那时我报道太仓、吴县、吴江、江阴、宜兴这一带比较多，但是张家港比较远，报道比较少。他们在报纸上一直看到我的名字，就要请我去报道一个新闻，必须马上要刊发。我家住在上海，怎么去呢？他们就派了个车子，一路不停地以最快的速度赶到我家里，把我当"犯人"一样，马上就塞进车里面，立马开到张家港，市委书记已经坐着等了。

我马上回来写了稿子，第二天赶紧发出来。"抢"记者这件事不大，但是反映了改革开放初期那种紧迫的节奏。对记者来说，也是赶上了改革开放的一个机遇。

回头看自己的新闻工作经历，我感触最多的就是记者要善于跟基层的干部群众交朋友。要做到这一点，第一，要放下架子，跟群众打成一片。像我这样刚刚大学毕业的时候，以为自己满腹经纶，唐诗宋词元曲什么都懂，多少是有点看不起普通工人的。后来十年厂里待下来，你会发现，工人虽然朴实，文化程度可能也不高，但是他的实践能力和智慧，是你想不到的。第二，要想当地所想，急当地所急。你光是放下架子，你态度很谦虚，但是业务上没有解决当地的问题也没用。第三，不要利用记者的这种身份，捞取不义之财，要注意自己的人品。对一个记者来讲，这三点非常重要。

采 访 人：查睿
采访时间：2018 年 5 月 17 日
采访地点：上海市延安中路 816 号解放日报社
摄影、摄像：沈阳

丁永宽

解放广告的辉煌是怎么来的

丁永宽(1935 年 2 月—　)

丁永宽，籍贯上海。中共党员，技术编辑。1950年12月在新闻日报参加工作。

1956年1月参军，任文化教员和军校学员。

1958年2月退伍回新闻日报（后并入解放日报），曾任排字车间负责人。

1977年8月任解放日报经理部秘书。

1980年3月至1997年9月任解放日报广告科副科长、科长，广告部副经理。

　　我是从工厂里调到解放日报的，最初是做排字工人。"文革"开始的时候去了经理部当秘书。1980 年的时候，我就被调去了广告科。那时候广告部和发行部分开，领导觉得我排字出身，对广告应该是比较了解，有这个长处，就派我去负责广告了。在这个岗位上工作，一直到 1995 年退休，正好 15 年。

动脑筋找广告覆盖扩版成本

　　《解放日报》是从 1979 年开始恢复刊登广告的。从那之后报纸的广告就开始逐步发展起来，到 1990 年至 1995 年期间是最兴旺的时候，广告多到报纸都来不及登。当时广告在报纸上的版面是有限制的，篇幅不能超过八分之一，后来扩大到六分之一，还是满足不了客户的广告需求。

　　更重要的是，报纸要增加信息量，提升影响力。怎么办呢？就扩版，整个报纸扩版，从 8 版扩大到 12 版，又从 12 版扩大到 16 版。扩版之后内容更多了，纸张用量也更多了，成本就高了。要覆盖成本的话就需要广告，对广告的需求比原先翻倍，我广告部的压力也就大了。那时候广告量大是大，但一夜之间从哪里找那么多广告，我们几个人伤脑筋了。

后来，我们就想到跟工商局办一个开业工商注册登记的公告，这个一年能带来好几百万元的收入。工商局也觉得，《解放日报》是党报，刊登公告比较权威，而且那时候《解放日报》的发行量很高，达到过 90 万份，这也是个优势。

再有一个办法，就是往长三角拓展，当时《解放日报》在江苏和浙江的影响力很大。当时，江苏浙江一带还时兴办乡镇企业。乡镇企业兴旺的时候，我跟采访部门的一个记者两个人，开了一部车子到无锡十二个乡镇企业都转了一圈。当地人一听到"解放日报"来了，都相信《解放日报》，广告业务拓展很顺利。

因为影响力大，发行量大，当时香港的港商都要来我们这里登广告。而且，在我们这里登广告的效果也很好。在《解放日报》上登了广告以后，企业跑供销的人只要在家里等着顾客上门就行了。

登上广告版的必须质量三包

那时，能登上《解放日报》广告版的产品必须是优质产品，要做到质量三包。那个年代企业要做到这一点也是很不容易的。企业的牌子要硬，这样《解放日报》广告的牌子才硬。当时，我们审稿很严格，要三级审查。营业执照、生产许可证等都要查验，不是企业写什么我们就登什么。而且我们还要对照产品说明书，是不是上级部门批准的，都要对上。当时社会上也有虚假广告，主要是医药、医疗器械，但从来没有人因为《解放日报》广告的问题来跟我们打官司。

另外值得一提的就是刊登外商广告。这方面我们不是第一家，是《文汇报》先登的。我们当时刊登外商广告其实没有什么压力，因为当时人们的思想观念转变得也很快，后来大家都习惯了，习惯成自然。我们广告部的人也都觉得这件事很新鲜，也是要这样做的。

当时外商要登广告，我们还给他们"开绿灯"的。为什么呢？因为外商登广告的广告费要比国内商家的广告高30%，收入高，标准也就高了，而且赚的是外汇，不是人民币。并且，当时我们买机器、设备什么的都要外汇的。外汇哪里来？没法靠国家靠政府，只能我们自己赚。所以呢，外商的广告在报纸上都是放在优待的位置的。例如，日本丰田汽车、东方表、瑞士咖啡、梅花表等都是我们的常客。

"衣食住行吃喝玩乐"样样俱全

当时《解放日报》登广告的优势还在于门类较多，品种齐全：有国内广告，也有外商广告，而且涉及到各行各业。比如一些戏剧电影的广告，现在都没有了。当时上海几十家电影院，每个月给他们报一次账，今天大光明登了三行字，大上海登了五行字，每天都给它记下来。到月底，记账的人就把发票寄到电影院那里，告诉他们这个月登了多少次，让他们把钱汇到我们财务科。

当时《解放日报》上的广告真的是"衣食住行吃喝玩乐"样样俱全，内容十分丰富，使读者在看新闻报道的同时也能从广告中受益，为群众所喜闻乐见。因为领导也讲，广告不要登得太死板了，也要搞得活络点。所谓活络，就是品种要多，内容要好，画面要好。广告要讲究的这些东西，我们会跟客户提出来，让他们把画面设计得美观一点。这里面，企业会自己设计广告，我们也会帮忙。广告部人最多的时候有二十多人，其中有四五个设计，都是美专毕业。

广告形势一好，我们为了增加收入，基本上一年调价一次。当时调价不需要经过有关部门批准，报社可以自行决定。我们每年调价的幅度在 20%–40% 之间。

广告形势好却没出过经济问题

另外值得一说的是，那时《解放日报》的广告"生意"非常好，但是我们内部的工作却从来没有出过问题，特别是经济方面的问题。当时广告收入都归财务科，每天收入多少，都得记账和报账，做得很细，分为广告、遗失启事等类别，每天都有日报表交到财务科。这样一来，财务科就知道广告部今天收入多少，一个月过去了收入多少，账目清楚得不得了。而且广告部赚来的钱都是直接去了财务科的，不会到私人这里过一遍。

不过，我们那个时候也有"等米下锅"情况。怎么办呢？我晚上都睡不着觉，不能让广告"开天窗"啊。当时就想，不管烧出怎样的饭菜，只要烧出来就行了，脑筋真是伤透了。

那时，我作为广告部的主要负责人，每天还要代表广告部参加编前会，每天晚上排版什么的，也都不能回家吃饭的，和印报的、编辑部的人一样，不回家的。做广告的酸甜苦辣，只有我们亲身经历过的才能体会到其中的味道。

眼下纸媒广告的形势，不是人能够决定的，它被各种各样的因素所制约。我觉得，只要尽了力，动了脑筋，还是能找到办法的。我记得 28 年前，浦东搞开发开放，各种企业都去浦东开分公司，都要登广告，我们广告部的同事都来不及参加，广告的版面也要加纸张。去纸厂申请计划之外的纸张本来就是件棘手的事情，有的企业还不愿意把广告刊登在加张的纸张上。那时候我们一般是每个月加一次，后来登不过来，就一个礼拜加一次。我们就想了个办法，那时企业喜欢逢八开张，广告要在逢八的日子里刊登的，就涨价 20%，客户不计较，加张也在他们的承受范围内。

采 访 人：徐蒙　张煜

采访时间：2018 年 5 月 21 日

采访地点：上海市兰溪路丁永宽家中

摄影、摄像：沈阳

亲历《解放日报》改扩版

吉建纲（1935 年 2 月— ）

　　吉建纲，籍贯江苏南通。中共党员，高级经济师。1952年参加工作，1956年初开始走上新闻工作道路，从共青团卢湾区委调至青年报社当记者。1963年调上海市委党刊编辑室任农村组副组长。1972年到复旦大学新闻系写作教研组任职。1979年参与青年报复刊筹备，复刊后任党支部书记、编委，负责采编兼经营管理工作。期间，进上海市委党校学习，后调至上海市人事安排小组。1983年10月，从青年报调入解放日报社，任党委委员、秘书长，兼任上海市新闻工作者协会秘书长。

　　1994年1月任解放日报总编室正处级调研员。1994年4月，参与筹建上海市报纸行业协会，任专职秘书长。

我是 1983 年 10 月从青年报调到解放日报工作的。在十来年的工作中，参与了解放日报改扩版和新闻大楼建设两件大事，做了些具体的工作。

改扩版后发行也跟上来了

　　1988 年 1 月 1 日开始，解放日报改扩版，从每日出版对开张四版扩为八版。当时是上海第一家、全国第三家突破传统模式的省市级综合性大报。在上海乃至国内外都产生了重大影响。

　　其实改扩版的这件事，报社党委已经酝酿研究了很长时间，尤其是当时担任解放日报总编辑的陈念云同志，他在党委会上说了几次对改版的想法。

　　当时全国有两家已经开始动作了，一个是广州日报，一个是天津日报。报社党委决定去学习调研一下，看看他们是怎么搞的。于是，陈念云和副总编辑冯士能带队组团南下广州、北上天津，我也在其中，后来还有一些编委的同志也去了。

　　那时，改扩版在报社内也是讨论得热火朝天，开了好几次座谈会，各部门围绕怎样办好一张全新的报纸献计献策。大家都觉得，原来 4 个版的报纸已经远远不能反映社会快速发展的局势，也不能满足老百姓对信息量的需求。

我记得当时定下来的改扩版要求，一是增加信息量，二是增加我们国际国内的新闻，三是在坚持正确导向的同时，增强报道的群众性、可读性。方向定下来，报社的方方面面都动了，大家的积极性都调动起来了。

但是这个报纸光有内容还不够，首先碰到的问题就是发行。我还记得，有次开党委会，陈念云就问我，扩版以后，有多少人能够订，能发行多少？实际上这个事情我已经跟时任发行科科长卑赢商量过了，他也做过调查，当时的发行量差不多有七八十万，最高到过 90 万。这次扩版，报纸价格提上来了，没有翻倍但是也增加了 50%，发行量估计能有 65 万到 70 万。老陈说，你们不要说大话，这个东西是要拿出真材实料的，能做到多少就多少。结果在 1988 年的 1 月 1 号正式改扩版，最后的发行量是 78 万份。

能做到这样的成绩，靠的是全报社都做发行工作，连报社领导也参加进来。陈念云同志带头，他跟时任副总编辑的余建华同志带了一个文艺小组，到了济南、烟台去演出；当时任副总编辑的居欣如同志去了苏州、南通；当时的工交部领导樊天益去了高桥化工厂；编委贾安坤、宋超到郊区几个县做宣传；华东部主任毛用雄和张志远、胡志刚、郑正恕等也到各地做宣传工作。

樊天益去高桥化工厂做宣传的时候，我也在。那时在厂里开一个比较大的会议，由他们党委书记主持。会上主要是樊天益讲，一起去的记者裘新也讲，讲我们报纸改革以后方针是什么，有什么版面，怎么做宣传，我们要宣传什么典型的事例等等。这家厂的订阅量这么一下子明显就上去了。

再后来，就出了一个报纸发行的典型，就是中药一厂为每一个工人订一份报纸。这个厂的发行会，我去过几次，全场有七八百人，这可不得了。在宝钢的一部分厂里，我们也做到了人手一份。

历经十余年终于建成新闻大楼

我参加的另一件报社大事，就是汉口路 300 号的新闻大楼建设。

这个新闻大楼是几届报社领导都想做的事情而没有做成的，王维、夏其言几位同志担任报社领导的时候，就在考虑这个事情了。当时要选址，他们起初想把我们 300 号楼对面的山东路黄浦体育馆盘下来；后来又挑中了淮海中路的"牛奶棚"（原上海乳品二厂），也没有如愿。可是要把汉口路这个地方的房子拆掉造新大楼，就难度更大了。虽然问题一直没解决，但是报社还是一直在争取。

1978 年，经上海市计委上报，由国家计委批准，同意解放日报社新建大楼，批准面积为 4 万平方米，由于资金、人力等原因，一直到 1984 年解放日报社新建工程才列入上海市计委预备项目。但立项后，选址又成了大问题。后来，经几方面研究，同年 6 月 7 日上海规划局批文，征用中山南二路 34 亩土地，其中 27 亩用

　　吉建纲

于建设解放日报社新址，新建报社新闻大楼的事终于启动了。

　　这时，报社许多同志提出，不太赞成报社动迁，主张原址扩建。报社党委也几次开会讨论，集中群众意见后，也决定原址扩建，因此向市委市府报告了这个请求。

　　1986年12月，当时担任上海市副市长的倪天增同志召集华东设计院、市规划局和解放日报相关领导同志，开会讨论报社新建大楼项目。陈念云同志汇报了原址扩建的想法和原因，倪天增表示，总体规划是否可行，对周边居民影响如何，市政配套设施是否跟得上，资金问题可否解决，这些问题如果能解决，那就可以定下来，由华东设计院提交可行性研究报告。

　　1987年，国务院要求各地各部门坚决实行"三保三压"，国家计划外的楼堂馆所立即下马，新闻大楼建设也受到影响。

　　1987年9月10日，上海市城乡建设规划委员会终于批文同意解放日报社汉口路274号原址改造，并同意报社征用中山南二路27亩土地用于动迁。

　　原址扩建结合街坊改造，难度很大，光是动迁居民就有140户，动迁的单位23家，而且动迁安置房的建造周期过长，动迁谈判难度非常高。1988年8月12日下午，市政府副秘书长胡正昌召开了解放日报社原址扩建协调会。会议决定，中山南二路27亩土地交由黄浦区开发，同时，黄浦区承包报社原址扩建过程中周边居民和单位的动迁工作。在黄浦区政府大力支持下，用黄浦区的房源安置了动迁户，大大缩短了工程周期。

　　新闻大楼的设计，也是几经修改论证，当时请的是华东设计

333

院来设计，又征求了报社领导和部分同志的意见和建议，先从党委，后来再到了各个部门，让大家看一下这个模型怎么样。最终选定的方案是：竖向线条挺拔，楼面呈方格，造型上部呈收缩向上，阐释了解放日报奋发向上，以如椽之笔描绘 21 世纪美好未来的深刻寓意。

工程建设之初，时任上海市副市长徐匡迪同志曾来报社了解大楼建设情况。新闻大楼由市建二公司承建，到 1994 年竣工落成。建筑风格广受好评，成为外滩附近的地标之一，与万国建筑完美融合。这幢大楼也获得了 1995 年上海市优秀设计三等奖。

把解放日报食堂办出水平

最后我想讲讲解放日报食堂的事情。我分管报社的后勤保障，跟我们的第一线的编辑部编辑、记者、广告、发行、印刷员工都有密切联系。解放日报的食堂历史上就是很好的。解放日报编辑部的人都知道，某某师傅烧的菜怎么好，他的拿手是什么。那时文艺部的主任沈扬说，他一个老领导是福建日报的，到我们这里来看望他，吃饭也没有到外面去，就在食堂里面吃。天很冷，结果他在食堂里面吃什么呢，吃了一个小砂锅，这个小砂锅里面有牛肉，有粉丝，有什么有什么，非常好吃，而且端出来就滚烫滚烫的。那个时候冬天我们吃这个砂锅是解放日报食堂里面的一大特色。食堂的酱汁肉、腐乳肉、炒虾仁、炒鱼片，还有酥油饼、袜底酥、银丝卷、八宝饭等点心都很有名。

在报社的员工里，上夜班是最辛苦的，从健康来讲最容易受损伤。我自己也做过记者，也知道做夜班的甘苦。那时候陈念云同志就说你也到夜班去看看，我就晚上经常去看看，听听意见，了解了解情况。所以后来定下来三个方面的举措，一个是提高夜班的生活津贴。第二个就是我们要有一些福利或者政策，要有所倾斜。第三个他们吃的东西一定要开小灶，要让他们吃得好，派做小灶的人也要有点水平，要能够烧得出好的菜。当时有一个食堂大组长，他会半夜突然醒来，从家里跑到单位来检查夜班的菜看做的怎么样，再征求意见。

采 访 人：章迪思

采访时间：2018 年 6 月 5 日

采访地点：上海市延安中路 816 号解放日报社

摄影、摄像：海沙尔

与文坛名家交朋友有"秘方"

沈扬（1935 年 5 月— ）

沈扬，籍贯江苏无锡。中共党员，主任编辑。

1960年3月起从事新闻工作，历任厦门日报、厦门人民广播电台编辑、记者，福建日报编辑、记者，总编室副主任、主任。

1984年7月调解放日报，先后任总编办公室领导成员，文艺部副主任、主任。先后编过厦门日报《海燕》副刊，福建日报《武夷山下》副刊，解放日报《朝花》副刊。系中国作协会员，曾任上海市作协理事及散文杂文报告文学专业委员会副主任多年。著有散文随笔集《晴红烟绿》《花繁七色》《长风淡霭》《曲楼文拾》《蓝窗漫草》《览世心影录》和编辑手记《朝花怀叙录》等。

我是 1984 年到解放日报文艺部的。当时吴芝麟同志是编委兼文艺部主任，我当副主任。吴芝麟调出报社后，我当主任。我在文艺部待了近 15 年，除了新闻业务，投入"朝花"的时间和精力不少，可以说这 15 年里，我从来没有离开过"朝花"。

"新、广、杂、雅"是"朝花"之魂

一把手直接关心"朝花"，是解放日报历来的传统。1956 年"朝花"创办时，定位是"综合性文艺性的副刊"，当时强调的是"要搞好杂文，要搞各种各样的知识，还要有繁多的品种"。

上世纪 80 年代中期，就我所知，在当时的总编辑陈念云主持下，编委会曾几次专题讨论"朝花"工作。经过酝酿，提出把过去的"综合性文艺性"调整为"文艺性综合性"。原因在于，"朝花"首先是一个文艺性的刊物，但又不是一个纯文艺的刊物，而是一个综合性的刊物。《解放日报》是一张大报，又是党报，需要一个文艺性的副刊；同时与报纸的整体相适应，这个副刊又不能办成纯文艺、纯学术或纯文史性的。这样，"朝花"就与上海另外两个副刊——文汇报的"笔会"、新民晚报的"夜光杯"

区别开来。三张报纸的副刊定位不同，也便于形成各自的特点和个性。

关于具体办刊方针，编委会同意由总编辑陈念云同志提出来的"新、广、杂"三字。丁锡满从市委宣传部回到报社担任总编辑后，又提议在这三个字后加一个"雅"字，获得了编委会认可。"朝花"长时期保持了比较高雅的格调和品位，不趋利、不媚俗，把"雅"字充实到具体办刊思想之中，应该说是合理的，也是合乎实际的。我认为"新、广、杂、雅"四个字，本质上是坚持了一种文化精神，这种文化精神就是"朝花"的灵魂。

让钱钟书"金石为开"

中国的报纸副刊历来有名家参与，从申报的"自由谈"、新闻日报的"快活林"到大公报的"小公园"，都是如此。"朝花"也继承了这个传统。

和名家打交道，首先自己的文学修养要拿得出手，要跟他们说得上话。我本来就爱好文学，经常写写散文、小说，来解放日报之前在《厦门日报》的副刊"海燕"、《福建日报》的副刊"武夷山下"都做过编辑。我刚到解放日报的时候，很多名家都是同事陈诏等人介绍给我的。他们没什么私心，纯粹从工作出发，像刘心武、王蒙、丁聪这些人到上海来了，就会叫上我一起去看望他们，或一道陪同报社领导与这些名家吃饭交谈。

其次是要以诚待人。这一点陈诏做得比我好。他当年想向钱钟书约稿，一开始总遭谢绝。他就一遍又一遍，不厌其烦地写信。

陈诏自己对红学很有研究，文学造诣也很深，经常在报刊上发表文章。信函一来一去，钱钟书逐步对他有了一些了解，终于答应写一首旧体诗，在"朝花"上刊登出来。陈诏要给钱钟书开稿费，对方却回复就把稿费当做"报社财务的一个尾数"，不用开了。陈诏认为按照惯例一定要开稿费，假如钱钟书不肯收，也要有所表示，就去信说，"送您一盒印泥"，结果钱钟书回，"印泥我已经有四盒了"。怎么办呢？后来陈诏买了一块高级冻石，专门请篆刻家钱君匋为钱钟书刻了一方印章。钱君匋是著名篆刻家，鲁迅的很多书都是由他设计封面的。这方印章，陈诏专门登门送到了钱钟书家里。两人见面，钱老很是热忱，后来他们一直保持很好的联系。我们开玩笑说，陈诏的诚意"金石为开"了。

一定不能让对方为难

还有很重要的一点，我认为名家和编辑之间是相互尊重的关系，一定不能让对方为难。每个人的性格都不一样，与人交往一定要了解对方的性情。

我和才女作家赵清阁的联系，始于上世纪90年代初期。当时我向她约稿，文函来往、电话联系之外，后来还有机会登门探访。她性情恬淡，沉默少言，不过晚年很愿意跟谈得来的编辑交流。

那些年她不定期地会寄稿子来，写作态度十分认真，在一篇怀念邓颖超的文章《雪里梅花》中，她附信写道："……拙作记述从五四时代战斗过来的新文艺家，接触中，我真没有把她当政治家，她热爱文艺，所以关心爱护文艺工作者。周总理也如此。"

我保留的清阁女士给我的信件中，她这样写自己和"朝花"的缘分："……我们虽未谋面，却不陌生，与《朝花》更是文交已久，记得解放后我在报纸上发表的第一篇文章，即《朝花》上的《十岁老太太》，此后因专事电影、小说创作，就很少写散文了，文革后才又写写散文和杂文。已结集的三个散文集手边无余书，近闻文汇报一编辑于三联书店买到一本香港出版的《沧海泛忆》，拟托人去买，如买到即赠你，有助于对我的了解。"

我能体会到，她希望一个晚辈了解一些她的过去。其实在认识赵清阁之前，我对她的生平已经有一些了解，比如说上世纪30年代，赵清阁高中刚刚毕业就因在报纸上刊文抨击权贵而遭当局逮捕，坐了半年牢；二十几岁的时候在武汉和重庆做抗日宣传工作，先是主编抗日刊物《弹花》，继而为出版机构主编几种丛书，让洪深、田汉、老舍、欧阳山、方令孺等人的作品在战乱之中得以面世；也是在山城重庆，喜爱戏剧的她与老舍先生合作完成了三部话剧剧本等等。

我们渐渐熟悉以后，她跟我说每天上午9点以后、下午3点以后，可以给她打电话。但是在我们所有的谈话中，有关她和老舍之间的感情传闻，从来没有被提起。从我个人来说，这确实是个遗憾。不过我很理解，这是她心中的痛，既然一直没有特别的机会，我也就一直没有问。除此之外，其他的话题都可以说。

跟张海迪交往，则完全是另一种情况。有一次，我受邀去北京参加海迪新著《生命的追问》的出版研讨会。在她下榻的中国作协大厦内，我跟她有过一次两个多小时的长谈。从1996年开始，我和她书稿往来不断，"朝花"刊登过不少她的散文作品，还曾为她开过一个专栏"海迪笔记"。看海迪的文字，你会发现她并不是残疾人作家那么简单，她对文学有很好的感觉，文笔优美，又非常有思想性，充满了对生活的自信和创意。

生活中没有理想式的英雄，没有"高大全"，海迪是楷模，也是凡人，是一名截瘫了多年的残疾人，她曾多次在给我的信中吐露了创作的艰难和执着。由于胸部以下功能丧失，她写作时全身的支撑点都在胳膊上，我见过她胳膊下一条又一条红色的血痕。

那次见面，我们聊了很多有关写作的话题，她性格直率，有问必答。后来，我们很自然地聊到了她的感情生活，她告诉我，她的先生王佐良是一名大学老师，两人在文学上很有共同语言。先生细心、体贴，又十分低调，从来不把自己当做"知名人物"。海迪出现在公共场合，一般都由妹妹小雪推轮椅，她的先生很少露面。谈到先生时她面露喜色："我先生是上海人，还是你们老乡呢！"我退休后，还收到她和先生合译的美国长篇小说《莫多克》。

朝花其他编辑也各有自己的作家联系网，以各种方式保持联系。

采 访 人：刘璐

采访时间：2018 年 5 月 15 日下午

采访地点：上海市曲阳路沈扬家中

摄影、摄像：海沙尔

抓"独家"，心明眼亮靠积累

连金禾（1936 年 3 月—　）

　　连金禾，籍贯福建龙岩。中共党员，主任记者。1960 年 9 月复旦大学新闻系毕业分配到解放日报政文部当记者。1981 年 1 月后调解放日报科教部，任科教部领导核心、副主任、主任。曾担任全国教育记者协会理事、上海语言文字工作委员会委员等职。

1960 年 7 月，我从复旦大学新闻系（五年制）毕业；同年 9 月，分配在解放日报社。

曾长期在报社政文组当记者，到 1996 年办理退休手续。在 1981 年至 1991 年的十年间，曾先后担任科教部副主任、主任等职务，但再忙也没有忘记自己首先是一个记者，从未间断过采访与写作。

退休以后，曾接受返聘，担任过两年零三个月的科教部编辑和解放日报阅评员，又在解放日报工作了 5 年，真正退休时已 65 岁。人们对我的称呼，也从"小连"、"大连"到"老连"。

我在解放日报度过的 41 年，还是我走过人生旅途的一半。回顾这一人生旅程，真是终身难忘。

总编辑抓典型报道是个好传统

1978 年 6 月 12 日，《解放日报》头版发表了一万多字的通讯《基本粒子迷》，配有言论、照片、插图等，浓墨重彩，很醒目。

这篇通讯是我和庄玉兴、陈钟明采写的，说的是在"四人帮"横行之时，上海有一群年轻的中学教师、工厂资料员、实验员和工人，利用业余时间，自愿组成一个十多人的业余科学研究小组，数年如一日地探索基本粒子的奥秘。他们素不相识，但为了研究基本粒子，通过各种途径，戏剧性地相聚在一起。"四人帮"反对研究基础理论，因此他们举行的上百次学术报告会，都不得不"打一枪换一个地方"，不停地更换地点。粉碎"四人帮"以后，他们参加了复旦大学现代物理讨论会，并相继在会上作学术报告。他们的研究方向和成果，得到了著名物理学家卢鹤绂教授的肯定。

这篇通讯刊出后，在社会上引起强烈反响，本报编辑部和"基本粒子迷"们收到了来自全国各地的60多封来信，表示为他们的精神所感动，"学有榜样，学有方向"。有的还登门拜访，要求旁听他们的学术报告会。同时本市也涌现出一批新的"基本粒子迷""科学迷"，成立业余研究小组。

与此同时，从1978年下半年起，通讯中写到的大部分基本粒子迷被调到复旦大学、华东师范大学、上海师范学院、中国科技大学等高等院校的理论物理教研室当教师，有的则考取了复旦大学和中国科学院的研究生。他们已经成为我国高等物理研究的一支朝气蓬勃的生力军。

在这种情况下，我写了续篇《重访基本粒子迷》，着重介绍他们的岗位和条件变了，但迷劲不变，攀登科学之峰的决心不变。此稿刊登在1981年5月27日的《解放日报》上。后来，北京《新观察》杂志看到本报的连续报道后，向我约稿。于是，我又写了一篇题为《一群"基本粒子迷"》的人物通讯，发表在1981年第 19 期的《新观察》上。这篇通讯后被中国科普协会评为全国科技新闻佳作，1985 年 8 月由新华出版社出版的《科技新闻佳作选》选编了这一通讯。

《基本粒子迷》的报道获得成功，和解放日报"总编辑抓典型报道"的传统分不开。对于这篇报道，当时的总编辑王维同志先后有过两次批示。第一次批示是 1978 年 3 月 13 日，他看到 2 月 22 日的《自然杂志》简报上，刊登了《一个坚持多年的业余自然科学学术研究小组》一文。于是批示"请储大泓、陈念云同志阅后转政文组张贻复和有关同志阅。请考虑可否进行采访和报道。"当天，储大泓、陈念云也有批示。我和庄玉兴、陈钟明三人负责的这篇报道，就是从这里开始的。

第二次批示是 1978 年 7 月 6 日，《自然杂志》张风写了一篇消息，说一些基本粒子迷正被调到高校的事。王维又批示："附上张风同志写的消息，请你们了解一下，如已调到高校可发消息，尚未成为事实则不宜发。后面部分，也可补充得略微具体一些。"

此外，此稿写出并反复修改后，王维同志还安排报社领导储大泓、陈念云同志帮助我们修改稿件。记得是逐段逐句修改的，从标题到遣词造句，极其仔细认真。我们部门领导和采写记者都参加了这次改稿会，最终的标题和开头的写法，都是在会上定下来的。

采写独家新闻的苦与乐

重视独家新闻的采写，是解放日报的一个优良传统，也是在媒体众多的上海新闻界脱颖而出的法宝，报社上下都为独家新闻开绿灯。

从看似普通的会议里捕捉重要信息，有时候靠的就是记者抓独家新闻的意识。1991年10月下旬的一天，上海市电子学会邀请我去参加他们的30周年学术年会。我想，上海各种学会很多，类似的活动一般只能发个简讯，加上当天报社有会，想请学会的同志写条短新闻给我就好。但对方工作人员一再强调这个会很重要，理事长也特地关照要我去参加，于是我就去了。

在会上，上海市电子学会理事长、著名物理学家华中一传达了时任中共上海市委书记吴邦国的寄语："电子工业是今后国家重点发展产业，'八五'和今后十年上海将在电子工业上有较大的发展。电子学会今后一个重要任务就是加强学术交流，提高学术水平，促进电子学的发展，以适应电子工业的发展。"

我想，电子学是发展高科技产业的关键，而高科技产业也是当时上海的发展方向，这个学术年会比一般的年会有更大的新闻价值。于是写了篇四五百字的新闻，涉及领导寄语的内容电传给吴邦国同志本人审定，最终在第二天的《解放日报》头版刊出。

独家新闻的获得，还往往有赖于记者平时的努力，以及和被采访者之间的亲密互信关系。

复旦大学苏步青校长是于1983年2月退居二线担任名誉校长的，这是条共有新闻，也有很多人想采访他关于退休后的打算。但当时他正在一个鲜为人知的地方"闭关"准备即将在日本举行的学术会议上的演讲。

我在此前就和苏步青及其秘书有较好的私人关系，有一天我了解到他退居二线后曾赋诗二首，便通过秘书提出要求，希望能得到苏老的诗作，并采访苏老本人。采访中，秘书悄悄带我去一个不大的工作室，在那里苏老向我"敞开心扉"，具体谈了科研和教学方面未来的打算。

第二天，我写的独家新闻就见诸报端，苏老的两首诗也在不久后发表于《朝花》副刊。

要采访到独家新闻，除了到现场、争取到独家采访等条件外，最重要的还是不断提高自己的新闻分析能力，否则，即使到了现场，也会和真正的新闻失之交臂。

1988年农历正月初一，我和往年一样参加复旦大学的新春团拜会。团拜会上，各位知名学者、教授都有精彩的发言，但经过仔细分析，似乎都不大合适发在《解放日报》上。就在团拜会即将结束之际，副校长华中一教授在会上宣布，谷超豪先生被聘任为中国科技大学校长。我立即意识到，这是一条真新闻。乍一看，这是一位教授的工作调动，但是由于中国科技大学是全国关注的高等学府，谷超豪教授又是国内外知名的学者，这就是一条很有价值的新闻。

当然，人事调动非常严肃、慎重，如果文件尚未下达，是不宜做报道的。我急忙打电话到谷超豪先生家，他告诉我，他本人尚未看到正式通知。我又打电话给复旦大学党委书记林克，他告诉我，文件已到，这个任命是经过中央批准的。至此，这条新闻才真正成立。我赶紧坐下写稿并交给谷超豪本人审核。

他审好稿子后说："据我所知，你是第一个发这条新闻的记者。"在我的稿子发表后，新华社、香港《大公报》等媒体也相继报道了此事。

采 访 人：章迪思
采访时间：2018 年 6 月 13 日
采访地点：上海市延安中路 816 号解放日报社
摄影、摄像：王清彬

老报人 "领进门" 是平生之幸

孙乐英(1936 年 7 月—　)

孙乐英，笔名骆英、乐逊、皖生等，籍贯安徽寿县。1959年上海社会科学院法律系毕业，到上海社会科学院院长办公室学术秘书组工作。1961年9月至1965年8月在中共中央华东局宣传部理论干部班学习，结业后到华东局农委和中共上海市委政治研究室、市委办公厅等机关从事调研和文件起草工作。

1978年调解放日报任评论员。1992年任上海《支部生活》副主编兼党支部书记。1996年至1999年任《党课教材》杂志主编。1995年评定为高级编辑。撰写的《提倡说真话反对说假话》获上海党建好新闻三等奖，《这个道理要反复讲》《关系的异化》等获全国党的建设刊物优秀作品二等奖。合著《谈谈企业经济合同》《横向经济实用手册》《商标应用必读》等。

初遇老报人引我进入写作之门

我 1959 年毕业于上海社会科学院法律系。毕业时原被分配到中共中央宣传部，后来上海社科院把我"截留"了，分配到院长办公室任学术秘书。

1962 年，我被推荐到中共中央华东局宣传部理论干部班学习。1964 年，我从理论干部班毕业，原定被分配到解放日报或新华社。分配到解放日报，这可是我梦寐以求的。我早就知道《解放日报》原是延安时期中共中央的机关报，上海解放后《解放日报》成了华东局和上海市委的机关报。可是，当我拿着介绍信到市委组织部转关系时，组织部干部处处长卓超却对我说，你解放日报去不成了，市委办公厅的马达同志要你到他那里工作。听了马达要留我当然也很开心，他是我们早已闻名的市委笔杆子。

到市委办公厅报到后，马达要我先到市委政治研究室工作。说来真巧，当时的研究室主持日常工作的领导人竟是解放日报原总编辑魏克明和原副总编辑冯岗。我当时心里真是乐开了花，我想解放日报没有去成，现在却能在大名鼎鼎的原解放日报两

孙乐英

个老总手下工作，这不等于在解放日报工作了吗？

果真如我所想，在政治研究室，我与理论班同时毕业的同学戴炳炎、董永康就在魏克明、冯岗两位老总领导下，接受新闻业务和写作培训。这两位老总平时亲自带我们下基层采访、调查研究，指导我们如何深入基层，如何采访、调研，如何访问劳动模范、先进人物。在深入采访和调研后又亲自同我们一起研究，拟定写作提纲，待我们把文章写好后，他俩又修改、定稿送解放日报发表。

这两位老总平易近人、和蔼可亲。魏老总肺部动过手术，身体不大好，像他那级别的干部下基层是应该叫小车的，可是当我提出叫小车时被他拒绝了。他说，下基层乘什么小车，我同你们一起坐公共汽车不是很好吗？

冯岗平时同我们有说有笑，同我们下基层，穿街走巷，看到我们有倦意时就拍我的肩膀说："小孙，你知道旧上海瘪三像什么样子吗？我来装瘪三给你们看看。"于是，他戴着帽子，装扮成滑稽可笑的样子，逗得我们哈哈大笑，倦意全无。

现在回忆起来，我能遇到魏、冯二位引我们入门的老领导真是平生一件幸事。

正当我在政治研究室魏克明、冯岗二位老领导手下愉快、顺利地工作时，后来截留我去解放日报的马达同志（后来马又调解放日报任总编辑）来要我到市委办公厅他那里起草文件工作。他说，这是原来约定好的。马来要我时，魏老总找我谈话，我当时很不情愿离开政治研究室。我说，我适合在政治研究室工作，到办公厅起草文件工作恐怕难以适应。魏老总听了我的话顿时严肃起来，他说："你这个同志是不是党员，是党员就要服从组织调动，党需要你干什么工作，你就要无条件服从，不要挑三拣四。"我受到魏老总严厉批评只好乖乖地到市委办公厅报到了。到办公厅实际上又是在老报人、大笔杆子马达和吴云溥两位同志直接领导下从事调查研究、起草文件工作。马达和吴云溥对我可说是言传身教。记得那时我参加起草党代会报告，马达一校、二校、三校反复推敲、修改，有的报告甚至反复推敲修改八至九稿。

在政治研究室和市委办公厅那些日子里，我刻苦学习，努力学习写作，埋头工作，一心一意想做一个名副其实的文字工作者，我能够从事文字工作，写些文章，就是在那段时间打下的基础。

再遇老报人圆了我进解放日报的梦

1978年"文革"结束后，我又遇到解放日报副总编辑夏其言和原解放日报副总编辑冯岗。老夏直接点名把我调到解放日报，真正圆了我到解放日报工作的梦。夏其言、冯岗当时是在写作组搞清查工作。清查工作结束，我们面临分配工作。当时上海社科院哲学所和法学所都要我去他们那里，都被夏其言同志拒绝了。我记得，在老夏要我到解放日报时，我的老上级马达也要我去文汇报他那里工作。我听到老夏和老马在电话里"吵"了起来。不过，这次马达没有争过老夏，1978年我跨入了解放日报。

我到解放日报时正是党的十一届三中全会召开之后，一踏进报社就接连不断的参加撰写社论、评论。记得我到报社那天，还没有到组织人事部门去报到，就被等在大门口的评论部主任陈念云拉去参加写一篇评论。当时社会上有些人借口发扬民主阻拦交通，冲击机关，围攻干部，并且发出一些奇谈怪论，上海市公安局针对这种情况发出一个维护社会治安的《通告》。我投入写的这篇评论就是宣传《通告》，驳斥奇谈怪论的。在参加撰写这篇评论后，紧接着还连续不断地写了几篇，在社会上影响很大。

那些年真可以说是评论工作的旺季，我夜以继日地倾全力投入写评论，评论部的一系列评论和社论我大部分都参加了撰写。大概是因为我在市委机关工作过，所有市委和市政府召开重大会议时陈念云同志都要我去旁听，给我的名义是解放日报评论员，有时陈念云同志还派我参加市里文件的撰写。大概是因为马达是我的老领导，所以有时文汇报开会陈念云也要我去文汇报参加旁听。回报社后，陈念云还要我向他汇报，"老马又有什么新点子、新举措"。

从评论部调到《支部生活》仍干评论老本行

在评论部工作期间，我还有一项任务，就是给市委党刊《支部生活》撰写评论。大概是因为我经常给《支部生活》写评论的缘故，报社党委要我作为联络员联系《支部生活》，并在 1992 年初干脆把我调到《支部生活》任编辑部副主任兼《支部生活》党支部书记。到《支部生活》又遇到分管《支部生活》的解放日报副总编辑居欣如。大概是她和吴经灿主任商定，要我分管《支部生活》评论工作，干我的老本行。用老主编吴经灿的话来说："《支部生活》评论的戏由孙乐英一人自拉自唱。"

1994 年底，解放日报创办了《党课教材》杂志。这本杂志的创办主要由我和陈世梁、田斌、陈维维、臧利春等同志策划，并由我担任主编，陈世梁、臧利春为副主编。《党课教材》创办时正值十四届四中全会要求加强党建和对党员的教育，立即得到市委领导的重视和支持。这本杂志创办后，中共中央办公厅、中共中央党校、中共中央宣传部，以及北京、上海、华东地区的省委领导，还有许多党建研究专家、学者，各省的地市县组织部、宣传部和基层党组织的党务工作者纷纷来稿。

而今我已是个八十多岁的老翁。这么多年来我从事文字工作，抓住就是一个"笨"字，一个"勤"字，刻苦学习钻研，笨鸟先飞，勤学习，勤思考，以勤补拙。马达和吴云溥曾经教过我，写文章要"吃透两头"，既要关注国家大事，关注党的路线、方针、政策，吃透中央和市委的精神，也要时刻记住密切联系群众，联系实际，联系基层，关注党内和社会上的思想动向，关注社会问题。而且，写言论性文章一定要有强烈的社会责任感，关注社会问题和人民群众呼声，爱憎分明，针砭时弊，言之有物，不能无病呻吟，放空炮。

我还深深体会到当一个党报党刊的评论工作者既要勤于思

考、勤学苦练，自己动手写东西，还要十分注意到贴近群众、贴近生活，强调评论要群众参与，广开言路，搞群言堂，要善于交朋友，邀一些熟悉党报、党刊的写手写文章，这样一来，写手支持党报、党刊，党报、党刊也培养了写手，能起到智库的作用。

采 访 人：孔令君　向凯

采访时间：2017 年 6 月 6 日

采访地点：上海市延安中路 816 号解放日报社

摄影、摄像：黄晓洲

解放日报北办三十年

狄建荣（1936 年 11 月—　　）

狄建荣

狄建荣，籍贯江苏无锡。1964年中国人民大学新闻系毕业，进解放日报工作。

1986年起任解放日报驻北京办事处副主任、主任，解放日报编委兼北京办事处主任，约请省部级以上领导干部及著名专家学者撰写现实性、针对性强的理论文章在《解放日报》发表，其中有龚育之《在有中国特色的社会主义旗帜下——读邓小平著作笔记》，郑必坚、逄先知、龚育之的《在小平同志指导下编邓选》等。

1994年评定为高级记者。《跨世纪领导干部的摇篮——记中共中央党校的教学改革》获新世纪优秀学术成果一等奖。特写《因特网现身说法，考克斯报告露馅》和《赵启正妙语答记者，智批考克斯种族歧视》收入赵启正所著《向世界说明中国》一书。

我是从中国人民大学新闻系毕业的。不过我是调干生，现在已没有这个称呼了。我从无锡出来先是当工人，公私合营后做公方代表，后来到了机关。1959年时招考大学生，一部分是符合条件的干部直接考，一考直接考上了，这就是调干生。到1964年毕业，当时读的是五年制大学。

毕业之后，调干生的分配是从哪里来到哪里去，所以就分配到了解放日报。

到解放日报后，我先在群工部工作。在群工部做了几年，又去了理论部。

1982年秋，我到北办工作，直至2010年离开工作岗位。这是一个中国社会发生伟大变革，各项事业蒸蒸日上的年代。在这样一个风起云涌、高潮迭起、精彩纷呈的年代里，能在首都当上二三十年记者，也可算得三生有幸了。

获得中宣部通气会"旁听生"资格

我在北办工作时，主任是张默同志。之所以叫办事处而不是叫记者站，是因为办事处的任务要比记者站的功能多。概括起来说，它有五项任务：一是获取信息，了解情况；二是报道新闻；三是组织稿件；四是报刊发行；五是接待工作。其中第一项，它的重要性甚至超过第二项报道新闻。这五项任务，并不是一开始就明确的，是后来总结概括出来的。

设立办事处总要有个工作场所，那么到哪里去找房子呢？那时，报社财务科从档案中发现了一张北京东城区苏州胡同的房契，一查，此处房屋人民日报在用。于是，便去人民日报查询。人民日报说，此处房屋已作他用，不便交还。如何办？报社副总编辑兼秘书长夏其言和人民日报的秘书长协商，达成谅解，人民日报把晨光街16号的宿舍腾出来作为补偿。那是一处小四合院，地段非常好，南面几十米是北京饭店，向西隔两条马路是天安门广场，向东一条马路是王府井。

获取信息、了解情况是北办的重要任务。中央宣传部不定期举行的新闻通气会是传递这些信息的源头。而当时，只有中央新闻单位有资格参加通气会，但我们辗转从当时在中宣部工作的王树人、刘祖禹那里得到了通气会的消息。直到后来，我托担任邓力群同志秘书的大学同学帮忙，解放日报北办获得了通气会"旁听生"的资格。

这里要说明一点，解放日报之所以能参加通气会，主要是作为上海市委的机关报的地位。而且，后来中宣部通气会参加者的范围也是不断扩大的。

中宣部每次通气会后，北京办事处都是连夜把内容整理出来，传回编辑部。同时，也传一份给市委宣传部新闻处。除此，还不时力所能及地完成一些宣传部交办的任务。

争取参加全国党代会报道

撰写新闻报道是办事处的主要任务之一，但是写什么，怎样写，到哪里去找新闻报道的线索，初来北京，一时摸不着头脑。当时的北京，不要说普通老百姓，就是有些中央机关，也不太了解解放日报，误以为是解放军报，采访有些难度。

就拿参加 1997 年党的十五大报道来说，就费了不小的功夫。那时离大会开幕的日子已经很近了，但中宣部还没有任何消息。我们就去中宣部询问，得知当时的规定是地方报纸不参加党的全国代表大会的报道。没办法，我又去找主管新闻宣传的中宣部领导，表达解放日报想参加十五大报道的愿望。后来还直接向中办打了报告，隔了两天，中宣部新闻局领导把我找去，告诉我：这次党代会各省市党的机关报可以派一位随团记者参加报道。自此以后，各省市地方党的机关报可以参加党的全国代表大会的报道成为定例。我想，这也算是对新闻界作出的一点小小贡献吧！

参加全国两会的报道，解放日报北办也是早于全国各省市的，我们参加报道的时候，似乎当时并没有其他地方报纸参加。当时两会报道虽然比较程式化，但也是可以创新的。就拿政府工作报告的起草过程来说，过去是不报道的。但我觉得，如果能够报道，读者肯定有兴趣。想到就行动。总理在两会上作了政府工作报告以后，我就去玉泉山，找起草组采访起草全过程。

在文件起草组同志的支持下，待两会结束，我们的报道就出来了。全国人民从中看到了党和政府对政府工作报告所持严肃认真负责的态度，增强了政府和人民之间的沟通。

每家报纸、每个记者都希望能写出重大的、有特色的、独家的新闻报道，问题是这些新闻从哪里来？国务院新闻办、中央各部委召开的新闻发布会，各种各样的工作会、研讨会要不要参加？从那里能不能挖出新闻？我的体会是，要有分析、有选择地参加。只要用心一点，有时也可以写出有特色的新闻。比如，1999年，以考克斯为代表的美国反华政客，发表所谓《考克斯报告》，污蔑、攻击我国窃取了美国的尖端技术情报。国务院新闻办先后两次举行中外记者招待会。我根据现场情景，写了《因特网现场说法，考克斯报告露馅》和《赵启正妙语答记者，智批考克斯》两篇现场特写，分别发表在1999年6月1日和7月16日的《解放日报》上。这两篇报道受到了国务院新闻办的好评，并被收入赵启正所著《向世界说明中国》一书中。

北京办事处新闻采访还有一个与众不同的地方，以首都主要新闻单位的身份，参加中宣部组织的新闻采访团，就当时的国内热点，出京集体采访。1991年夏秋和1992年初，中央宣传部会同水利部先后两次组织人民日报、新华社、中央电视台、中央人民广播电台、经济日报等首都主要新闻单位的领导，到长江中游的重庆、湖北、湖南等省市实地考察采访，北京办事处两次都参与了。第一次采访后，从7月21日起，解放日报连续三天发表了我写的《江水向东流，流的煤和油》等三篇通讯，着重说明三峡工程建设的必要性。第二次采访后，从2月9日起，到2月23日，共发表了八篇报道，就读者关心的三峡工程修建后可能出现的问题，通过实地采访，在一定程度上起到了解疑释惑、引导舆论的作用。

发表龚育之读书笔记破天荒

组织、约请有权威和有影响力的人士为解放日报撰写重点文章，宣传、解读党的方针政策和路线，宣传改革开放，这是解放日报北京办事处的重要任务，也是解放日报宣传报道的重要特色。1992年全国两会期间，我在走访中，得知一个消息：从1991年国庆以后，党史专家龚育之潜心研读了已经出版的邓选两卷和几本小册子，还阅读了大量没有收进邓选和小册子的讲话、谈话和报道，写下了大量的读书笔记，并在1992年初整理成文。当时这些笔记曾交给一个内刊，但对方觉得文章太长，没有刊登。得知有这样一篇读书笔记，我觉得正适合当时形势的需要。从他手里要来以后，即报送报社领导周瑞金同志，他看了以后大加赞赏。因全文比较长，一次登不完，于4月16日到18日，连续三天，用三个半版，把三万多字的读书笔记全文刊登。这在解放日报历史上，是破天荒第一次。文章发表后受到广大读者的欢迎，在社会上引起了巨大反响。之后，报社还把此文同另外几篇文章一起编成《党的基本路线要讲一百年》的内部学习小册子，前后印了几万册，沪、苏、锡等地的读者们踊跃购买。

工作三字诀："京""海""友"

我在北京办事处工作了二三十年，如果要说有什么体会的话，那就三个字："京""海""友"。我们是驻京的办事处、记者站，当然得姓"京"。"京"是首都、中央。这是我们工作的重点。我们要在这里了解、学习中央的精神，向报社领导报告。在采访报道中要体现中央的精神。要寻求中央机关、社会团体、专家学者给予工作上的指导和帮助。我们同中央各部委的联系，请专家学者给我们写文章，请领导同志到上海去做报告，都是这种思想的体现。

第二个字叫"海"，"海"就是上海，上海是我们的家，它是我们一切工作的出发点和落脚点。身在北京，心向上海。凡是对报社、上海市有利的事我们就去做，做得越多越好，凡是对报社、上海市不利的事就不做，一点都不做。

第三个字是叫"友"，就是要广交朋友。北京不比上海，人生地不熟。北办交友的范围比较广，上至中央党政机关，下至基层单位，大凡政治、经济、思想、文化各界，专家、学者，群众团体，尤其是新闻界，中央和北京市的新闻单位，都跟他们交朋友。北京日报的总编辑刘虎山、社长满运来，对北办极为关心。遇有为难之事，请他们相帮，从不拒绝。我们还经常到他们的机要室去看中央和北京市的有关文件，他们把办事处当作他们的一个支部来看待。北京还有一批"老解放"，他们全是老资格的解放日报记者和工作人员，不少人在人民日报工作。他们关心爱护解放日报，在各个方面，给予办事处很多的帮助，办事处工作取得的进展，他们功不可没。

采 访 人：宰飞　余晨扬

采访时间：2018 年 8 月 17 日

采访地点：解放日报社北京记者站

摄影、摄像：沈阳

徐成滋

抓"活鱼"破禁区成就"颂歌""凯歌"

徐成滋（1937 年 9 月—　）

徐成滋，籍贯江苏苏州。主任记者。

1960年2月复旦大学新闻系毕业，分配到解放日报当文教记者。"文革"初期被下放上海市红卫中学。

1978年10月落实政策，重返新闻工作岗位，在解放日报科教部任记者。

作品《十年前从肝癌凶神下脱身少女昨成母亲》，荣获1986年全国好新闻二等奖、上海好新闻一等奖。

在解放日报工作，我有两篇报道印象最深，也可以称为"两首歌"。如今重新翻翻报纸，与以前不一样的是，有点品读的感觉，更品出一些新味。

所谓两首"歌"，都是《解放日报》刊发的独家新闻。一篇是长篇纪实报道《十一大路线的一曲颂歌——交通大学破格录取糜解为研究生纪实》（下面简称《颂歌》）；其二是典型的消息报道《人类征服肝癌的一曲凯歌——十年前从肝癌凶神下脱身少女昨成母亲》（下面简称《凯歌》）。

突破禁区写出《颂歌》

先讲《颂歌》。《颂歌》刊发于 1978 年 12 月 26 日，党的十一届三中全会闭幕前夕这个重要的历史转折关头。《颂歌》采撷于高校招生标尺上激起的波澜。真得感谢拨乱反正！现在高校招生注重考生个人的成绩和表现，大家已经习以为常。可是在过去很长一段时间里，"本人成份""家庭出身""社会关系""海外关系"这些要素却是高考政治审核的硬杠杠。品学兼优、考分拔尖、政治表现也好的糜解，曾在上世纪六七十年代两次考研，都因"政审通不过"没有被录取。1978年他去交大考研时已经是第三回。交大最终录取縻解为研究生，费了一番周折。

那时候，拨乱反正刚开头，"唯成分论"的影响还在。小平同志当时一再强调要坚持"有成份论，不唯成份论，重在政治表现"的政策，奈何当时余悸未消，有些人怕担肩胛。对縻解，上级领导部门也早已下了"不应录取"的指示。时任交大党委书记邓旭初为贯彻中央的新政策，派人到縻解任职的常德中学作认真的调查和分析，然后再向上级有理有据地打了应该录取縻解的报告。经过校方努力，縻解终于成了交大名正言顺的研究生。事成，交大党办同志曾先后向除本报以外的多家新闻单位的联系记者道明情况，要求作公开报道。不料，他们大多以"太复杂""过于敏感""不宜公开报道"为借口推托了。

那时，我刚刚落实政策回到报社采访岗位上，也许是在基层打滚过，长了见识，多了思辨，我对党中央正本清源、实事求是的号召特别听得进，重新披挂上阵，特别有激情。听说交大同意录取縻解的消息后，我跃跃欲试，想写一篇报道。在采访前，我把这件事的来龙去脉，包括其中的"复杂性""敏感性"，一并向部主任沈光众汇报了。后来总编辑王维同志也知道了，他们都支持我去做好这个报道。

但毕竟录取縻解这件事，还是有一定复杂性的。我当时的采访小心又深入，拿到的材料很丰富。成稿后，沈光众也很慎重，让我陪他到交大，和有关领导、干部作一次核实性的访谈。

发稿那天晚上，王维同志还特意告诉夜班编辑部同志，借助

徐成滋

本报和《人民日报》夜班编辑部例行通气沟通的渠道，向对方推荐《颂歌》这一典型。12月31日的《人民日报》二版以《重在政治表现，坚持择英举贤》为题，对本报这篇报道作全文转载。它的社会影响就扩大了，海内外知识分子纷纷欢呼我党对知识分子落实政策，交大海外校友，其中不乏美国教育界中的美籍华裔精英都感慨地说："看来中共的知识分子政策，真的落实到了实处。"

《颂歌》报道在当天编前会上评为"大红旗"稿，这是"文革"后报社内部对记者、编辑编发好稿、好版面的最高奖赏。此稿之前，"小红旗"评出不少，"大红旗"仅此一面。"大红旗"虽然评在沈光众和我名下，但我不敢忘了，像《颂歌》这样的深度报道，实在是总编辑、部主任、相关记者、编辑共同呵护的成果。

"沉下去，抓活鱼"奏出《凯歌》

《人类征服肝癌的一曲凯歌》，是"沉下去"抓到的"活鱼"。这则刊登在1986年2月2日《解放日报》头版的报道，诞生得既偶然又必然。

1986年1月15日，上海国际肝癌肝炎会议召开，我提前采写了新闻综述，请会议主席、当时上海医科大学的汤钊猷教授审稿。汤教授阅稿后要核对稿中提到一封美国肝病学权威教授信件的原文，便与我一起到上海医学情报研究所。半路上，我们正好遇到中山医院妇产科主任盛丹菁。汤钊猷对盛丹菁说："住在你病房里的潘××请多关照。她的孩子可是我们共同的产儿。"汤教授说的，我听不明白。别过盛丹菁，我和教授边走边谈，追

371

问事情原委。他说："一位做过肝癌切除术的孕妇很快就要分娩了。"听他这么一说，我的心里一动：100多年来被确诊为肝癌的病患，平均生存时间只有5个月，汤钊猷团队开创的"早诊早治"成果，则为肝癌病人抢到了长期存活的生机。众多小肝癌病人，术后不是一年两年，而是术后五年的生存率超过60%。这个病人小潘不仅术后生存已10年，还将生孩子，这简直是奇迹。可是汤教授当时却拒绝了我："小潘这段病史是瞒着她婆婆的，公开报道，估计小潘先不愿意。"

我当然并不甘心就此歇手，回家思索良久，决定另找知情人，"迂回"获取"目标"，第二天，即1月14日，我写会议综述稿见报，版面上同时登了汤钊猷和另外4位中青年医务人员一起诊治肝癌病人的照片，其中有一位我新结识的女医生陆继珍。巧的是，病人小潘正好是陆医生的随访对象。小潘入院待产，妇产科病房医生还请她去会诊过。跟陆医生沟通后，她陪着我上医院病史室翻阅了小潘的病史，又陪我去妇产科病房。小潘见我有她熟识的陆医生陪着，心放宽了。我与小潘的访谈也顺利开始。为了让小潘同意让我做公开报道，我以"约法三章"打消她的思想顾虑：稿子见报时，不登她的名字，不登她的工作单位，不登母婴照片。报道发表后，小潘家里一如既往，风平浪静，小潘的婆婆仍浑然不知其儿媳有过这一段不平常的经历，这是后话。

但采访专家这一关还是要过的。2月1日，周末，医院一早电告：小潘终于进了待产室。我连忙赶去，为我完稿去"待产"。现场又遇到了汤钊猷，没想到这次相见甚欢，他高兴地应邀为我评点小潘病例在现代肝病学上的典型意义。让我采写的报道增强了科学性和权威性。那天白天，小潘还是没生。当晚八点多，小潘的孩子平安出生。到了这个时刻，我终于等到了发稿的最佳时机——一条新鲜的"活鱼"终于跃出水面。

《凯歌》一稿先被报社评为红旗稿，后被推荐参加首届上海市和全国好新闻作品评选，分获上海市好新闻一等奖和全国好新闻二等奖。深感荣幸的是，复旦大学新闻学院教授叶春华将《凯歌》的采访写作视为新闻采访写作的典型范例，写进教材，引入课堂。

采 访 人：刘锟　范佳来

采访时间：2018 年 5 月 18 日

采访地点：上海市延安中路 816 号解放日报社

摄　　像：黄晓洲

要珍惜记者这个崇高的职业

郭昌熹（1937 年 10 月—　）

郭昌熹，籍贯河南孟县。中共党员，主任记者。1958年6月至1965年4月，在上海第二钢铁厂主编企业报《轧钢工人报》，业余搞些群众文艺创作。

1960年至1962年初，借调到解放日报实习。1965年5月正式调入解放日报，先后在群工部通联组、文艺部当记者。

1978年6月至1987年11月，分别担任工交财贸部领导核心、支部生活领导成员、夜班编辑部党支部书记等职。其间，1983年9月至1984年2月，在中共中央党校首届新闻进修班学习。

1984年12月，任《支部生活》编辑部副主任。1987年12月，任解放日报科技教卫部副主任，1991年12月，任解放日报科技教卫部主任。

我 1957 年高中毕业报考大学落榜，1958 年初，进了上海第二钢铁厂当学徒工。不久，我被选调至厂党委宣传部，同工人作家胡万春（下厂体验生活）一起，负责《轧钢工人报》的编辑工作。我喜欢文艺，业余也给《朝花》等报刊写散文，我编写的反映钢铁工人业余生活的话剧《快乐的星期天》，在上海人艺陈奇老师的指导下，参加了杨浦区群众文艺汇演受到好评。全国掀起"大炼钢铁"热潮以后，钢铁系统的宣传报道任务很重，厂党委决定由我专门同新闻单位联系，负责对外宣传报道工作。这样我就成了各大新闻单位的通讯员，联系包括人民日报、新华社、工人日报、解放日报、文汇报、劳动报、广播电台等。在同记者们一起撰写大量新闻、通讯、摄影报道活动中，也锻炼了我。厂里工人出身的全国劳动模范王佩洲等劳模人物事迹的宣传，就是我同各大报记者配合完成的，后来他成了上海宝钢总厂的厂长。但是这其中同我联系最多的，对我帮助和培养最大的，还是咱们解放日报的记者、编辑们。

　　1960 年，我被借调到解放日报社工交财贸部当实习记者，1962 年又回到工厂。因为我们的厂报是在解放日报社排版印刷的，所以经常进出报社，一直同报社编辑、记者联系不断。1965年5月，我被正式调入解放日报工作。

老同志的关怀使我逃过一劫

到报社后我先分在群工部通联组当记者。不久马达同志调来报社当总编辑。部门领导通知我说，党委考虑暂时要你到马达办公室当一段时间秘书工作。那时总编辑办公室在汉口路274号三楼朝南两间，我坐在外面一间，里面一间放着总编辑的办公桌。每天马达从市委开会回来之前，我是不能下班回家的。马达工作效率之高是出了名的，并要求别人也要高效率运转，对下属要求很高，布置工作，即刻就要办。如此快的工作节奏，许多同志都不适应，特别是中层干部。每天晚上十一二点钟他从市里开会回来后，即将会议精神口述写成评论，我记录下来送夜班打出小样，再由他修改后定稿次日见报，这一天的工作才算结束，往往是午夜一点多快二点了。次日九点前我必须到办公室，不能耽误接上级的重要电话和通知。

几个月下来，马达见我这个小青年不怕苦不怕累，没有被他这个高速运转的"马达"所拖垮，很是赞赏。在我离开他办公室时，他要我到评论组，而我希望到文艺部去。不久，报社就将我调到文艺部，在储大泓领导下当文艺记者。

文化大革命开始后，红卫兵围攻解放日报社。难忘的"八天九夜"，我们被围困在办公室里，报社前后门都被封堵了，经常连家也不能回。一天，我从五楼图书馆借了一本《中国电影发展史》在办公室里翻阅。老编辑张世楷关心地走过来问我在看什么书？我翻开图书封面给他看，谁知道他的面孔一下子变得严肃起来，厉声地说："你赶快把这本书还给图书馆！""为什么？"我问。"不用问！你快去还了再说！"我丈二和尚摸不着头脑，只得乖乖地将书还给了图书馆。

回来后他才私下里对我说，"你知道前几天夏其言副总编辑为什么突然被公安局手铐带走的？！""不知道！"他又说："就是因为他对解放前江青的历史了解得太多，才被带走隔离审查的！"我问："这与我看书有什么关系？"他说："这本书里有不少江青解放前在电影界活动的史料，你看了你就倒霉啦！"天啊！原来如此。后来同志们都说，是张世楷让你逃过了一劫，不然你就倒大霉啦！我自己想想也后怕！

名记者带教终身难忘

在文艺部工作难免同老作家们有联系，后来传来消息说"工人作家胡万春炮打张春桥"，我自然也受到牵连，不再适宜在文艺部工作，被调到了工交财贸部，老记者夏华乙同志收容了我。我坐在他对面，跟他一起负责机电系统的报道。我们每天同进同出，直至深夜工作完工后回家，且常在外白渡桥徘徊谈心。他忧国忧民，述说心中无限的苦闷。我们心心相印相处了八多年，直到调我去筹办《支部生活》复刊分开。无论从业务上还是思想上，夏华乙对我的帮助都很大，可以说他是我正式走上新闻工作岗位后的领路人。

夏华乙在部门分工负责机电系统方面的报道，六七十年代这是一个非常容易出稿子的系统，因此报道任务也特别重。夏华乙是位知名记者，对工业系统情况非常熟悉，采访、写作、分析能力都很强。工业系统许多重大的典型报道都出自他手，他还经常帮助市委起草文件，写文章。我每次采访回来都向他汇报，他帮我分析、提炼主题，帮我修改稿件，悉心地培养我。我在工厂搞文艺创作有工人作家胡万春指导，走进新闻单位有名记者夏华乙带教，都是我终身难忘的幸运。

业务民主，精益求精

报社的新闻业务民主、精益求精的环境氛围给我留下了深刻印象。汉口路 274 号报社大楼内有个"贴报栏"，设于两座大楼通道之间，三楼到四楼的转弯处，每天 24 小时日光灯都亮着。据说这是从前苏联《真理报》学来的办法。当天的报纸贴出后，对报上的每一篇稿件，所有人都可以发表评论。好稿好在哪里？不好的，你也可以提出不同意见。评论得不对，还可以反批评。对事不对人，力求稿件精而又精。那些评论将报上稿件中的段落用红笔勾出，评论的稿纸就贴在报纸下面，一张接着一张，有的甚至还拖到地板上。我非常喜欢这个"贴报栏"，把它当作学习提高业务的好地方，每天我不仅非常认真地阅读，读了以后还用个小本子记下来，用以提高自己的新闻业务水平参考。

当时报社党委对编辑记者的要求是很高的，要求记者稿件中写的每一个事实、每一个用词，都必须认真推敲，都必须对稿件负责、对读者负责。我们白天采访，傍晚五六点钟回报社，吃过晚饭后稍作休息，8点钟左右开始写稿子，12点前交稿。部主任办公室里，记者排队等着部主任改稿签发，然后送夜班发排。有时遇到一些词句、事实不清楚的时候，即使你已回到家里，半夜2点报社也会派人来家叫你回报社问个清楚。

做党报记者作风要正。自打我进报社的那一天起，就感到报社的氛围与基层不一样，各方面对党报记者的要求都很高、很严。因此党报记者在社会上非常受人尊重。下基层采访，那单位党委书记再忙也会放下工作来接待我们。一次我去一家厂，采访结束已经过了午餐时间。厂办主任就带我到厂外一餐厅，花三角钱请我吃了一顿午饭。上世纪60年代初，国家比较困难，老百姓生活都比较艰苦。回报社后我考虑好几天，这样接受采访对象请吃饭，是不是违反纪律？最后还是如实地向党支部书记作了汇报，才算放下了一件心事。

条件再艰苦，也要坚持完成采访报道任务

1978年，党中央决定要在上海建设我国第一个现代化的钢铁企业——宝山钢铁厂。报社决定设立记者站，派我和青年记者张民章进驻宝钢。

当时为了建设宝钢，宝山县征用了沿长江边的大片土地。我们的记者站设在江边一户已经搬迁了的农宅里。晚上江边的野风呼啸不停，根本睡不着觉。

宝钢前期的施工条件十分艰苦，厂区范围又大，每天去各工地采访，都是在泥地里走来走去。怎么办？报社派了一位司机和

一辆旧吉普车给我们。就是这样每次出去采访回来，还是常常赶不上报社食堂的午餐，只能吃冷馒头、冷饭。时间长了，司机也觉得太苦，都不愿意去。后来总编辑王维同志说，你们自己学开车吧。于是，就匀出了一部吉普车，还派了一名老司机教我们开车。在这样艰苦的条件下，我们专心长期待在记者站，坚持做好宝钢的报道工作。从居民搬迁，到驻军导弹部队转移；从工地清场，到基建部队大会战；从中日谈判，到宝钢打下第一根钢桩等报道，就是在这样艰苦的条件下写出来的。

"上海领导重视青年干部培养，有眼光！"

1984 年，上海市委要求解放日报筹备《支部生活》的复刊工作。党委决定将夜班编辑邵以华抽出来负责这项工作。当时王维同志给他一个"特权"，就是他看中的编辑、记者，可以从各部组抽调，各部组领导要开绿灯。邵以华先调来了龚心翰、王一鲁和我，后来敬元勋同志也调来了。

邵以华真是位好同志。《支部生活》复刊办公室设在汉口路309 号"老申报"二楼，他把办公室靠窗口光线最好的地方都让给我们，他自己办公桌放在墙角深处光线最不好的地方，白天看稿子都要开台灯。

不久全国党刊工作会议召开，本应是一把手邵以华自己参加的会议，但是他同王维同志商量后，决定派龚心翰和我代表上海《支部生活》参加，并事先帮助我们准备了大会发言稿。当我们到大会秘书处报到时，各地党刊总编辑都是一些年纪较大的同志，看见我们都很惊讶："怎么，上海来了两个小伙子！？"他们赞叹上海报社领导有眼光，把希望放在年轻人身上。我们也很感动。

《支部生活》要办出特色，稿件写作上应该与大报有所不同。要写成什么样子，邵以华提出，一定要力求更生动、更活泼、更亲近工农读者，但又不能写得太文学化。这样我们初写的稿件报废了一批又一批，为支部生活稿件摸索写作路子。《支部生活》的批评报道是个传统，但批评稿件很难写。我们坚持批评的稿子不仅给揭发人看，给领导看，还必须要给被批评人看，听他的意见，允许他们申辩，合理的及时修改，并指出他错在哪里。这样的批评，他心服口服。登报后还要反馈，错误改正以后也要及时报道。因为登批评稿不是目的，目的是帮助犯错误的同志改正错误。这就是基层党刊的威力，最终它成了基层党支部书记做思想工作的好帮手。

解放日报的好作风、好传统，应该传承下去

1983 年至 1984 年，报社党委调我去中央党校首届新闻进修班学习。回报社后，适逢全党按中央部署开始整党，报社党委临时决定调我到夜班编辑部担任党支部书记，协助副总编辑陆炳麟管理夜班编辑部工作。完成了夜班整党任务后，陆炳麟希望我留夜班，但我因为太喜欢记者的采访工作了，两年后就请求领导将我调出了夜班，来到科教部，先后担任了副主任和主任的职务。

在报社工作几十年，我觉得解放日报老同志们那种作风上艰苦奋斗，生活上严于律己，业务上精益求精，同志间相互关怀等

等的好传统、好作风，应该发扬光大。我希望接班的年轻一代，都应该珍惜记者这个岗位，珍惜这个崇高的职业！解放日报的记者出去，同外报记者相比，就是不一样，他们吃苦耐劳、严于律己、遵守规矩，工作上认真负责，这些都是解放老一辈人的留下的好传统，我们都有责任将它传承下去，发扬光大！

采 访 人：周楠　杜晨薇
采访时间：2018 年 5 月 30 日下午
采访地点：上海市利西路郭昌熹家中
摄影、摄像：王清彬

亲历解放日报印出第一次彩报

苏松坤（1937年12月—   ）

　　苏松坤，籍贯浙江杭州。中共党员。1954年进入解放日报工作、1997年12月退休。1954年至1994年任解放日报印刷厂照相制版车间主任，1994年后任解放日报印刷厂生产科科长、技术质量科科长。

我今年 81 岁，1954 年进入报社印刷厂照相制版车间做学徒。我在解放日报工作了 45 年，大部分时间都是从事制版、印刷工作。

现在，报社出现了不少"解二代"，其实我也是个老"解二代"。我父亲解放前在申报工作，解放后，加入了解放日报社。

与报纸制版行业一起"退休"

我国近代的报纸印刷就起源于上海。在解放初期，上海有解放日报印刷厂、新闻日报印刷厂、文汇报新民晚报联合印刷厂三家。1957 年后，文汇报与新民晚报各自建立了印刷厂，1960 年解放日报与新闻日报两报合并，上海当时的报纸印刷厂仍为三家。

这三家印刷厂全部采用铅字印刷，手工排字、拼版，照相制版采用铜锌版制版，压纸型、铸铅版上轮转机印刷。当年，解放日报印刷厂在全国相当有影响力，就连在华东发行的《人民日报》都由我们代印。

解放日报的铅字印刷一直沿用到 1988 年底才逐步改为胶印印刷。在这中间，各家印刷厂也曾有一段时间采用了树脂版印刷。主要是由于各报当时的发行量大，原有的大量铅印刷轮转机一时还不能全部由胶印轮转机替代，但照排技术却发展很快，为了适应照排取代铅排的发展趋势，在原有的铅印机上进行部分改进，用树脂版印刷作为过渡。当时，上海报纸从日本等国家引进了树脂版设备。不过，最后由于原材料等各种原因，树脂版印刷质量不够理想，一直到 1993 年底才正式结束凸版轮转机印刷。

1991 年，上海报纸行业的印刷厂正式与"铅与火"告别，迈上印刷技术新阶段，全部实行电子计算机激光照排系统编排和胶印印刷。

1996 年，解放日报制版车间也正式完成自己的使命，再后来，整个制版行业也都成为了历史。几年后，我也退休了，算是见证了这个行业的兴衰。

福建日报曾派战斗机来上海取版面

以前的照片都是经过手工制版，才能用在报纸上。当时，解放日报制作出来的照片在全国都比较有名。

我从业四十多年来，让我印象最深刻的一次制版发生在"文革"期间。有一次，报纸需要制作毛泽东的整版像。不过，福建日报制版的质量却不太好，福建省委宣传部就派空军战斗机飞到上海龙华机场专门来取解放日报制作完成的版面。再后来，浙江、苏州、无锡等地也都曾派人来上海取过解放日报制作的照相制版。

当时，解放日报制作完成的第一块版，有些都会先让外地报社的代表带走。他们走之后，我们再为自己的报纸制作新的版面。这对我来说，也是一种职业上的激励。

不仅是外地，上海本地媒体也是如此。以前，新民晚报并没有制版车间，他们的照相制版都是由我们帮助制作，我们帮助新民晚报做了将近十年。另外，有一次，文汇报也曾邀请我去他们那里教他们制版，我在那里待了两天时间。

除了帮助各家报纸制版，我们也帮助多家报社培养人才。很多外地报社也会派人来解放学习制版。那个时候，这个行业存在学徒制，所以，当时不少报社制版人都是解放的学徒。

迎十周年国庆印出首张彩报

在铅印时代，彩色报很罕见。不过，解放日报是全国最早做彩色报的媒体。

当时是 1959 年，正值国庆十周年，为了给新生的共和国庆生，报社想到用彩色画刊来为国庆献礼。不过，那时报社的制版印刷设备没有能力印刷彩色报纸。经过编辑部门的讨论，决定在排好版面后，委托上海市印刷一厂印刷彩报。

国庆十周年那天的《解放日报》，不仅使用了彩色画刊，连印正报的纸张都提高了规格。当时，上海报纸的新闻纸主要来自江西、广州和南宁三地，其中以江西纸居多。虽然运输方便、价格便宜，不过纸质却不好。为了这次国庆的报纸印刷，还特地选用了纸质更好的广州纸，可以称得上是不计成本。

当时拍摄好的照片冲洗出来后，还要一点点进行修饰后才能印在铜板上。那个时候不像现在有机器和软件的辅助，完全要依赖人工。为了这个国庆画刊，我修饰照片的时候比平时更加仔细。特别是头版毛泽东和刘少奇的照片，人物面部所有的瑕疵我全部用修版刀一点一点抠掉。对于画刊，报社领导的把关也很严格，有一点点缺陷都要返工，最后弄了四五遍才做好。

国庆当天，彩色画刊受到了读者的一致好评。当时，用印画报的方式彩印报纸，解放日报在全国是独一家，在中国报业的印刷史上也开了先河。

后来，由于成本高、技术跟不上等原因，报纸依然采用黑白印刷，彩印只是偶尔出现。直到1993年，上海举办第一届东亚运动会时，才第二次大规模使用彩报。但是，由于印刷成本依然很高，当时解放日报的发行量大概是50万份，东亚运动会的彩报却只印刷了10万份，主要流向是党政机关等小范围，普通读者当时还看不到。

一天印出400万对开张报纸

随着制版、印刷技术的发展，彩报也越来越普及。当时，上海各大报纸每天都出新闻彩报，而且最少出12版，对开三大张，有的报社还出四大张、五大张，且任务紧，需要在两到三个小时内印刷完成。

另外，再加上报纸版面和发行量的增多，以及出版时间的提前，原有设备跟不上发展需要。而且，原来的印刷厂占地小，又处于市中心，不可能实现大规模发展，为此，从1994年开始，上海各大报社纷纷引进设备，筹建印务中心。

那个时候，上海有解放日报印务中心、文汇新民联合报业印务中心、劳动报印务中心、证券报印务中心、上海广播电视印刷厂、少年报印刷厂。上海报业系统的印刷厂承担着每天印刷1400万对开张的繁重任务，每天用新闻纸350吨左右。

解放日报印务中心一期投资2.5亿元，从德国引进的罗兰"依柯曼"塔型轮转机，是当前世界上最先进的机种。印刷能力为每小时96万对开张，能将三张对开报同时印出，最外面的一张是彩报，为快速、高效出报提供了保障。当时的解放印务中心印刷车间厂房设计采用自然光，车间空间大，隔音设备效果好，在国内堪称一流。印务中心为印刷工人也创造了良好的生产环境。当时，解放日报印务中心每天承印400万对开张印刷任务。

随着技术的发展，我在1994年转任生产科和技术质量科科长，专门负责彩报印刷工作。解放日报可以算是在全国报纸印刷彩色化过程中做出了一点贡献。当时，报业发展相继出现扩版和彩色化两个趋势。上海几家主要报社为适应彩报印刷要求，也进行了一些技术改造，引进了多种彩色桌面系统和彩色胶轮机及其配套设施，基本与国际水平同步。

上海虽然是近代报纸印刷的发源地，但上世纪90年代却落后于广州，从数量、经济效益、质量、管理上都需要向兄弟省市学习。1998年10月，经过我们的组织，在上海成功举办了"98上海彩报印刷技术交流研讨会"。这个研讨会是解放日报社印务中心、上海市印刷技术协会、上海市报业协会一起合作主办。

参加这次会议的代表来自上海、北京、江苏、浙江、福建、江西、山东、安徽、广东、辽宁等省市的 27 家报纸同仁，这是当时解放日报以及上海报业同仁学习宝贵经验的一次好机会。

采 访 人：王海燕　曹飞
采访时间：2018 年 5 月 28 日
采访地点：上海市龙华路苏松坤家中
摄影、摄像：沈阳

在监察岗位上要对得起组织

徐志高(1938 年 6 月—)

徐志高，籍贯江苏淮安。中共党员，高级政工师。

1956年8月，在上海柴油机厂参加工作，历任厂工会、党委宣传部宣传干事、车间团总支书记、厂报编辑组长等职。

1984年1月，由上海柴油机厂调入解放日报社，任夜班编辑、夜班编辑部党支部书记。

1993年9月，任解放日报党委办公室副主任。1995年3月，任解放日报纪委专职委员、监察室副主任。

　　我最早接触新闻工作，还是在上海柴油机厂工作的时候。柴油机厂是个万人大厂，现在没有这样规模的厂子了。那时我在厂里的党委宣传部办企业报。同时，我还是厂里的通讯员，要给方方面面供稿，除了解放日报，还有新华社、人民日报、工人日报、上海广播电台、文汇报、新民晚报等等。那时年纪轻，写稿积极性很高，我基本上平均每天都有一篇新闻稿，产量很高。

　　就在那个时候，我认识了陈迟同志，他是领我进新闻工作大门的老师。一开始，写稿只是我的兴趣爱好，我本身专业是理工科，学的是内燃机制造，不是新闻，写稿等于是半路出家。那还是在1958年"大跃进"的时候，陈迟是新华社记者，被派到我们柴油机厂锻炼一年，就开始在工厂里培养我，教我写稿，并帮助我们工厂筹办厂报。

一篇稿子改了19遍

　　那时因为苏联撤回专家，在技术上封锁我们，我们响应号召自力更生，第一代东风牌柴油机就是在那个背景下问世的。我当时就在厂里写稿子报道这件事，陈迟老师看了之后觉得不行，要修改，并给我反复讲解。一遍不行，两遍不行，这篇稿子最后改了 19 次，最后登在《人民日报》国内新闻版的头条，主要讲了国内工人怎样自力更生搞设备、搞产品。有了 19 次修改稿件的经历，我觉得我写稿也突然开窍了，我就知道了新闻稿应该怎样写，以往是随心所欲写稿子，想怎么写就怎么写。再加上我喜欢写稿子，就不停地写，在解放日报发表了一两百篇稿子，其中还有好多头版头条。

粉碎"四人帮"后，解放日报需要人，已经在解放日报工作的陈迟就把我调去了。

当时报社分管夜班的副总编辑是陆炳麟，后来他生病了，陈迟接替他的工作。陆炳麟身体康复后回来，觉得还是要考考我，让我给一篇稿子做 5 个不一样的新闻标题，看我作为编辑会怎样处理稿件。还好我自己自学过，知道一点点，说起来 1981 年在厂里的时候，我还写过一篇关于新闻标题的小论文——《新闻标题的修辞手法》，所以没有被考倒。

建立监察室追回百万元

到了 1993 年，当时报社看我已经做了 10 年夜班编辑，太辛苦了，就把我调去了党委办公室当副主任。1995 年，为了加强纪律检查，提高新闻队伍的素质，根据指示，报社专门成立了纪委办公室，就是监察室，我是在监察室退休的。退休以后，报社党委又返聘了我一年半，因为要培养新人，我们有时候要办案子的，新来的人可能接不上，搞纪委工作不熟悉。

在我去监察室之前解放日报没有专门的监察部门，不会办案子。有了监察室以后，我们就是专职的，配了三个人，一个主任，下面两个干事，监察室主任兼职党委的纪委委员。

那时，我们的监察制度建立是跟市里面同时进行的。上海市当时也成立了监察室，所以要求有党委的单位都成立监察室，加强党风廉政建设，进行反腐败工作。

四五年里，我们破了几个案子，为解放日报追回直接经济损失 100 多万元，那时是挺大的一个数字了。

其中一个最大的案子，犯案的是经营管理办公室发行部的一个工人，不过他不是报社的编制，是大集体的编制。事情是这样的，解放日报在汉口路有个报刊门市部，有零售报纸，还有客户到这里要增订，还有外地订报纸等等，这些事情都是到他那里去办。这名工人干了两件犯罪的事情：一是那时外地订报纸的汇款，汇到他这里，他不将这些汇款进财务，或者只有部分进财务，剩下的以他自己或者他老婆、女儿的名义分别存到银行里去。

第二个犯罪事实是：汉口路底楼除了印解放日报，还帮羊城晚报、法制画报等代印报纸，他就与印刷厂的工人勾结，把成捆的 500 份废报卖给废品站，有时还会把好报低价卖给报贩子。

这个案子，办起来过程很艰苦。我们三个人搞了一年，主要就是查账，财务部有两个大学生帮我们一起查。每天报纸发出去多少，收回来多少都要查，还要去外地查。那个时候订报的人很多。最多的时候，解放日报发行量有 90 万份，这个数量很庞大。

我们查了一年，终于查清楚了。我向党委汇报，决定了对这个人的处理办法。因为经济损失大部分都追回来了，我记得对他的处理是开除，再加上两年劳教。

后来，我们还查处了几名处级干部，给了他们党纪处分，也都是经营管理部门的，主要就是侵占国家财产，侵占国家利益。他们本来应该负责把印报纸的新闻纸边角余料，卖给虹口区废品站，但他们趁机卖给外单位，做学生的练习簿。当时新闻纸都是德国进口的，质量很好，由于解放日报的新闻纸边角余料量很大，他们倒卖的钱就私分了，还养肥了一批人。

后来，我们就查，把虹口区、徐汇区废品站的管理人员都请来查，找证据，结果人家对我们卖废品的钱都有记录、有凭证。这件案子涉及两名处级干部，一名科级干部。最后处理结果是：两名处级干部留党察看，一名直接经手的科级干部被开除公职和党籍。

抓有偿新闻请来"尚方宝剑"

其实办案子不是主要的，是以教育为主，不是以惩罚为主，要靠制度。这点我们当时很明确。报社的党风廉政建设制度我们订了好多，每年都修订，很细致。当时，我们主要抓的是有偿新闻。

怎么抓有偿新闻呢？那时候我每天都看一遍《解放日报》，找那些可能因为记者拿了人家的钱，要推销产品，广告味很重的稿子。目标选定之后，就去各个部门逛一圈，找可能犯错的记者谈话。我就这样问，你去哪里采访了，红包拿没拿过？我每天就这样跑，没有失手过一次。后来，收缴的红包有十几二十万元的样子，还有各种礼品，像中华烟、茅台酒，我们都封存在报社纪委的保险箱里，到期就上交国库。

记者拿红包的这个风气很坏，党报在老百姓当中的信誉是很高的，为了一点蝇头小利丧失人格划不来，得不偿失。但这个风气不是一天形成的，也不能都怪到记者头上。我那时向报社党委提出过建议，要抓纪律，就要从领导开始。如果领导不带头，只处理记者，那不行。我还记得跟领导这么说过，"你们要给我尚方宝剑，可以抓领导。"

那时候，确实有些人怕我。但那些犯过错又主动上交红包记者，都认为我很好，因为我实际上是帮了他们。我也想明白了，提拔不提拔，我无所谓，但只要让我在监察室主任的位置上干一天，就按我的原则查。我觉得我做的事，对得起组织。

采 访 人：徐蒙　张煜
采访时间：2018 年 5 月 29 日
采访地点：上海市利西路徐志高家中
摄影、摄像：海沙尔

见证解放日报的一步一个脚印

丁凤麟（1938 年 7 月—　）

丁凤麟，籍贯江苏阜宁。1965年3月华东师范大学中国近代史专业研究生班毕业，到中共中央华东局宣传部工作。

1971年进解放日报，历任理论部编辑、总编办副主任、新闻研究室副主任。

1995年评定为高级编辑。曾兼任中国新闻史学会理事、中国记协新闻媒体研究协作委员、解放日报之友联谊会秘书长等。《辛亥革命中的上海报业》获上海市社联的优秀论文奖。所编《现代报纸设计的几个特点》获第九届中国新闻奖新闻论文二等奖。撰写和参与编写书籍十多部，主编《解放日报五十年大事记》《解放日报业务论文选》及《中国文化辞典》《近世中国十大社会新闻》等。在《解放日报》"新论"编发的文章，汇编成《历史悬案百题》《器物文化纪趣》出版。

你们查到我在《解放日报》发表的第一篇文章是 1978 年的《落后就要挨打》？实际上不是的，不署名的文章多了，在我进报社的那个年代，要去除"资产阶级的名利观"，所以写文章大多数时候是不署名的，除了工农兵身份的作者。

我是在上世纪七十年代初进解放日报社工作的。此前我在中共中央华东局宣传部工作，后来到"五七干校"锻炼。再后来我和干校另一个同志的爱人都要生孩子了，干校就说你们回去照料一下，就把我们派回市区来。那是 1969 年的夏天，解放日报当时要宣传"九大"路线，请华东局的同志来帮忙，我们干了几个月后，孩子生下来了，也就回干校去了。我属于"三门"干部，从家门到校门再到机关门，因此要送到工厂去锻炼。在工厂工作一段时间之后，解放日报把我调了过来。之后我又调出去两三年时间，1979 年年初又回来了，一直待到退休。

解放日报是一步一个脚印走过来的

《解放日报》是在上海解放的时候诞生的，与新中国同年，报社的 70 年，是一步一个脚印走过来的，追记往事，很有价值。

我心里一直藏着几个故事，来说明这"一步一个脚印"。

第一个故事，发生 1979 年前后，那是个拨乱反正的年代。当时的副总编辑储大泓负责抓文艺理论，他跟我说要写篇文章，为"清官"翻案。此前一段时期，批《海瑞罢官》之后，清官某种程度上比贪官给人的印象还坏。他说了一下思路，我花了三五天的时间写了草稿，他来改，改好见报了。我看到报纸后大吃一惊：我的名字也在上头。他是副总编辑，我是后辈记者啊。后来我问他，点子是你出的，稿子也是你改的，怎么还署了我的名字。他说稿子是你起草的嘛。（注：此处应指《解放日报》刊发于 1980 年 1 月 16 日的《从"清官"说到法治》）

还有一个细节值得一提，当时署名文章是没有稿费的，工资固定，干多干少一个样。我记得当时本科毕业生是二十二级干部，月工资 60 元，我是研究生，月工资 65.5 元。

第二个故事，发生在上世纪 80 年代中后期。当时解放日报的总编辑陈念云，要把解放日报从原来 4 个版扩到 8 个版。如今的年轻记者编辑可能想不到，这在当时是不得了的事情：纸张都是计划供应的，增加一倍的纸张政府部门批不批准，从薄薄一张到一叠怎么印刷和发行，这些都是大问题，是非常麻烦的。

陈念云当时已 60 多岁了，自己带两三个人走南闯北，先到天津去了一两次取经，又到人民日报取经，还把人民日报的一个编委请到解放日报来指导，后来又去广东，他们扩版比我们早一步。最后把一个个难题解决了，扩版很顺利也很成功，若没有这种扎实的调研是不可能的。

第三个故事，是上世纪八九十年代的解放日报之友联谊会的成立。当时报社领导丁锡满和周瑞金经过商量，联系上海党政部门与经济部门、还有文教、统战方面的同志，成立了这个联谊会。当时已经是解放日报顾问的陈念云任会长，我是秘书长，联谊会声势非常大，赵启正、陈至立等领导都参加。有活动大家也准时到，影响力较大。当时还举办了中国民间艺术博览会，把全国二三十个省市的相关人士都请来了。开展的前一天，请有关领导来参观一下，吴邦国同志带了夫人孩子来参观，陈至立同志也带了小孩来看，第二天汪道涵同志来剪彩。联谊会同历史研究所还专门开过一个抗日战争纪念会，效果也很好。当时解放日报的影响力是很大的。

第四个故事，是有关解放日报一位我非常敬重的领导，当时担任报社党委副书记的张止静。事情发生在上世纪90年代。那时有一位退休老职工住在长宁，房子要拆迁，张止静亲自跑到房管所去协调，希望能在政策许可范围内妥善解决。为了一个普通的退休职工，领导能亲自帮忙，这很少见。还有一次，我路过张止静办公室，看到她躺在办公室里吊盐水。我问她怎么不回去，她说"可能有人来找我办事"。

出版大事记留下历史足迹

至于我自己呢，我自认是个做学问人，在1991年我从总编办去了新闻研究所工作，那里还有报史办公室。我记得干了几件事：

　　一是一套《办报参考》。模样像是《报刊文摘》，两个礼拜一期，当时不少兄弟报社来讨，这个可以给报业同行参考、交流，这份《办报参考》我离开后就没有了。

　　二是也曾为了报庆做了些工作。比如解放日报社45年报庆。1994年的时候，我和赵立群、丁锡满出了一本《上海45年的历史足迹：解放日报摄影资料选萃》，这些照片大多是从报社影像资料库里面发掘出来的，非常有参考价值，比如解放军进上海怎么走过来的都在里边，我负责文字，照片是大家一起挑的。还比如，到1999年50周年报庆时，我们出了一本解放日报《50年大事记》，很有价值，能知道解放日报怎么一路走过来的，还出了一本论文选，请各部部主任推荐，我就组织写，后来结集给上海人民出版社正式出版，社会反响很大。其中陈振平写的一篇论文还评了一个中国新闻奖二等奖，我也因此沾光得了一个编辑奖。

理论版"历史一角"引来关注

　　我再讲两件说明解放日报影响力的事。我记得我在编理论版的时候，在版面上辟过一个角落，办了"历史一角"栏目。我是搞历史的，每期弄一篇一两千字的文章，恰逢"拨乱反正"时期，新观点、新材料很多，我就请各路作者来写，两年多后，山东的一家出版社主动来要出版。出版之后，香港的一家出版社摘了一部分，后来商务印书馆也出版了。之后，上海古籍出版社找到我，问我能否选一点给他们出版，后来从中选了器物文化的部分出版，再之后台湾出版界也拿去出版了。还听说日本出版社也要引进出版，我们没有同意，主要因为涉及到翻译问题。

我还记得，我曾在理论版发表了一篇文章，说的是上海租界的两重性，大意是租界既是国中之国，又是展示西方文明的窗口，此前是"一面倒"，认为租界就是"国中之国"。见报数日后，北京一位老领导来批评说："你们怎么这样？"他以前在上海工作过，租界在他心里就是"国中之国"。我们接到批评的当晚，就写稿回应他，解释"国中之国"。（注：此处应指《解放日报》刊发于 1982 年 4 月 8 日的《痛哉！〈租地章程〉》）

类似的事情，其实不少。

顶着非议坚持评"差稿"

我 1998 年退休，当时报社成立了一个阅评小组，让我任组长。报社那时候我们还没有用电脑，阅评意见要手写。于是，我们每天上午把《解放日报》从第一版看到最后，写出阅评意见，中午 12 点以前交到办公室，请他们打字，并将每天的阅评意见下午 4 点送到编前会上——当时的规矩，根据这个意见评上好稿的奖两三百元，差稿罚一二百元，而且一年内若一位记者有两三篇差稿，就要"吊销营业执照"（不能当记者了）。人家都骂我，似乎表扬是应该的，吃批评倒难以接受。毕竟一篇新闻作品的好坏见仁见智，说我是"吃饱饭没事做"。

我认为稿子的好坏，关键在于内容有没有失实，导向有没有错误，以及有没有错别字。就这么坚持了五年，我才结束了这份工作。

采 访 人：孔令君　向凯

采访时间：2018 年 5 月 11 日

采访地点：延安中路 816 号解放日报社

摄影、摄像：向凯

改革创新支撑解放日报不断前进

冯士能(1938 年 8 月—)

冯士能，籍贯浙江宁波。

1960年上海社会科学院财政信贷系毕业，从事新闻工作，历任《解放》杂志编辑，解放日报科教部记者、副主任、编委，解放日报党委副书记兼副总编辑。

1989年10月任上海市新闻出版局党委代理书记、党委书记。

1993年12月起，任解放日报党委书记兼副总编辑。

1994年起任中国报业协会副会长、上海市报业协会会长，上海大学影视学院客座教授。上海市第五、六、七次党代会代表，上海市第九届政协委员、教科文卫体委员会副主任。上海华夏文化经济促进会副会长，上海市记协会常务理事。

1994年获国务院特殊津贴。

时间过得很快，一转眼解放日报就创刊70周年了。我今年（注：2017年）79周岁，虚岁80了。1960年大学毕业后，我到上海市委办的《解放》杂志编辑部工作。1965年，马达同志从市委办公厅调到解放日报当党委书记，他把我一起带过来了。

　　最开始，我在解放日报工交部，部门主任是宋军，还有徐学明、夏华乙。在工交部工作了没几个月，人民日报需要人，我被借调过去。

　　在北京工作一年之后，我又回到了解放日报。在工交部工作了没几年，我就调到了科教部。当时它叫政文组，全称是政法文教组，包括了科技、文教、党、政法等领域，政文组后来一拆为二，党政那组后来成立了党政部，留下来的就成了科教部。我在科教部工作到1983年。1981年我进了编委，1983年进了党委，然后担任党委副书记、副总编辑，协助陈念云同志工作。

　　1989年10月，市委把我调到上海市新闻出版局担任党委代理书记，之后转任书记。1993年，周瑞金同志调到人民日报，所以又把我调回解放日报担任党委书记，这样一直工作到1998年。

这样一算，从 1965 年开始，除了当中离开 4 年到新闻出版局，其他时间我基本上都在解放日报工作。

解放日报的发展与改革紧紧联系

我有时候会想，解放日报创刊 70 年，是什么支撑着解放日报不断前进？思来想去，还是"改革创新"四个字。改革这个词，从十一届三中全会之后就不断被提及，而解放日报的发展也与改革紧紧联系在一起。

文革时期，新闻基本上是旧闻，哪里有新闻？到十一届三中全会召开后，解放日报的新闻改革正式起步。

首先就是 1978 年底 1979 年初，报社提倡短新闻。那时一个版面两三篇报道，群众已经厌倦了。王维同志讲"新闻姓新"，说"报纸就是新闻纸"，大力提倡写短新闻、真新闻。为了提倡写短新闻，解放日报还特意在头版开设了"短新闻"专栏，都是 200 字到 300 字的短新闻，每天 10 条左右。这个在全市反响很大，读者也很欢迎。

接下来就是社会新闻上头版。老解放报人都很感慨，过去那么多新闻都不能上报纸。特别是社会新闻，不要说放头版，二版、三版都很少。实际上好多新闻就发生在老百姓身边，但是没反映在报纸上。1979 年 8 月 11 日，26 路无轨电车发生翻车事故，这一条新闻上了次日头版。26 路是淮海路上的一道风景，淮海路发生这么大一件事，大家也都看到了，瞒也瞒不住，为什么不能上报纸呢？所以报社决定不仅要上报纸，还要上头版。这也是解放日报改革的一个很好成果。

还有一次是 1986 年 7 月 11 日的龙卷风，这是上海过去 30 年没有过的，郊区遭受了很大的损失，我们派出记者做了报道，而且在第一版突出处理。刊登之后，老百姓纷纷打电话到报社，主动要求捐款。第一天就捐到解放日报 6400 元钱，说明这条社会新闻收到了巨大反响。

第三个"革新"，值得提及的，是解放日报的国际新闻。在老百姓的眼里，解放日报的国际新闻是有特点的。特点主要是解放日报有自己的东西。过去国际新闻清规戒律比较多。解放日报后来自己同人民日报国际部、新华社国际部、国际广播电台联系，采用了他们提供的专稿，在标题、版面上也做了特殊处理，所以让人眼前一亮，读者感觉"第四版就是和其他 3 个版不一样"。

讲那时候解放日报的新闻改革，短新闻、社会新闻、国际新闻，这三条大家都是服的。写新闻史，讲新闻改革的时候，解放日报这几项改革也是避不开的。

咬咬牙完成了解放日报改扩版

再就是解放日报的改扩版，也是值得重点说一说的。在这之前，全国有两家报纸扩版。广州日报比较早，是在 1987 年 1 月 1 日；天津日报是在 1987 年 7 月 1 日。解放日报扩版的日子选在了 1988 年 1 月 1 日。

现在的同志可能都想不明白，为什么要把扩版这个事情看得那么重？当时是在手工办报的条件下，你要 4 个版扩版成 8 个版，困难非常之大。当中不光有内容问题，而且还有技术问题，比如说纸张，用量要翻一番，成本增加了；排字，那时都是工人一个字一个字排出来的，工作量也要翻一番。还有印刷等等，都是问题。

当时扩版定的原则是，记者编辑人手基本上不增加，增加的只有校对人员。这个校对是硬碰硬的，出差错可不得了。

尽管解放日报是第三家扩版，在全国看起来还是领先的，就机关报来讲，解放日报的影响力远远超过天津日报。当时解放日报的发行量是80多万份，天津日报只有40多万份。

扩版到底该怎么做，大家心里都没数。为了慎重起见，1987年解放日报成立了三人小组，以陈念云为首，我一个，还有秘书长吉建纲一个，三个人南下北上搞调研。到广州日报、深圳特区报、南方日报，说起解放日报扩版的事情，他们都摇头，觉得不成。到天津、北京，访问天津日报、人民日报、新闻出版署，他们也觉得难度不小。当时陈念云这么问天津日报的总编辑鲁思："老鲁啊，如果你是解放日报总编，你同不同意扩版？"鲁思说："我犹豫。"他说，天津日报的发行量小，解放日报影响力这么大，万一有点闪失，发行量掉得一塌糊涂怎么办？

我们三个人走了这一圈，回来一合计觉得还是要扩版，就向报社党委汇报。然后报社统计了排字工工作量、统计了纸张供应量，认为虽然有困难，但咬咬牙可以挺过去。

后来的事实证明，扩版非常成功。我这里有张表，1987年的时候我们的发行量是86.9万份，1988年是79.5万份，略微有点下降，但价格上涨了，从效益上讲，1987年盈利1008.8万元，

1988 年盈利 985.2 万元。因为版面多了，广告大量增加，抵消了成本。解放日报创刊五十周年的时候出了本大事记，这本书的最后记录着每一年度的发行记录和盈利记录。我把 1949 年到 1988 年这 40 年统计了一下：《解放日报》只有 1949 年到 1950 年平均发行量不到 10 万份，其中 1949 年 4.9 万份，亏本了 19.4 万元，1950 年 8.6 万份，亏本了 54.9 万元，除了这两年，解放日报一直盈利，这在全国机关报里也是少有的。

扩版之后，国际新闻更加吸引人了，因为版面扩大了，内容更多了。另外我们又增加了"家庭社会"版，扩版之后叫"人民广场"了。"家庭社会"其实是社会新闻性质的副刊，这样社会新闻就不是一条两条的问题，而是有一个整版了。

改革创新克服种种困难

当然，扩版的困难也很多。我举一个例子，纸张供应问题。那个时候纸张供应非常紧张，我们在调查研究的时候考虑到了，但没想到会这么紧张，到了有钱也买不到的程度。那个时候《人民日报》由我们代印，最紧张的时候，要印《人民日报》了，新闻纸没了，到了中午 11 点特批的纸张才运到，紧急开印。

那个时候，全国各大报社的老总都要放下手头的编辑业务，去跑纸厂。这是中国新闻史上罕见的现象。南平造纸厂是当时全国最大的纸张供应厂，1988 年是它建厂 30 周年，这可是件大事情，全国各地的报社都派人去祝贺，带队的起码是副总编辑以上，还带着礼品、纪念品。

解放日报由我带队。我们带了两样东西。一样是张乐平的一幅画，画的是三毛拿着一束鲜花祝贺南平造纸厂成立三十周年。另外就是带去了一台节目。我们组织了上海歌剧院、舞蹈团、越剧团等 20 多名演员，还有一队上海市的时装模特，这两队人马到了之后，先是在纪念大会上献花，结束之后又表演节目，连演了 3 天，全厂的工人、家属都能看。现场的媒体同行说，风头都让你们解放日报出尽了。

我们这么做，无非就是希望纸厂能优先支持解放日报的纸张供应。我和他们谈起扩版这件事，表明我们有特殊需要，希望供应量增加一倍。经过这一回，我们得到了纸厂的大力支持，这才算渡过了缺纸这道难关。

再之后，《解放日报》不断扩版，1993 年从 8 个版扩到 12 个版，1995 年又从三大张到四大张再到五大张，那时扩版就容易了，不像 1988 年那么艰难。仔细想想，这要归功于电脑的使用，现代化水平提高了。

不过，这又带来一个问题。报社从上世纪 1980 年代末 1990 年代初启动了技术改造，当时编辑记者都不会用电脑打字，现在要把手工排字变成激光照排，要把铅印变成胶印，记者怎么适应呢？号召是没有用的，大家都叫苦，说我们这么大年纪了再去学这个，学不会的。

后来党委编委考虑以后，推出了一个硬措施，凡是 55 岁以下的记者编辑，3 个月以内必须学会用电脑，否则排字车间不接受你的稿子。55 岁以上的老记者老编辑可以继续手写，手工改稿。

这一下把大家逼出来了，最多就是一开始慢一点，后来熟练了，大大提高了工作效率。我们还搞了几个学习班，记者编辑轮流培训，有几位55岁以上的老同志主动去学习，最后也学会了用电脑打字。

回顾解放日报这些年走过的历程，的确很有感慨。韩正同志在担任上海市委书记时，到报业集团调研，强调唯有改革创新，才能持续发展。我觉得这讲得非常对。解放日报这几十年发展下来，就是改革创新的结果。

采 访 人：李芸（解放日报社党委书记、社长）

张骏　王闲乐　海沙尔

采访时间：2017年9月27日

采访地点：上海华东医院会议室

文字整理：谈燕　王闲乐

摄影、摄像：海沙尔

八十年代的新闻改革

周瑞金（1939 年 10 月—　）

周瑞金，籍贯浙江平阳。1962年复旦大学新闻系毕业，进解放日报工作，历任记者、编辑、评论员。1979年起先后任解放日报评论部副主任、主任、解放日报编委、总编辑助理、副总编辑。1989年起任党委书记兼副总编辑。

1991年主持撰写《做改革开放的"带头羊"》《改革开放要有新思路》《扩大开放的意识要更强些》《改革开放需要大批德才兼备的干部》四篇署名"皇甫平"的系列评论，在海内外引起强烈反响。1992年当选上海市第六次党代会代表和中共上海市第六届委员会委员。

1993年任人民日报副总编辑，1996年2月兼任华东分社社长。1994年主持撰写署名"任仲平"的评论《上下一心打好今年改革攻坚战》，获中宣部嘉奖。在《解放日报》和《人民日报》撰写或编辑的评论，有四篇获得中国新闻奖一等奖。1987年评定为高级编辑。

1992年获国务院特殊津贴。曾任复旦大学新闻学院、上海科技大学新闻与人文科学系、北京广播学院兼职教授。

1998年任中国社会科学院研究生院博士生导师。著有《编辑学》（合作）《宁做痛苦的清醒者》《新闻改革新论》等。

皇甫平在《解放日报》，并不是凭空出现的，有其新闻改革的基础。

短新闻、信息量、重言论

1978年我们的老总编辑王维同志重返解放日报社主持工作，开始推动新闻报道的改革，干了5年。1983年陈念云同志接替他，也是干了5年左右。我是1989年1月接替了陈念云同志，担任报社党委书记，丁锡满担任总编辑。所以，在我前面的两任老领导正好是解放日报社改革的第一个10年。这10年《解放日报》的新闻报道改革，是走在全国前列的。

王维时代的5年，提倡短新闻，真正把新闻回归到最新的事实上来，不是过去"一个版老三篇"，从政治概念出发，按照所谓的中央精神、市委精神策划出一篇消息，没有新闻事实，全靠记者什么"许多人认为"、"大家说"等的空议论。这种文革式新闻写作被纠正过来了。

上世纪七十年代末，《解放日报》是我国报纸中第一个恢复刊登社会新闻的。26路公交电车出事故翻车，26名乘客受伤，这种事故灾难性新闻能够头版见报，是第一家。第二个是解放日报最早刊登了商业广告，我们1978年就登了商品广告，1979年登了海外的瑞士雷达表，整版登广告，也是最早的。再一个就是全国最早登连载小说，解放日报连载小说影响很大，很多人向我们学习。另外我们重视信息，最早办了文摘周报，到现在为止《报刊文摘》还在继续办。再一个是，我们是最早办彩色周末专刊的，也是最早扩8版、扩12版的。这些都在当时的省市党报改革中走在了前面。

　　陈念云同志上任后，更加提倡增加报纸的信息量，增强可读性，加强群众性。把我们对中央、市委领导的宣传，通过扩大信息量，通过重视社会新闻的报道，接近群众，接近社会，接近生活。他对此作了进一步强化。

　　陈念云同志是侧重写言论的，我也是，所以我们两人心念相通，重视报纸的言论。一张报纸没有言论，就没有灵魂，没有旗帜了。所以我们当时对报纸的言论布局非常重视，第一档次就是报纸的社论和评论员文章，以及署名的重点文章，这是贯彻中央和市委精神的，一个时期中央和市委的政策方针路线的新部署，都要通过社论、评论员文章传达出来。另一个档次就是发在新闻版的"解放论坛"，主要是发表面向社会问题的言论，反映群众的呼声和要求，提出许多群众关注的社会热点难点的问题，倾向于群众性的言论。再一个是在报纸头版开辟的"新世说"专栏，原来是"灯下漫笔"，是陆炳麟同志在值夜班时写的。一方面是陆炳麟同志要退休了，另一方面"灯下漫笔"都是根据当天晚上的新闻写的，事先总编辑缺少掌握，随意性偏大。所以后来就改为"新世说"，由评论部负责组稿编辑，再经总编辑审定。这样，《解放日报》不但有社论、评论员文章等重头言论，还设有两个评论专栏——头版的"新世说"和二版的"解放论坛"。此外，《解放日报》的国际新闻版也是在全国地方党报中最早发表自己撰写或自己组织的国际新闻评论，在文艺副刊版注重发表杂文和文艺评论。

这就是《解放日报》言论工作的大体布局，当时还是很有影响的，在省市自治区党报中起引领作用的。

"温州模式"宣传立了头功

我是 1986 年 1 月当上解放日报副总编辑的。报社领导班子第一次新老交替是 1983 年，那时搞民意测试请编辑记者投票，陈念云同志得票率最高，我是第二。但到了市委审查组，终因我主动在清查时登记写过三篇"批邓"文章而搁浅。所以 1983 年那一次报社领导班子调整我没有被提上去，市委宣传部任命我为总编助理，作陈念云总编辑的助手。

80 年代中期《解放日报》有影响的一组新闻报道，是 1985 年 5 月 12 日，刊登了"温州模式"的新闻报道和评论文章。这是报社上海经济区报道部的张也平主任，带着记者桑晋泉采写的。当时温州有 33 万人从事家庭工业，搞小商品、大市场，让民众有创造财富的自由，以发展个体私营企业为主，走市场化道路，发展地方经济。

我对温州比较熟悉。1982年秋温州乐清县抓了个体私营企业老板"八大王"，实际上是过头了。本来1982年党的十二大召开，允许个体私营经济发展，温州市政府也发了全国第一张的个体户营业执照。但他们真正发展起来以后，必然占了一部分国有企业的生产资料，什么电器市场之类的，都到上海来，把大量的低压电器的原配件甚至是次品也买回去了，那当然有问题，但总体上应该是符合当时的方向的。"八大王"出来，《人民日报》刊登批判文章，我当时代表解放日报到温州做过调查，我认为处理过头了，后来给他们平反了。1984年温州市政府召开经济发展讨论会，找了上海、北京、杭州、南京的一些温籍专家、学者，都是温州人，我也被邀回去了，参观了温州的市场，所以我对温州经济的发展比较熟悉。

1985年4月份，张也平和桑晋泉到温州采访，一开始并不是要报道"温州模式"，而是要报道温州的对外开放，因为温州已列为1984年全国14个对外开放的城市之一。结果温州的市委书记、副市长，介绍的都是"温州模式"。他们明白，报道温州的对外开放太早了，中央决定刚下来，哪里拿得出来供新闻报道的材料？温州本来就是历史上开放的港口了，但当时温州是海防的前线，解放后国家没有投一分钱给温州，人多地少，又没有国家投资的工业，国有企业非常薄弱，只有靠生产自救。所以温州人都是全国走，弹棉花的、养蜜蜂的（当时只允许蜂蜜可以进入市场销售）。改革开放初期温州涌现的民营企业家，大都是这一批走全国弹棉花、养蜜蜂的年轻人。他们眼界比较宽，比较了解商机，也有一定经营能力。就拿养蜂来说，要根据花期不断在全国各地转移，要与当地领导和民众搞好关系，要学会与交通运输部门打交道，调得动火车皮运蜜蜂，这些都很不容易。所以不要小看温州的养蜂人，他们精力充沛，有经营头脑，还有社会活动能力，想要转移阵地，就能让铁路部门给他们调动车皮来。这在文革时期谈何容易，所以这一批人后来就成为温州最早冒头的企业家。改革初期，温州发展经济必然要走这条"小商品、大市场"的路，全家出动，家里的劳动力，包括小孩子上学回来，首先去搞生产，不是做功课，这是温州当时的特别之处。

张也平与桑晋泉两人后来就按采访中的亲身感受，分头写了一篇报道和评论。评论中要不要提"温州模式"，张也平曾打电话询问过浙江省省长，省长不主张提"温州模式"。张也平认为应该提，当时媒体宣传过"珠江模式""苏南模式"，苏南搞乡镇企业，深圳珠海搞"三来一补"，都有特点。而温州的民间经济走的是家庭工业的独特路子，与"珠江模式""苏南模式"恰好形成三足鼎立。张也平将自己和省长意见反馈给陈念云总编辑，陈念云就把我找去商量，他知道我对温州熟悉。我明确表示要提"温州模式"。我说浙江省一直不太支持温州，当地媒体对温州宣传也少。连担任过杭州市委书记的厉德馨写文章支持温州的发展模式，在当地媒体都发表不了，只好送到上海《解放日报》发表。

我们商量了一下，一致认为可以提"温州模式"，在评论文章中提，不做到标题上。本来标题是"'温州模式'的启示"，我觉得跟省领导对着干也不好。所以后来就决定用"温州的启示"做标题。我当时是总编助理，版面的安排是我在操作，所以晚上定版面的时候，我决定放在头版头条地位发表。当晚新华社电讯稿有两条重要消息，一是邓小平接见阿拉法特，一是中央领导参加一个国际青年酒会，我都做了恰当的处理，保证腾出头版头条地位来报道温州。

这样，1985年5月12日，《解放日报》头版头条刊登了《温州三十三万人从事家庭工业》报道，并配发评论文章《温州的启示》。"温州模式"正式在全国首次见诸报端，还首次概括了著名的"四千精神"：走千山万水，吃千辛万苦，想千方百计，说千言万语。当时这组报道和评论在温州和华东地区，以及在全国产生了重大影响。

2018年是改革开放40周年，温州市政协特地决定出版有关"温州模式"的专著，作为重要纪念。他们郑重邀请我撰文谈"温州模式"的诞生记。温州的领导和民众一直记住我们《解放日报》在宣传"温州模式"上，"立了头功"。

三个新闻报道改革"大动作"

另外还有三个比较大的改革动作。

一个是刊登领袖漫画，敢为天下先。1986年8月，陈念云总编辑到哈尔滨参加全国新闻改革研讨会，中宣部分管新闻的副部长藤滕就在这次会上大胆提出"党报登什么不登什么，总编辑决定"。这次研讨会思想解放，意见活跃，对新闻改革推动很大。我当时坐镇解放日报管报纸宣传，上海正举办一个漫画展，美术组的赵立群同志来向我汇报说，要出一个漫画专刊。我问今年的上海漫画展有什么新特点，他说有两幅领袖漫画引起较大反响。我就要来看了，一幅是画邓小平在打中国特色社会主义"桥牌"的《中国牌》；一幅是画胡耀邦指挥大家唱现代化建设新歌的《唱新歌》。虽然从漫画技巧来说算不上是最佳作品，作者在漫画界也并没有多大名气，但漫画的立意和所表现的主题，很好，很切合时代特点，赞颂了改革开放和现代化建设。领袖的形象虽有点漫画的幽默味，但恰到好处，也抓到了邓小平与胡耀邦同志的特点，是严肃的作品。应当说，以漫画手法来表现领袖人物的风采，还是改革开放以来的第一次，体现了艺术创作的时代性和创新性，有一定开创性意义。当时我认为，过去习惯于用漫画来讽刺、丑化人，今天进入改革开放历史新时期，用漫画的幽默来表现领袖，体现领袖贴近人民群众的民主精神，也是一种可贵的创新。于是，我当即拍板决定在漫画专刊刊登这两幅领袖漫画。

1986 年 8 月 15 日，在《解放日报》第四版的《上海漫画大赛展选刊》上，两幅领袖漫画被置顶突出刊登了。出乎我意料的是，这个普通的画刊竟在国内外引起强烈的反响。国外许多报刊转载了这两幅漫画，并发表评论，认为在中国党报刊登领袖漫画，是新闻报道改革的一个可喜成果，也传出了政治改革的信息，表明中国积极向民主政治迈进。法国电视二台派记者两次专程来上海作现场采访，向我提了为什么发表领袖漫画、发表后读者反应如何等一系列问题，我一一作答。据说，他们的片子到法国电视台播映后，观众反应良好。

国内反应更为强烈。发表当天，就有不少读者来电话、来信表示赞赏，认为漫画的功能不完全是丑化，也可以是幽默和美化，领袖漫画的幽默感使领袖更富人情味，接近群众，接近生活，具有一定民主气息。《华声报》转载了这两幅漫画，并评论说：这是开建国以来风气之先，是改革开放宽松环境下的产物。《文汇报》也接着在新闻版发表了江泽民市长在上海书展上买书的漫画，得到上海读者的好评。

与此同时，也有一些读者以为领袖漫画就是丑化领袖，所以打电话责问报社为什么刊登丑化领导人物的漫画。有的语气十分激烈，说"文化大革命"中有人用漫画画了一张"百丑图"，极尽丑化党和国家领导人形象之能事，怎么今天又出现在党报上？有些读者还寄报纸告状到北京中央宣传部。

事隔多年以后，有次我遇到当时的中央宣传部部长朱厚泽同志，说起这两幅领袖漫画，他对我说："你们报纸发表当天，我就接到4个电话，《人民日报》和天津《今晚报》请示转载这两幅漫画。也有的读者提出批评，说文革中的百丑图记忆犹新。"朱厚泽部长当时考虑再三，没有同意让《人民日报》和《今晚报》转载，他说宣传不要一哄而上，群众的欣赏习惯还要注意。同时他也对中宣部的同志说，对《解放日报》刊登领袖漫画，不要去批评，这也是一种宣传探索，应当允许。

当时,国内有些报刊随风而起,跃跃欲试,竞相效仿,什么"小平踢足球"等粗劣的领袖漫画作品还见了报。想不到围绕领袖漫画引起两种观点的激烈争论,最后闹到了胡耀邦总书记那里。胡耀邦同志要首都漫画界议论一下,拿出一个意见来。首都漫画界就按胡耀邦同志意见开了一次座谈会,多数漫画作者认为《解放日报》发表两幅领袖漫画是严肃作品,用意是好的,没有错。但是,领袖漫画目前还不宜一哄而起,推而广之,以免引起领导层的不必要的感情激荡。

这次首都漫画界座谈会的意见报到胡耀邦同志处,胡耀邦同志为此作了一大段重要批示:"我国的漫画相当发达,除报刊外,漫画专刊、小册子也不少。画不画国家领导人,只是漫画中一个极小的部分,一个时期不发展,并不会阻碍漫画事业的继续升华。每个民族每个国家,都有自己历史形成起来的一些独特的习俗,外国有我们没有的东西,不可一概拒绝,也不可一律照搬。反过来说,我国有而外国没有的东西,不可一概废除,也不可一律继承。我们民族的心理因素,也就是心理承受能力总有个逐步转变的过程。因此,画党和国家领导人的漫画,还是慎重对待为好。"

领袖漫画在我国一个时期里不会发展,但决不意味着它永远在中华大地销声匿迹。我们的前辈老报人赵超构先生当时曾写过一篇《漫画与民主》的文章说:"有的人,只习惯于接受那些祠堂里挂的祖先神像,却看不惯行乐小照式的传神之笔。我看,是个习惯与修养问题,是可以逐渐培养的。现在第一步,且先画一些社会各界的名流，如英雄、劳模、文坛名人、著名演员……可以优先入画。慢慢地大家看惯了，被画对象的修养也提高了，那就可以扩大范围了，这就大大地丰富了我们的漫画题材，而且使得我们社会的民主气氛更加活跃。"

今天，习近平总书记、李克强总理的漫画已在网上广泛流传了，而且广大网民们习以为常，这说明赵超构老先生的预见，是正确的。

再一个，就是历史性的突破——将美国总统大选新闻刊登在头版头条。

这是 1989 年 1 月 20 日，美国新总统老布什就任，我们是在 21 日登的，放在《解放日报》头版头条，引起了强烈的反应，因为我们从来没有把美国总统大选的新闻刊登在头版头条。

1988 年 11 月 8 日，适逢美国总统大选日。我应美国驻沪领事馆之邀，带了陈振平、周稼骏两位记者前去华亭宾馆卫星电视接收厅，观看美国总统大选卫星现场直播情景。华亭宾馆卫星电视接收厅的电脑屏幕上，不时映出美国各州的选举人票数。首先映入眼帘的，是美国两个州亮起了共和党推出的总统候选人乔治·布什获胜的红灯，出现"布什：21；杜卡基斯：0"的字样。这说明布什旗开得胜，获得了 538 张选举人票中的 21 张。按规定超过半数（ 270 张 ），即可当选总统。到当地时间 8 日晚 9:20分，计数器上显示了得票比数："271:72"，布什得票超过半数，当选总统已成定局。陈振平和周稼骏两位记者都懂英文，边看电视边采访，当晚就采写了一篇共和党布什当选美国总统的隔洋目击记通讯。第二天（因中美时差关系为 11 月 10 日），《解放日报》在头版地位刊登了这篇题为《隔洋坐观美国人选总统》的现场目击通讯。这也是《解放日报》创刊以来，第一次在头版刊登美国总统大选的现场目击通讯。当时，我国观众还不能收看国外电视新闻，所以这篇现场通讯引起了广大读者的极大兴趣。

1989 年 1 月 20 日，当选美国第 41 任总统的布什，在华盛顿宣誓就职。为安排好这条新闻的发布，当晚我到夜班编辑部同陆炳麟、贾安坤同志研究版面处理如何突破常规的问题。老陆、老贾与我和陈念云看法完全一致，我们都认为，明天全世界大报都会把布什就任美国总统的新闻放在头版头条，我们《解放日报》也应当大胆突破一下。于是，第二天（1 月 21 日）《解放日报》便把布什就任美国总统的新闻放在头版头条地位，以"从乔治到乔治——美国总统就职二百周年"为肩题，以"布什就任美第四十一任总统"为主题，以"奎尔就任副总统 里根和十七万人参加庆祝活动"为副题，显著地位刊登。这在全国报纸中创下了一个"第一"。

第二天报纸一出来，读者议论纷纷。赞赏者说，我们国家实行对外开放，理应重视国际新闻，国际大事完全应该上头版头条，《解放日报》带了一个好头，在新闻报道改革中敢为天下先，堪称历史性的突破。多少年来，我们的报纸似乎形成一个不成文的规定，国际新闻，尤其像美国总统选举这种国际新闻是不能上头版头条的。回想 1969 年连美国阿波罗登月这样人类征服自然的大事件，全世界大报都放在头版头条作特大新闻处理，惟独在中国的报纸上竟只字未提，似乎没有发生过这件事。这种国际笑话发生在极左的封闭年代，不足为怪。然而，传统与偏见仍然影响着改革开放时代的一部分读者，他们来信或来电话责问报社，《解放日报》是党报，为什么这样抬举美国总统，让他上头版头条？改革中的观念冲突是很自然的！

有趣的是，刊出布什就任美国总统消息那天，正好中共上海市委常委、组织部部长赵启正同志和市委常委、宣传部部长陈至立同志，来解放日报社代表中共上海市委宣布对我担任解放日报社党委书记兼副总编辑，丁锡满担任总编辑兼党委副书记的任命。两位常委、部长看到当天报纸，态度明朗，表示赞赏。他们拿着当天刊登布什就任美国总统新闻的《解放日报》，与我们一起合影，并说这是一个历史性突破的镜头。

四年后的1993年1月，当民主党比尔·克林顿当选美国新总统就职宣誓仪式举行时，我仍不改初衷，坚持把这条重大国际新闻置顶放在头版双头条地位刊出。只是后来乔治·沃克·布什（小布什）和贝拉克·奥巴马当选美国总统宣誓就职的新闻，就再也没有能上《解放日报》头版头条了。现在估计这样的事放头版都少了。当然由于形势发展，各方面的因素变化很大。但我的体会是，不要给自己设置束缚，按新闻规律办事，该拿出勇气突破的事，就要大胆突破。

第三个动作，是1988年解放日报扩为八版后，新设立的《专稿特稿》专刊，对突破新闻报道禁区，大胆探索发挥党报舆论监督功能，闯出了一条新路，也创造了新闻报道改革的几个敢为人先。

比如率先报道中越南沙大海战。1988 年 3 月 14 日，中国海军在我南海赤瓜礁海域，一举击沉击毁非法入侵的越南三艘军舰，全歼越军四百余人。此役我方仅伤一人，舰只毫发无损，大获全胜。

这次海战，新华社没有报道，《解放军报》也没有报道。只有《解放日报》军事报道记者徐琪忠获取信息，与《专稿特稿》主编熊能单独采访了参战的指挥员，写出了近六千字的长篇通讯。在八一建军节后，乘《解放军报》发表一张标有"3·14 海战"说明的海军南海巡逻的图片，我负责拍板签发海战长篇通讯，将原标题《中越 3·14 南沙大海战》作"脱敏"处理，改成《来自南中国海的报告》在《解放日报》全文刊登，配照片，几乎一整版。一发表，石破天惊。第二天就被港澳台报纸竞相全文转载，全世界这才知晓这次南沙海战的战况概貌。

又比如云南戒毒所的报道，当时是绝对封闭的，无人知晓，也无人能进得去。就是熊能 1990 年初到云南采访其他题材，偶尔从当地公安局人员口中获悉云南"金三角"毒品蔓延，社会危害严重，已开始办戒毒所的信息。他克服种种困难，千方百计打入中国第一家"戒毒所"，整整一天，采访了近十位染毒者。毒品荼毒，逼盗逼娼，自残自杀，家破人亡，句句血，声声泪，惨不忍听。毒害，不再是远年的惨剧；禁毒，不再是林则徐的故事。一切已经发生，就在今天，就在眼前。于是，《解放日报》

专稿特稿 1990 年 5 月 20 日，率先于全国媒体发表长篇通讯《白色深渊》，在主流媒体拉响了中国第一声振聋发聩的"反毒"警报。

还有就是写苏州河污染治理的，在媒体首揭了上海母亲河的严重污染。这篇通讯，发表于 1989 年 1 月 20 日，其标题触目惊心：《黑色的泪》。是上海主流媒体第一次正面披露苏州河的污染问题；是第一次披露曾经所谓"治污"的荒诞与不堪；是第一次直言我们的失误与承受的后果，第一次直言我们的环保与世界的距离与当下的尴尬；更是第一次坦陈眼前治污的困顿与阻碍。只是当年遗憾没能拿到"最高机密"的苏州河污染数据，此外报道知无不言，言无不尽，长久地留在了读者的记忆中。过去了 20 年，上海电视台记者还专为此选题，采访了作者熊能，并在节目中还原了当年采写的初衷，与已经久远的故事。

八十年代《解放日报》新闻采访编辑的改革突破，是值得总结传承的。我仅例举以上三个"大动作"，来说明什么叫新闻空间的"边界"，如何突破"边界"。我们的媒体领导往往作茧自缚。按习惯思维、习惯做法，自己束缚自己，不敢越雷池半步。只要无损国家、民族、社会的事，努力争取、决心突破，细心探索，大胆触"边"，这个"边界"就不可能一成不变，是可以在合力作用下不断扩展的。做新闻的谁不想有所突破，有所创新？

关键是媒体负责人，坚守立场、方向同时，一定要有那么点度量和担当，最大限度地维护一线记者的干劲和闯劲，有了他们的干劲闯劲，鲜活的新闻才会源源而来，媒体才会有生气，版面才会吸引读者。

"意气风发"探索改革

上面这些，加上皇甫平文章，就是我当副总编辑以后主持的主要的改革。还有其他的改革，解放日报到了1990年全部电子化，实现排版电子化，铅与火的时代过去了，电和光的时代到来了。用激光照排，一下子扩到12版也不感到人力缺乏了。1988年扩八版的时候，就感到人力很缺，只好停掉《上海经济信息》，没有办法，排字工人来不及。后来搞全彩排我们也最早引进了德国的彩印机，建立了现代化的新闻大楼。还有扩大广告的大胆探索，我们探索了头版下半个版登广告，1个广告收50万元，这个做到了，没有人批评。后来，又大胆搞了头版一个整版广告，被叫停了。本来我想要做检讨，上头说不要检讨了，把那100万元广告费拿出来做公益事业去，就行了。此外，我们还要探索自办发行，这件事是《天津日报》走在前面，我们毕竟和天津不一样，天津以本市为主，我们在华东地区和全国覆盖面大，与邮局很难谈下来，所以就没有搞自办发行。

在人才招聘方面，我们作了一些大胆的探索，效果不错。比如从社会上招聘编辑记者和经营管理人员，出了不少名记名编名经营管理人才，如熊能、范幼元等。中层领导干部实行聘任制，非党员也可以当中层领导如樊天益，这是市委机关报《解放日报》从来没有过的。当时我还主张编辑记者要具备三项基本技能：熟练掌握一门外语、能用电脑采写发稿、学会自驾汽车采访。中宣部翟泰丰副部长充分肯定我这个主张，曾在公开场合说我是在全国最早提倡现代记者必备的三项技能。

我觉得 80 年代是《解放日报》主动性、创造性发挥得最好的时期之一。编辑记者很多选题，都是他们自己提出来的。像熊能，你给他一个专稿特稿，能跑出这么多东西，开拓题材、冲破禁区，还到大兴安岭跨地舆论监督。他对大兴安岭火灾抓的人、判的人发表意见，那时候把有的真正救灾好干部当作罪犯判了刑，他就替他们讲话，这很不容易。

当时的记者意气风发，大胆探索，有影响的改革报道特别多。比如步鑫生企业改革的典型报道，宋超是最早采写的，我配合报道撰写了《改革者的品格》本报评论员文章，这组报道评论在《解放日报》头版头条地位发表，影响很大，带动了全国各地媒体报道步鑫生改革的热潮。

再一个是关于上海铁路局一家公司经营"傻子瓜子"，被指责搞资本主义的专题讨论，顶住铁道部纪委的阻力，支持被撤职的公司总经理。这个讨论影响很大，那位总经理原是革命老干部，他从采写稿件的记者张沅口中知道，报道背后的支持者是我。原来文汇报记者采写报道比张沅早，因为铁道部纪委不同意刊登，就把稿件撤下了。《解放日报》就是在这个背景下顶住压力刊登的，所以这位总经理很感激，表示一定要见到我，当面感谢。这样，20 多年后我从《人民日报》退休回到上海，他马上通过我的一位朋友找到我，当面表示感谢，让我好感动。还有一个"星条花衬衫"事件的讨论，上海一家出口公司按外商要求，把印有星条旗花样的衬衫出口，遭到上头指责，禁止出口。时赛珠记者报道这件事，余建华副总编辑策划专题讨论，影响也很大。当时记者对冲破旧观念束缚，推动各行各业改革的题材报道，主动性、创造性很强，积极找选题，只要领导支持，他们很有积极性。

还有一个旗忠村的故事。旗忠村党支部书记高凤池，富有改革精神，大力鼓励农民搞多种经营，并将全村农民宅基地进行规划，为每户农民建造了整齐美观的乡村别墅。但在开展电缆业务项目时，由于来自四面八方客户鱼龙混杂，收购了一部分从国有企业偷盗出来的电缆，结果被工商管理部门查获，高凤池也被公安部门拘留审查。时任市长的朱镕基在全市干部大会上，还以此为例，告诫各级领导注意改革中不能搞违规经营，损害国家财产。经过审查，没有发现高凤池有什么违法行为，就被取保候审。这个时候，宋超特地到旗忠村作了调查，了解事实真相后向我汇报，我同意派三人小组，由宋超带队到旗忠村蹲点调查。两个月后，他们写出调查报告，以鲜活的事实说明旗忠村是上海郊区农村改革开放的典型。调查报告在《解放日报》头版头条刊登后，反响强烈。朱镕基市长了解事实真相后，也充分肯定了旗忠村改革发展的经验。后来，1992年春邓小平南巡到上海，吴邦国书记郑重举荐了旗忠村，邓小平同志视察旗忠村时亲吻农民小孩的照片，就成为上海改革开放史册上一道靓丽的风景。

（作者的访谈实录共有"皇甫平文章""80 年代的新闻改

革""关于 60 年代""今天的期望"四个部分,限于篇幅本书仅选用第二部分,其余内容将另行刊用——编者)

采 访 人:陈颂清(解放日报社总编辑)

　　　　朱珉迕　吴頔

采访时间:2018 年 9 月 12 日

采访地点:上海市银星皇冠假日酒店

摄影、摄像:黄晓洲

把火炬传递下去

报社青年访谈团队

这是一场跨越时空的对话。

2018年9月12日，解放日报两名青年记者访谈曾担任解放日报党委书记、副总编辑的79岁的周瑞金。

这两名青年记者，一个是80后，一个出生于1993年。这意味着，1991年，《解放日报》以石破天惊之势登出署名"皇甫平"系列评论时，后一个年轻人还没有出生。

当80后、90后记者，面对1939年出生的资深前辈，他们所处的时代背景和个人经历截然不同，但他们拥有共同自豪的财富——《解放日报》，共同珍惜的身份——解放日报工作人员……

从2017年9月开始，报社推出"我与解放日报"系列访谈，请年轻记者担纲，巡访曾经在解放日报奋斗、工作的老领导、老记者、老编辑、老工人，收集、记录、珍藏解放日报创刊与发展史，以延续党报文脉、资政育人。一年多来，近40名青年记者，首批采访了五十多位耄耋报人，与历史亲切对话，与前辈同望未来。每一个访谈，都打开了一扇回溯历史的记忆之门，每一次采访，也都点燃了彼此共有的事业激情。

青年记者们记得：2018年4月采访老报人宓善征时，因老人听力不佳，她们特意将访谈话题，用大号字体打印出来，一张一张给老人看，再由宓老口述回答。到了6月初，初稿完成后，记者再度上门拜访，请老人审阅稿件时，只见宓老当场趴在桌上，握着十多页的稿纸一字一句地阅读、修改。宓老一笔一划写字的身影，定格在青年记者的镜头中，更印刻在了青年记者的心里。稿件完成后，宓老又先后两次写信并数次致电报社，将他想到的补充内容或修改细节告诉年轻人。

拜会老报人史东与潘慧南夫妇时，年逾九旬的史东刚动完手术，双手不停颤抖。见到青年记者，他很费力地想发声却无奈不能。潘慧南老人拿出一沓文稿纸，告诉青年记者，这是史老师写的，里面记录了他在解放日报的经历和感受。原来，老先生知道年轻人要来，提早做了精心准备。一个星期后，青年记者收到了史老师寄还给的口述审定稿，上面密密麻麻的是他的修改记录，有些字有点歪斜，有些有点模糊，纸张却是干干净净、平平整整。难以想象，一位患重病的老人是在怎么样情况下改稿的？之后几天内，青年记者每天可以收到一个陌生号码的十几通来电，往往接起来没人答，拨回去通了也没有声音。后来才知道，这是史东老人打来电话，他多么希望和青年记者交流啊！

报社前辈和年轻记者的见面，如同祖孙初次相会——虽然彼此有点陌生，却有着天然的亲切。耄耋老人们侃侃而谈，年轻人悉心聆听和记录，如同在听自己家里发生过的事情。

青年记者采访老记者郭昌熹时，老前辈讲到自己的采访经历笑了，年轻人也乐得合不拢嘴。原来，有一次一位国家领导人从日本访问回来，路过上海参观宝钢。得到消息，上海的媒体都想报道。但当时的保安工作很严，记者进不去，怎么办？郭昌熹被保安拒绝后，仍不气馁，蹲在旁边，看到有老同志走来，立马上去搀住一个，"混"了进去。当时很多上海新闻界权威的人士都没进去，郭昌熹是唯一进入现场的记者，拿到了独家的新闻线索。这样灵活应对的采访能力和职业素养，给青年记者很多启发。

采访老报人傅义英时，一进门，老人家就招呼大家坐下来品尝手艺。原来得知报社的年轻人要来，老人家前一天忙活了一晚上，水果和自制零食摆了一茶几。采访间隙，老人家也没闲着，一会儿剥根香蕉，一会儿抓几个鹌鹑蛋塞到他们手中："你们年轻人来看我，我很高兴！"

采访 97 岁的老前辈金尚俭，在约定时间的前两天，金尚俭先生的女儿便打来电话，说老先生为要接受采访，已几个晚上没睡好了。等青年人到了金尚俭家，发现老人已准备好珍藏多年的老报纸和锈迹斑驳的胸章，并穿戴得齐齐整整。

此情此景，令人心潮澎湃，让人动容落泪。

老报人不仅对自己在解放日报工作的经历倍感自豪，也对今天的解放日报充满期待。青年记者在"朝花"老编辑沈扬家，见到了一摞蓝色的文件盒。打开来，里头一沓沓手写书信，是沈扬与当年文坛名家频繁互动的见证。每个盒子的封面贴着提示内容的黄色便利贴，A4 纸上整整齐齐地记录着来信者的姓名和所存信函数目。见字如面，每一个名字、每一封书信背后，他都能还原一段鲜活的往事。

金尚俭则对青年记者喊出了当年人们对报纸的期待——那时《解放日报》到天亮才出报，会在编辑部里听到外面人喊："我要看《解放日报》。"

解放日报社资深组织人事干部李德森和楼耀宗年过八旬，如今都依然坚持看报，特别是《解放日报》"从头看到尾"，还对前去访谈的青年记者提出了诸多办报的改进建议。

有时，这样的采访，也意味着一次对历史和记忆的抢救。

青年记者在 2018 年采访姚志良老报人时，正值盛夏。老人把记者带到书房，从书柜里小心翼翼翻出颇有些岁月的印章、字刻、照片……一样一样摊开来，仔细解释这是哪一年刻的、那是哪一年拍的，这些老物件把过去的岁月都串了起来。

刻字是姚志良承继父亲的手艺，他把这份匠心融进了自己的职业生涯，从中磨砺出了新意。不少人好奇"姚体"是如何发明的，姚志良高兴地笑了，"我也算是为报社做了点贡献。"

几个月后，却传来姚志良离世的消息。青年记者怅然想起，姚志良说起过的刻字场景："当年我就是在排字间那张桌上，一遍遍地刻，一遍遍地改，脑子里不断地琢磨……我一直都在冥思苦想，除了把字刻好、刻到位，也要把字刻得有点儿创意。"

说到"创意"时，姚志良加重了语调，眼睛望向远处，有点儿出神……

老报人们不仅把解放日报看作一个工作单位，也当作是他们的家，他们的自豪，他们的尊严，甚至于他们的生命。也正是他们的倾情付出，才构筑了解放日报今日的所有。

在那次采访周瑞金快要结束时，周瑞金送给青年记者一句话，这是他的心得，也是新闻工作者做好本职工作的要义——"聪者听于无声，明者见于未形"。

历史无声，未来无形。穿越时空的对话，串连起传承解放文化的血脉之情，这汩汩流动的热潮里，跃动着前辈传下来的火焰，也将被今天的解放人，继续传递下去。

（沈轶伦　整理）

编辑说明

2017 年 9 月，解放日报社党委决定，开展"我与解放日报"老报人访谈实录项目，以文字、图片、视频、录音"四位一体"，分期收集、记录、珍藏与解放日报发展有关的史实，延续文脉，资政育人，继往开来。

截至 2019 年 4 月底，解放日报社领导和一批青年记者编辑一起，组成采访团队，首批分别访谈了上世纪二三十年代出生的耄耋报人 55 位。

现将有关访谈内容，编辑出版《初心——解放日报耄耋报人访谈选》一书，献给上海解放日报七十华诞，献给绵绵相继的"解放报人"。

本书所记载的史实，系依据耄耋报人的口述实录，以及参阅老人提供的有关回忆文章，整理而成，并大多由他们本人审定。本书的文稿篇目，依被访耄耋报人的年龄排序，长者为先。

人事沧桑，年代远去，书中涉及的历史背景、事件以及细节，为口述者个人的视角、记忆与认知，或非相关事项的全貌及发展的全部史实。

范长江、恽逸群同志是七十年前上海解放日报创刊时的主要领导。访谈团队特意采访了他们的后人，以向我们的前辈学习与致敬。

让我们深感遗憾的是，在"我与解放日报"老报人访谈实录项目酝酿前夕，丁锡满、陈迟、宋军、徐学明、陈听涛等耄耋报人，驾鹤西行，未能在本书留下他们的珍贵回忆与箴言。

项目酝酿时，葛娴老人同意接受访谈，却在商定时间后不幸病故。本书选用了葛娴老人的一篇遗作。

史东、牟春霖、姚志良、张世楷、傅采鸿等五位老人接受访谈后，也先后仙逝。所幸为我们留下了访谈记录，以及珍贵的影像资料。

回首解放日报七十年历史，已经逝去的前辈大家灿若星河。他们在采编、经营、管理、印务等各类岗位作出了令人瞩目的业绩，在本报发展史乃至中国新闻史上都留下了深深的印记，高山景行，令人心向往之。本书因体例所限，重在记录面对面访谈内容，对这些前辈大家的辉煌事迹深有遗珠之感。我们将在今后以其他方式补上这一缺憾。

因工作调动或单位变迁等原因，我们掌握的信息不够完整，可能遗缺访问少数 1939 年 12 月前出生至今健在的解放日报老同志，希望前辈、家属和老同事予以谅解。

因学识、能力所限，本书编辑不周之处，敬希读者鉴谅，并请指教斧正。

根据报社的部署安排，今后我们还将继续分批开展解放报人访谈项目，希望继续得到大家的支持帮助。

郭昌熹、徐琪忠、徐松华、张民章四位解放日报资深报人，为编辑事宜提供了宝贵意见，在此一并表示我们的感谢！

本书编写组

2019 年 5 月

本书编委会

主任 李　芸　陈颂清

委员 周智强　徐锦江　徐蓓蓓　缪毅容　马笑虹

执行主编 董　强

"我与解放日报"访谈项目组

朱泳武　张　陌　杨　波　谈　燕　黄海运　黄洁敏

顾问 王仁礼　盛晓虹　王小兵

图书在版编目（CIP）数据

初心：解放日报耄耋报人访谈选 / 解放日报·上观新闻编.
-- 上海：上海三联书店，2019.5
ISBN 978-7-5426-6657-4

Ⅰ.① 初… Ⅱ.① 解… Ⅲ.① 报纸 - 新闻工作者 - 访问记 - 中国 - 现代
Ⅳ.① K825.42

中国版本图书馆 CIP 数据核字（2019）第 061425 号

初心：解放日报耄耋报人访谈选

编　　者 / 解放日报·上观新闻
责任编辑 / 姚望星
特约编辑 / 陈煜骅
装帧设计 / 柳友娟
监　　制 / 姚　军
责任校对 / 张大伟

出版发行 / 上海三联书店
　　　　　（200030）中国上海市漕溪北路 331 号 A 座 6 楼
邮购电话 / 021-22895540
印　　刷 / 上海盛通时代印刷有限公司

版　　次 / 2019 年 5 月第 1 版
印　　次 / 2019 年 5 月第 1 次印刷
开　　本 / 787×1092　1/16
字　　数 / 175 千字
印　　张 / 28.75
书　　号 / ISBN 978-7-5426-6657-4/K·527
定　　价 / 70.00 元

敬启读者，如发现本书有印刷质量问题，请与印刷厂联系 021-37910000